How to study psychology

実践的な心理学の学びかた

学びを通して成長する

大橋靖史・神 信人 編
Yasushi Ohashi & Nobuhito Jin

ナカニシヤ出版

はじめに

　本書は，タイトルにも書かれているように，2つの意図をもって書かれた本である。1つは，主タイトルに示されているように，これからの4年間，本書を傍らにおいて，心理学を実践的に学んで欲しいという意図をもって書かれている。そしてもう1つは，副タイトルにあるように，受け身の学びではなく能動的な学びを通して，人間として成長していって欲しいという意図である。

　もし中学や高校で英語の勉強が苦手な人がいたら，思い出して欲しい。そうした人たちが行ってきた英語の勉強は，まさに本書が目指していることと反対方向の学びをしてきたはずである。まず，英語を学ぶことを実践的に行ってこなかったはずである。あるいは，将来にわたって英語を実践的に学ぶ必要性があまり感じられずに嫌々勉強してきたことが考えられる。嫌々勉強するということは，当然英語を学ぶことに興味がもてず，また，基本的なことが十分に身につかないままに年月だけが過ぎていってしまったのではないだろうか。実践で使うという目標をもてず，受け身の姿勢で学ぶことがいかに身につかないものかを，身をもって感じていることだろう。

　もう1つ逆の例を挙げてみよう。一流スポーツ選手にどのようにしてそのスポーツを習ってきたか尋ねてみると，そのスポーツそのものに興味をもち，うまくなりたくて基本練習を怠らず，かと言って，指導者から無理矢理やらされているという感覚よりも，むしろ，自ら工夫をしながら能動的に取り組んだ結果として，そのスポーツが上手になったと答えることが多い。

　心理学を学ぶ際にも，心理学にまず興味をもち，講義や実習を通して心理学の基本的な考え方や研究方法を身につけ，それを能動的に自らの研究として発展させ，更に実践の場において活かしていくことが大切である。本書は，そうした皆さんの積極的な取り組みをサポートするガイドの役割を果たすことを目指している。

　本書は，大きく分けると4つの部分から成り立っている。これら4つの部分は，大学における学びの進み方に合わせて展開されている。

　まず第Ⅰ部の「大学での学びを心理学的に理解する」は，主に大学に入ったばかりの1年生に向けて書かれている。ここでは，大学において学ぶということを，これから学ぶ心理学の視点からみた場合にどのように見えるか考える。心理学は，日常生活において人間が関わる実に様々な現象を研究対象としている。ここでは，大学生の心理・コミュニケーション・記憶・理解・協働といった，大学での学びにおいて大切なこころの働きについて見ていこう。これから大学において，心理学を学んだり，サークルでメンバーと一緒に活動したり，悩んだり落ち込んだりしたときに，もしかしたらここで学んだことが役に立つことがあるかもしれない。

　次に第Ⅱ部の「実習の背景にある考え方を学ぶ」は，主に2年生になって，講義などで学んだ知識を，実験実習や査定実習といった実習形式の授業を通して，より実際的に学んでいく際の手助けとなることを目指している。心理学の研究方法には大きく分けると，量的研究と質的研究がある。これらの研究方法がそれぞれどのような考え方に基づいているか，繰り返し理解しようとすることが大切である。この基本が身につけば，心理学とは何かということをより実感することが可能となる。また，大学に入って心理学を学んで思っていたイメージと大きく異なるものの一つに心理検査がある。心理検査は人間を理解するための重要な道具である。

第Ⅲ部の「自らテーマを選び自分の力で研究する」は，大学生活もいよいよ後半に入り，それまで身につけてきた研究方法を利用して，自分にとって関心のある心理学的な問題を研究する際の手助けとなることを目指している。ローマは一日して成らずという格言があるが，それと同じように，心理学の研究も手順を踏んで一歩一歩行っていくことが重要である。そのためには，研究テーマを選び，研究目的に沿った計画を立て，データをとり，それを分析・考察し，最終的にはレポートや論文にまとめるという一連の手続きを学んでいかなければならない。これができれば，ほかの人に向かって，「私は大学で心理学を学びました」と自信をもって言うことができるようになるはずである。

　最後の第Ⅳ部は「心理学をこれからの人生に活かしていく」という内容である。これは主に4年生や大学院生に向けて書かれてはいるが，実は，大学に入って心理学を学んでみたものの，将来心理学をどのように活かしていこうか迷っている1年生や2年生にも是非読んでもらいたい部分でもある。例えば，看護学部に入れば，看護師の資格をとって，病院等に勤め看護師として働くといったイメージが湧きやすいが，心理学の場合はどうも将来のイメージが湧きにくいようである。その理由の一つとして，心理学を学んだ人ばかりが集まった会社や組織が少ないことが関わっているかもしれない。第Ⅰ部において述べたように，心理学は日常生活の様々なところで用いられている。そのため，心理学を仕事に活かす場合も，様々な分野で活かすことが可能であるが，そのことでかえってどのように活かしていいかが分かりにくくなっている面もある。ここを読めば，その具体的なイメージをもてるようにと考えている。

　心理学はとても面白い学問である。それを実践的に学ぶことで，一人でも多くの人がこれからの仕事や人生に心理学を活かしていってくれればと願っている。

　なお，本書は，淑徳大学学術研究助成費による助成により刊行することができました。本学の教育研究活動に対する支援に深く感謝いたします。また，ナカニシヤ出版の山本あかねさんには編集作業において大変お世話になりました。有り難うございました。

大橋靖史・神信人

目　　次

はじめに　*i*

第 I 部　大学での学びを心理学的に理解する

1 章　「大学での学び」にあたって―悩みのすすめ― ･･･････････････3
1. 高校から大学へ―移行期の心理―　3
2. 新しいものになじめない時　5
3. 大人になるということ　7
4. 内にある力　9
【コラム 1　臨床心理学】　13
【コラム 2　発達心理学】　14

2 章　コミュニケーションすること ･･････････････････････････････15
1. コミュニケーションとは　15
2. コミュニケーションにおいて伝達すること　17
3. コミュニケーションにおける関係性　20

3 章　覚えること，思い出すこと ････････････････････････････････26
1. 覚えること　26
2. 思い出すこと　30
3. よりよく記憶するためのテクニック　32
【コラム 3　認知心理学】　39

4 章　分かるように伝えること ･･････････････････････････････････40
1. 2 種類の「分かる」　40
2. 情報をつなげる　43
3. 聞き手の認知処理過程について理解する　46
4. 視覚刺激を利用する　48
【コラム 4　教育心理学】　52

5 章　みんなとともに学ぶこと ･･････････････････････････････････53
1. ブレーン・ストーミング　54
2. 社会的手抜き―"怠け"の真相―　58
3. おわりに　63
【コラム 5　社会心理学】　66

第 II 部　実習の背景にある考え方を学ぶ

6 章　量的研究の考え方―実験と調査― ･･････････････････････････69
1. 研究の科学性　69
2. 実証研究　70
3. 科学的な方法と追試の重要性　79

7章　量的データを分析する道具・・・・・・・・・・・・・・・・・・・・・・・・・81
1. なぜ統計を用いるのか—2種類の統計—　81
2. 記述統計　81
3. 推測統計　86
【コラム6　算数でつまずいてしまった人でも統計を学ぶために】　92
【コラム7　統計ソフトの使い方】　93

8章　質的研究の考え方・・・・・・・・・・・・・・・・・・・・・・・・・・・・・94
1. 質的研究の世界観・人間観　94
2. 質的研究の背景となる考え方　97
3. 質的研究における対話の重要性　100

9章　心理検査の考え方・・・・・・・・・・・・・・・・・・・・・・・・・・・・105
1. 心理アセスメントとは　105
2. 量的な考えに基づく心理検査　107
3. 量的な考えに基づく心理検査の分類　109
4. 質的な考えに基づく心理検査　111
5. 実践的な心理アセスメント　113

第Ⅲ部　自らテーマを選び自分の力で研究する

10章　研究テーマを選ぶ・・・・・・・・・・・・・・・・・・・・・・・・・・・119
1. テーマの選び方　120
2. 資料の集め方　123
3. 資料の読み方　127
【コラム8　図書館を活用する】　132
【コラム9　データベース・検索ツールを活用する】　133

11章　量的研究の計画と方法・・・・・・・・・・・・・・・・・・・・・・・・135
1. 目的を立てる，仮説を立てる　135
2. 研究計画を立てる　137
3. 研究準備　139
4. 分析の手順　143
5. タイムスケジュール　145
【コラム10　研究の倫理】　147

12章　質的研究の研究計画と方法・・・・・・・・・・・・・・・・・・・・・・148
1. 研究計画の立て方　149
2. 質的データの収集方法　150
3. 質的データのまとめ方　156
4. 代表的な質的分析法　159
5. 質的研究の質を高めるために　160
6. 最後に—質的研究を体験する—　162
【コラム11　事例研究（ケース研究）】　164

13章　レポート・論文にまとめる・・・・・・・・・・・・・・・・・・・・・・165
1. レポート・論文のスタイル　165
2. 論理的・説得的な文章の書き方　166

3. レポート・論文の書式　169
   4. 文献の掲載方法　174
   5. レポートや論文を点検・推敲する　175
   6. 文献研究　176
   【コラム 12　盗作・剽窃を防ぐ】　177

第IV部　心理学をこれからの人生に活かしていく

14 章　就職活動に心理学を活かす　181
   1. キャリア・カウンセリング　182
   2. 応用心理学を仕事に役立てる　185
   3. 心理学の方法論を活かす　187
   4. 心理学のコミュニケーションスキルを活かす　189
   5. おわりに　189
   【コラム 13　心理学と資格】　191
   【コラム 14　生きるための方法としての心理学】　192

15 章　心理専門職として働く　193
   1. 大学院に進む　193
   2. 臨床心理学を活かす　195
   3. 臨床発達心理学を活かす　197
   4. 臨床心理士や臨床発達心理士の活躍の場　198
   5. 臨床心理士や臨床発達心理士として働く先輩の声　199
   【コラム 15　心理系公務員の仕事と受験】　203
   【コラム 16　大学院における実習】　204
   【コラム 17　公認心理師法と公認心理師資格】　205

16 章　ライフワークとしての心理専門職
　　　　　―自分問題と私たちが生きる時代を見つめること―　206
   1. 無知や不足を意識し続ける師と出会うこと　206
   2. 生きるとは，自分の物語をつくること　207
   3. 共に学び，共に生きるということ　208
   4. 一生学び続ける姿勢　209
   5. 私たちはどのような時代を生きるか　210
   6. 最 後 に　211
   【コラム 18　女性のライフサイクル】　212

索　引　213

第Ⅰ部
大学での学びを心理学的に理解する

　"はじめに"に書いてあるように，この本は心理学を能動的に学ぶことを目的として編集されている。こう言われると，"学習はやらされるものだ"と違和感をもつ人がいるかもしれない。そういう人は，高校まで文系・理系の区別はあっても，学ぶ科目は"学ばなければならない科目"であって，自分から選んだ"学びたい科目"ではなかったからだろう。人は自らの意思で選んだものでないとなかなか能動的に取り組めないものである。しかし大学では学びたいと自分で選んだものを学ぶ。心理学を専攻した学生は，それが心理学ということになる。その点で，大学は能動的に学び始める絶好の機会である。

　ただし，このように始まる大学の学びであっても，学び方が悪ければ，いつしか受け身の姿勢に戻ってしまう。能動的に学べない理由の一つは，学んでいることをどう使えばいいのか分からないというものだろう。"これが何の役に立つのか分からない"，"これが分からなくても生きていける"，学ぶことに意欲をもてないとき，こうした言葉がでてくる。能動的に学び続けるためには，学んでいる知識が自分の人生において役立つと思えなければならない。

　心理学の学びは，この点においてほかの学問よりも有利である。人間が人生で直面する問題のほとんどは人間の心理に関わっており，そうした問題を乗り越えるために心理学は役立つからである。例えば，試合で緊張して力が出せない，初対面の人と話すとき不安になる，勉強しなければならないのにやる気がでない，英単語が覚えられないなど，自分のこころに振り回されることは誰でも経験しているだろう。心理学は，自分のこころについての理解をもたらし，こうした問題に対処するための方策を与えてくれる。また私たちは，家庭，学校，職場，地域，多くの時間を他者と関わりあって過ごしている。その他者もこころをもち，それによって行動している。こうした他者のこころにどう対処するかが私たちの人生を大きく左右する。つまり，私たちが直面する悩みの多くは，自分のこころの問題か，他人のこころの問題か，その両方の問題なのである。だからこそ心理学は役に立つといえる。こう言われて分かったような，分らないような，必ずしも納得できないかもしれない。意欲を生み出すには，何がどう役立つのか具体的に分かり，実際にそれを自分も利用できそうだと思える必要がある。

　そこで第Ⅰ部では，心理学が将来どう役に立つかではなく，今の大学生活に心理学がどう関わっているかについて具体的に紹介する。心理学の扱う対象はたぶん高校時代に抱いていた印象よりもはるかに幅広い。心理テストやカウンセリングだけでなく，大学の生活や学びの身近な場面にも広がっていることを実感し，心理学への興味の幅を広げてほしい。

第Ⅰ部は5つの章で構成されている。このうち前半2つは大学生活全般で体験することに関わっている。

　1章では，大学という新たな場所に来たことへの不安，そうした経験がもたらす成長について，臨床心理学や発達心理学を背景に考えていく。入学直後は誰しもこころがざわざわしていて，授業にもなかなか集中できない。こうしたことも含めて，あらゆる体験が将来の自分をつくりあげることを，学ぶと同時に感じて，それを人と関わるときに活かせるようになってほしい。

　2章では，人間関係をつくりあげていく上で不可欠なコミュニケーションがどのようなものか，心理学を通して考えてみる。人と人をつなぐのもコミュニケーションであれば，誤解をもたらし関係を壊すのもコミュニケーションである。これまで当たり前に行ってきたことを心理学的に捉え直し，より良いコミュニケーションができるようになろう。

　第Ⅰ部後半の3つの章では，大学での学びの方法を心理学的に捉え，それがどのように活かせるか見ていく。

　3章では，私たちの記憶の仕組みに関する心理学の成果を説明した上で，そこから導かれる上手に記憶する方法について紹介する。学ぶことの基本は記憶することである。記憶についての理解をもとに，これまで経験的に身につけてきた勉強方法を検討し，より効率的な学び方を工夫してほしい。

　4章では，知識を分かりやすく伝えられることを目指して，理解するとはどういうことなのか，どのように伝えれば理解されるのかを考えてみる。大学では，自分で調べたり考えたりしたことを発表する機会が多い。そうした機会で分かりやすく伝えられることは，自分自身の理解も深めるものになる。

　5章では，大学の学びにおいてしばしば行われる協働について，社会心理学の研究成果をもとに考えてみる。まずは，グループでのアイデア生成に有効とされてきたブレーンストーミングの方法と限界について紹介する。さらに協働場面で起こる社会的手抜きという現象とその対処法について考えたい。

　内容は後半に行くほど専門性が高くなる。新たな知識を学ぶだけでなく，これまでの知識を疑い，そこから新たな知識を見出すという心理学の方法にも触れていく。日常の思考から離れて，学術的な思考力，論理的な分析力が必要になっていくので，集中して読んで欲しい。

　そして何より，得た知識を実際に使ってみよう。書かれていることは誰もが体験していることなので，その機会はいくらでもある。実際に使うことで，知識は体験になり，そして実践力になる。

「大学での学び」にあたって
—悩みのすすめ—

　第Ⅰ部では，大学での学び方—いわば「学問」の作法を，心理学の視点から紹介する。それに先立って，この章ではその基盤にある「学生生活」を心理学してみたい。その中でも特に，困ったり悩んだりしたときにフォーカスを当てる。こころが不安定なときは，勉強どころではないだろう。そんなときはどうしたらいいだろうか？　そのヒントを，臨床心理学的な視点から示してみたい。

　副題の「悩みのすすめ」は福澤諭吉の『學問のすゝめ』という本の題名をもじったものである。しかし「学問のすすめ」なら分かるが，なぜ「悩みのすすめ」なのか。

　悩みなどない方がいいに決まっていると思うのが，人の自然な心だろう。そもそも「積極的にどんどん悩もう」とか「一生懸命努力して悩む」という言い方は，悩みに関してはそぐわない。けれども何か思い悩むとき，それは自分にとって，全く不要なことなのだろうか？

　悩みには様々なものがあり，大したものではないと思うものもあるだろう。が，さりげないものでも，自分にとって大事な何かにつながっていることもあるかもしれない。そんなことを感じとってもらえたら幸いである。

1. 高校から大学へ—移行期の心理—

(1)「能動的な学び」への転換

　幼稚園や保育園から小学校へ，小学校から中学校，中学から高校へ。読者はこれまでにもいくつかの「卒業」と「入学」を経てきたことだろう。その都度，なじみの友だちや先生，校舎やたまり場，行き帰りの道などを離れ，新しい場に期待と不安を抱きながら入っていく体験を重ねてきた。そうしたときのドキドキは，何歳になっても変わらないかもしれない。と同時に，大学への入学は，これまでとはまた違う大きな変わり目でもあったのではないだろうか。

　大学にはホームルームとなる教室や集団がない。語学のクラスや1年生のゼミがあっても，毎日その集団で朝晩顔を合わすことはない。時間割も自分で組まねばならず，それに合わせて時間ごとに教室を移動する。教室も何百人と入れるような大講義室もあり，どこに座るかも決まっていない。授業のやり方も高校までとは違う。今までは先生が板書してくれたものをノートに写せばよかったのに，大学では，重要そうな言葉だけを黒板に書く先生もいる。授業と授業の間に空き時間ができることもあり，それをどのように使うかも自由だ。授業に限らず，個人の時間が増えたと感じることも多いだろう。

　先生から課題を与えられた場所から，自分が今どこで何をするかを自分で決めていく環境へ。大学は自主性が重んじられる場であり，本書の第Ⅰ部「大学で学ぶ」のテーマが一貫して「能動的に学ぶ」となっている理由もここにある。

　大学が「能動的な場」であるのは，「発達課題」というものとも関連している。心理学には，人の一生

を年齢ごとにいくつかの段階に分け，その発達段階に応じた課題があるという考え方がある。その中で大学生は「青年期」にあたり，「アイデンティティ（identity）」というものを模索し確立するのが課題とされている。"ID Card（identification card）"と言うと「身分証明書」のことだが，そのように「これが私」「他の誰でもない私」と自他ともに納得して言えるものは何か。それを親や先生に言われた通りではなく，自分なりに問いかけ，みつけていくのがテーマというわけだ。

しかし模索には時間がかかる。そのため，いろいろなことを試せる期間が必要であり，大学の4年間はそれが保証された時期でもある。実際，大学生になると，「しなければならないこと」は高校までや就職してからに比べると，ずいぶん少ない。科目の選択の幅が増えるだけではなく，アルバイトやサークル，ボランティアなど，とりあえず気になったものをやってみることもできる。それがピッタリくる場合もあれば，何か違うと思うこともあるだろう。それらを繰り返す中で，少しずつ自分が本当にやりたいことがみえてきたりする。

大学は自分から動かなければ何も始まらない。授業を遅刻や欠席しても何も言われないが，責任は問われる。が，自分のことを自分で考えられるのはやっぱりいいなと，その面白さや解放感を味わう人もいるだろう。

(2) これまでの枠組みが揺れる

しかし，自分がやりたいことをみつけるのは簡単なようで難しい。「目的意識をもって学ぼう」と言われても，どこから手をつけたらいいか，戸惑うこともあるのではないだろうか。

私たちは，"学校ってこういうもの""友人はこうやって作る"といった，自分なりのイメージや方法を漠然と持っている。環境が変わるときは，そうしたそれまでの枠組みが揺らされ，変更を迫られるときでもある。

大学に入学して，一人暮らしを始めた人はもちろん，実家から通学していても，これまで慣れ親しんだ地元の友だちと離れた人も多いだろう。今まで当然のようにしてきた「友人の作り方」がそのままでは通用しないと感じる人もいるかもしれない。またこれまでとは格段に違う多様な価値観に接して，どうふるまったらいいか戸惑う人もいるだろう。

新しい他者との出会いは，新たな自分に出会うことでもある。例えば，自分は積極的で誰とでもすぐ仲良くなれると思っていたら，意外に入っていけない自分を発見する場合もあるだろう。また「みんな個性的！」と思うとき，その面白さに感嘆する一方で，何だか自分は平凡でつまらないな……という思いに落ち込むこともあるかもしれない。こうした今まで知らなかった価値観や気づかなかった自分に出会うことは，世界が豊かに広がることではあるが，何かしら痛みを伴うものでもある。

(3) 別れの悲しみ

新しい生活は，期待や新鮮な場面の連続に目を奪われがちだが，その反面，これまで慣れ親しんできた生活や枠組みと別れを告げてきたことでもある。

知らないうちにいつもよりエネルギーをたくさん使って疲れていても，おかしくはない。また，まずは新しい環境に慣れることに必死だが，それが一段落すると，何かぼーっとして元気が出ないということもあるだろう。そういうときはあまり無理に楽しくしようと思わなくてもよい。昔を少し懐かしんだり，高校の友だちとおしゃべりをする機会をつくってエネルギーを得るのもいいだろう。自分がなじんできた場を離れるときに悲しさや淋しさを覚えるのは自然なことである。様々な感情があってよい。それぞれに意味があることを，この章を通じて感じてもらえたらと思う。

2. 新しいものになじめない時

　新しいものとの出会いは悲しみのときでもあると述べたが、「悲しみ」というほどでなくても、"何となく不安""何か困った""何となく違和感"をもつということもあるだろう。そんな感覚をさりげなく捉えたものに、佐野洋子の『わたしのぼうし』(1976)という絵本がある。

(1) 絵本『わたしのぼうし』から

　これは、お気に入りの帽子を風で飛ばしてしまった女の子が主人公で、新しい帽子が「わたしのほんとのぼうし」になっていくまでが描かれたお話である。

　帽子をなくした次の日、お父さんはお兄ちゃんと「わたし」に新しい帽子を買ってきてくれた。お兄ちゃんは、今までのと違っても、何も気にせず、すっとかぶれた様子。それはそれでいい。でも「わたし」にはそれがどうも自分になじまない。そんなこと、他の人にはどうでもいいことかもしれない。でもこの絵本は、誰が何と言おうと"わたしにとって大きな出来事"を、そのまま大切にしているところに特徴がある。

　　「かいものに いく とき、わたしは ぼうしを かぶらないで、うしろに ぶらさげました。おかあさんは なんども ぼうしを かぶせました。
　　わたしは なんども ぼうしを ずらしました。だって、わたしの ぼうし のようではないんですもの。」

　この「それはわたしのぼうしのようではないんですもの」というセリフは、絵本の中で繰り返し出てくる言葉である。新しい帽子は、わたしにとって、"新しいもの"というよりも、むしろ何だか異なるもの、"異物"のように思えたのであろう。

　最初の帽子は、これまで動物園に行ったり、デパートに行ったり、お出かけのときにいつも一緒のものだった。「わたし」のにおいがしみついたパートナーのようなもので、何か安心できるものだったのだろう。それだけに、新しい帽子とそんなにすぐにとって代われるものではなかったとも考えられる。

　「それはわたしのぼうしのようではなかったんですもの」……。どうしてもなじめないと、「わたし」

図1-1 「わたしのぼうし」表紙

は何度も何度も思う。でも、そもそも本当にどうでもよかったら、そんなことも思わないかもしれない。この言葉を繰り返しつぶやきながら、「わたし」は新しい帽子を拒否しているというよりも、むしろ借り物ではない本当の「わたしのぼうし」を求めていたのではないだろうか。

　わたしは帽子をずらしながら、その端っこをちょっとかじってみたりする。
　そんなある日、そこにちょうちょが飛んできた……。

　「『あっ、ちょうちょが　ぼうしに　とまっている』
　おにいさんが　おおきな　こえで　いったので、わたしの　あたまの　うえ　から、ちょうちょが　とびたちました。
　わたしは　そっと　ぼうしに　さわりました。とんでいった　ちょうちょが　また　もどってきて、わたしの　まわりを　ひらひら　とびました。」

　「わたしは　また　ちょうちょが　とまって　くれるように、じっと　すわっていました。　おにいさんも　すわりました。　いつまでも　すわっていましたが、ちょうちょは　もう　とまりませんでした。
　それから　わたしは、ぼうしを　かぶって　うちへ　かえりました。
　『おかあさん、おかあさん、わたしの　ぼうしに　ちょうちょが　とまったの。ちょうちょが　はなと　まちがえたの』。」

　「つぎの日も、わたしと　おにいさんは　とんぼとりに　いきました。
　げんかんで　わたしは、『おかあさん、ぼうし、ぼうし』と　いいました。
　そして、しっかりと　ぼうしを　かぶりました。
　なんだか、わたしの　ほんとのぼうしのようでした。」

　この言葉で物語は終わる。

(2)「何となく違和感」を抱える中で
　どうしてこのときちょうちょが飛んできたのかは分からないし、そもそもなぜちょうちょが止まったら、それが「わたしのぼうし」になったのかは、きっと「わたし」にも分からない。でもこれをきっかけに、どうもそれは「わたしのぼうし」になった様子。
　そういうものがふっと訪れることがある。これまでぼわっとしていたものが、ぴたっと重なる不思議。「わたし」が思いもかけないところで「わたし」が考えもしなかったものに触れることが。その瞬間は、ちょっといつもとは違う時間だったのではないだろうか。
　また「わたし」にとって、ちょうちょがぼうしにとまった出来事も嬉しかっただろうが、ちょうちょがふっととまる気配を察知したり、また止まらないかなとドキドキしながらじっと待っているのは、どこか心躍ることでもあっただろう。そうした"不思議"に心がひらかれていることで、今どうしたらいいか分からないことに、ふっと風が吹いたり、何かヒントがみつかることもある。
　しかし、そうした"瞬間"に出会えたのは、新しい帽子に違和感を感じながらも、何となくそれとつきあい続ける時間があったからではないだろうか。合わないからと手放してしまっていたら、あれが「ほんとのわたしのぼうし」になることはなかったに違いない。

"自分と違う" "何だか合わない"と思ったら，何もわざわざつきあうことはない。けれどもこの子は，お母さんに帽子をかぶるように声をかけられているからか，自分も病気にはなりたくないと思っているからか，新しい帽子を手放してはいない。自分にとっては何か違うけれど，それと何となくつきあっていた。

　"だって違うんだもん"という感覚があったからこそ，「わたし」は「あたらしいわたしのぼうし」に出会えたのかもしれない。決して居心地のいいものではないが，"何か違う"という感覚は，新しい出会いをひらく大切な手がかりになることがある。

3. 大人になるということ

　前節では，ある小さな女の子の物語から，何となく感じる違和感をごまかさずに抱えていくことの大切さを述べた。

　紹介した文章は一部であるが，絵本を読むのは久しぶりだったかもしれない。くすぐったい感覚や懐かしさもおぼえただろうか。この本の読者にとって，絵本を読む子ども時代はもはや遠い昔のことだろう。こうした絵本を思春期の頃に紹介したら「子どもっぽい！」と抵抗感が生じたのではないだろうか。けれども大学生になると，そうした意識は薄れ，むしろその新しい魅力に気づけるようにもなっているかと思われる。「子どもっぽい」と見えるものに嫌悪感が少なくなるのは，大人になった証拠だ。

　その一方で，大学生になっても，自分は「まだ子どもだなぁ……」と思う時もあるかもしれない。大人にならなければと分かっているけれど，子どもの自分は嫌いではない。「これでいいのかな」という思いと「このままでいたい」という思いの間を揺れることもあるだろう。

　前述したように「アイデンティティの模索」がテーマの「青年期」は，子どもから大人への過渡期でもある。しかし，大人になるとはそもそもどういうことなのだろう？子どもとはどういうものだったろうか？

(1) 自分を「子ども」と思うとき，「大人」と思うとき

　あなたはどんなときに自分を「子ども」と思い，「大人」と思うだろうか？ ある心理学の授業で大学1年生に尋ねてみた。

　　（自分を「大人になった」と感じるとき①）
　　・昔マズイと思っていた食べ物がうまくなった。
　　・小さい子の面倒をみるとき。
　　・あまり怒らない。物事をよく考えて冷静に会話しているとき。
　　・一人でいてもさびしくなくなった。
　　・お母さんの気持ちが分かる気がしたとき，ちょっと大人になった。

　以前はできなかったことができるようになったり，してもらっていたことをする側になったり，ものの見方が変わったり，文字通り「変化」や「成長」を感じて，ちょっと誇らしい様子もうかがわれる。

　一方，自分を「子ども」と思うときには，こんなものが挙げられた。

（自分を「子どもだな」と感じるとき）
- 朝一人で起きられないとき。
- 寂しいとき。
- 甘えたいとき。すぐすねるとき。
- 感情に流されてすぐ泣いたり怒ったりするのは，何も考えてない証拠。
- お菓子の奪いあいをしているとき。
- 年上の人の話を聞いたとき。まだまだ知らないことばっかりだし……。

　誰かに指摘されたわけでもないのに，自分で言いながら，小さなため息も聞こえてきそうである。しかし「まだまだ子どもだ」と思うとき，その行為や感情は確かに「子どもっぽい」としても，そこには，そうした自分をみつめる「目」があり，それは「子ども」そのものとは，どこか違うと思われる。
　また「大人だ」と感じるときの回答には，こんなものもあった。

（自分を「大人になった」と感じるとき②）
- 書類ケースを持ってるとき（笑）。
- 教習所に通っているとき，自分のお金で大きな買い物をしたとき。だけどそれは一時的で本当に大人だなと感じたときはあまりないかも。
- 車に乗っているときだけ大人（さみしい大人の感じ方）。どーしても大人になれない感じ。

　外見から入って，ちょっと「大人になった」のが嬉しい感じもありながら，でも本当に大人になるのは，こういうことではないだろうと，自分で自分に突っ込みを入れている。
　このように，ある感情を抱きながら，その状態を眺めるもう一つ別のまなざしを自分の内に持っていることは，大人への足がかりである。
　「大人と思ったとき②」で述べられたことは，確かに大人の本質からは遠いかもしれない。けれども「大人と思ったとき①」の言葉にうかがわれた誇らしさよりも，「②」で感じられた苦い思いの方が，「大人」の要素は強いとも考えられる。
　また大人になるとは，単にできなかったことができるようになることを指すのではない。むしろ，これまで自分が「できる」と思っていたことができないと気づくプロセスも大切である。幼い頃，サッカー選手にでも何にでもなれる，行きたい所にはどこでも行けると思っていた人は多いだろう。けれども現実はなかなかそうもいかないと知ったときの寂しさや痛み。そうしたものを味わうのも，大人になっていくことである。
　大人になるとは，単に子どもでなくなることを指すのではない。自分がどれくらい「子ども」であるかをよく知っていることでもあるのだ。

(2)「子どもらしさ」と「子どもっぽさ」
　「子ども」には「子どもっぽさ」だけでなく，よい意味での「子どもらしさ」もある。
　絵本『わたしのぼうし』を思い出してみよう。女の子の「だってわたしのじゃないようですもの」と言うつぶやきに対して，大人は「前のと何が違うの？」「新しい方がいいじゃない」と言いがちである。見た目や一般的な評価の方に気をとられているのかもしれない。
　また，ちょうちょが帽子にとまったときの，そのふっとした気配を捉える感覚は，子どもの頃は誰も

がもっていたと思われるが，毎日忙しく，やるべきことを沢山抱えていると，紛れてしまうことも多い。

あの女の子の感覚は「だから何?」と言われると，説明することは難しい。しかし子どもの頃，後から考えると意味が分からないことに夢中になったり，なぜあんなものがと思うものが宝物だったことはないだろうか。

現実的な「大人」の世界，日常や現実の論理では理解できないような，純粋で素直な子どもだからこそ感じている世界がある。いい意味での「子ども」は創造的だ。この絵本を描いた佐野洋子さんは，大人でありながら，そうした「子ども」のまなざしや感覚を，自分の内に持ち続けた人であったと思われる。

(3) 内なる「子ども」を生かせる大人

もちろん人は「子どもらしさ」だけで生きていくことはできない。子どもは自分の中のルールやこだわりを最優先させようとするが，自分の感覚に素直であることによって，他者を傷つけてしまうこともある。大切なことは，自分の中の「子ども」を，いかに現実の中で生かせるかだ。

心理学には，赤ちゃんから子どもへ，子どもから大人へ……という発達段階があるが，一方でこんな考え方もある。一人の人の中には，その年齢に関係なく，「赤ちゃん」の心も「子ども」の心も「若者」の心も「大人」の心も「お年寄り」の心も全部ある。ただ，何が前面に出るかが，その年齢や状況によって違うのだ。（実際には，子ども時代はやはり「子ども」がメインに出ることが多く，成長するにつれ「大人」が顔を出すことが多いが。）

ここで「大人」の心とは，自分の中にある様々な要素（「赤ちゃん」「子ども」「老人」等）を必要に応じて，コントロールしたり，アレンジする機能のことだという考え方もある（見田ほか, 1997）。いい意味の大人は，この世の仕方（常識）をきちんと心得ていて，それに従うことができる。しかし，そればかりでは面白くない。自分の中の「子ども」の声を聴き，それを出してもよいところではうまく出せる。ここぞというところでは常識からはずれて遊ぶこともできる。自分の中の「子ども」は，どうしたら大切に生かしていけるだろうか。考えてみたら，おもしろいかもしれない。

4. 内にある力

(1) こころの中にイメージをもてる力

前節では自分の中の「子ども」をふりかえりながら，大人になることについてみてきた。ここではもう一つ立ち戻って，「よりどころ」というものについて考えてみたい。新しいものに出会うときは，誰しも緊張したり，不安をおぼえる。そうしたとき，これで大丈夫か確認できる「よりどころ」があるから，人は新しい世界に踏み出すことができる。自分にとっての「よりどころ」とはどんなものだろうか。

生まれて最初の「よりどころ」は母親（あるいは特定の養育者）である。また幼い頃，ぬいぐるみや柔らかいタオルなどを肌身離さずもっていたという話を聞いたことはないだろうか。そのときの自分にとって，それは母親と離れていても，その代わりになる「（こころの）よりどころ」であったはずだ。それは物であって，物でない。

この話を授業でしたとき，ある学生から「『よりどころ』と『依存』の違いは何ですか?」という質問が出た。そこで筆者からふたたび学生たちに，この質問を投げかけてみたところ，様々な意見が出た。そのいくつかを紹介してみよう。（なお，ここで取りあげる「依存」という言葉は，専門用語のそれではなく，あくまで学生が抱いたイメージである。）

- 「よりどころ」と「依存」は近くにあることで安心するところは同じだと思う。
- 「依存」の方が度が強すぎるというか，異常なまでの執着心のような気がする。
- どちらも「ほっとする」が共通点だが，「依存」は病んでいる感じがする。

「よりどころ」と「依存」の違いの一つは，程度の差にあるのだろうか。それにしても「依存」はどうしてそこまで「執着」するのだろう？

- 「よりどころ」は，そうしていることで心から安心できる。そうしてもらえると途切れる事なく安心しきることが出来るイメージがあって，「依存」は「薬物依存」とか「アルコール依存」など長くずーっと安心出来るものではないと思った。

なるほど，「依存」は"本当の安心感"がもてなくて，だからこそ離れられない。でもそれをすごく求め続けている状態とも言えるかもしれない。

- 「よりどころ」は場所や空間のような気がする。「依存」は物など個体のような気がする。

これも面白い意見！「よりどころ」は，目に見えて，手でつかめるようなものとは次元が違うイメージだろうか？

- 「よりどころ」は離れていても，心の中にあれば満足。その相手と相思相愛であることだと思う。「依存」は離れられない状態。
- 「依存」とはある一人の人にばかり頼り，自分という存在を相手にあずけて自分を見失っている状態のこと。
「よりどころ」は，自分という存在のすべてを，ありのままに受けとめてくれる人，物なんだと思う。「自分は生きていてもいいんだ」「この人は自分の事を心から大切に思ってくれているんだ」と飾らずに心から思える＝相手の存在も大切に思える事につながっていく。
- どう言ったらいいかわからないが，「生きる」というのがかかっていると思う。

最初の2つの意見は「依存」と「よりどころ」を正反対のものとみているのがおもしろい。また3つめは，少し話が大きくなりすぎているようだが，「よりどころ」が，言葉にするのが難しいくらい深い何かに触れるものであることを，あらためて感じさせてくれる。

誰かや何かと常に一緒にいることは，確かに難しい。けれども目の前にいなくても，こころのつながりが感じられ，そのイメージによって安心感がもてること。それは「自分」を見失うというよりも，「自分」というものや「生きている」ということを実感できることなのかもしれない。

考えてみると，目には見えないのに，こころの中にそのイメージをもつことができるのは，人のこころがもつ不思議ですごい能力である。それは，こころの豊かさにもつながっている。

(2) 自分を生かそうとする"芽"

前節に挙げた感想からは，「依存」するときの苦しさや切なさに思いを馳せる様子もうかがわれた。いつも一緒にいないと安心できないということは，一緒にいても常にどこか不安ということでもあるだろ

う。それでも一緒にいたくて，気を遣って無理に相手に合わせようとする心理は，大なり小なり多くの人に経験があるかもしれない。

　と同時に，自分を守るためには，それを懸命に求めずにはいられない，その求める気持ちの強さにも注目したい。この「強さ」は，一体どこから生じているのだろうか。

　ここでは「摂食障害」から考えてみよう。これは思春期や青年期によくみられる精神症状（疾患）の一つであり，「食べることや吐くことへの依存」という言い方もできるかと思われる。「拒食症」や「過食症」という呼称を聞いたことのある人もいるだろう。

　食べることは生きるのに必須の行為であり，私たちが毎日当たり前にやっていることだ。嫌いな食べ物があったり，食べるのが嫌だと思うことはあっても，食べるのを拒むというのは想像するのがなかなか難しい。

　が，ある摂食障害の女の子とのカウンセリングの事例（岩宮, 1997）を授業で紹介したとき，「食べるのを『拒む』ことと，食べるのが『嫌』では何が違うのだろう？」という問いが出て来た。事例を通して思いを馳せた学生たちの感想をいくつかみてみよう。

- 食べ物が嫌いっていうのは，さまざまな食べ物のなかの何種類かが嫌いだから食べないという意味で，食べ物を拒絶するというのは"食物"自体の存在を嫌って何にも食べないことという違いがあると思う。
- 「拒絶」というのは，そばに行くだけで気持ち悪くなったり，近づくのも拒否するものだと思う。「嫌い」というのは，嫌だけどなんとか我慢することは出来る程度のものだと思う。
　もう一つ考えられるのは，「拒絶」するのは本当は好きなのに，体が「拒絶する」というのもあると思う。「拒絶する」というのは複雑。「嫌い」は単純。

　確かに食を「拒む」とは，好き嫌いを選択したり，嫌いなものを我慢して食べるといった「気持ち」や「意志」ではどうすることもできない，コントロールを超えた事態である。いわゆる「わがまま」とは質が違うとも考えられる。

　次の意見はどうだろう。

- 生きることがイヤ→何かに押しつぶされそうで，自分の居場所がない人がそう思うと思う。誰でもイヤな時，我慢がたまったりした人で，居場所があればまだ希望はあると思う。けど居場所がない人は独りで耐えられなくなって，生きるのがイヤってなる人を言うと思う。
　生きることを拒む→何かにこわい!! という思いからくるのかな？ 拒むってことは，生きることには生きたいって思ってると思うのに，それを遮ること，その原因で生きるのを拒んでいると思う。だって何かに遮られなかったら，そんなこと思わないと思う!!

　「生きることがイヤ」がストレートな表現だとすると，「拒む」は確かに複雑だ。人は食べなければ死んでしまう。にもかかわらず，食を拒むその奥に「生きることには生きたい」願いがあるとしたらどうだろう。「拒む」ことによって，「何かこわい!!」というサインを出しているとも考えられる。

　このように，本人が自覚できる範囲を超えて，こころの奥底にある願いが無意識に身体や行動から発せられることがある。そうした表現はそれ自体が苦しいものであるが，苦しい中，それでも何とか自分を生かそうとする力でもある。本当は自分はどのように生きたいのだろうか？　カウンセラーとは，そ

うした「こころの声」に共に耳を傾けるのが仕事である。

(3) 共に耳を傾ける

　人のこころに備わった力の中には，ストレートに「すごい！」と思えるものもあれば，一見，あまりいいとは思えない気持ちや状態の中にも，実は「自分を生かそうとする芽」が隠れていることがある。この章でこれまでみてきた，何となく違和感を感じるときや，自分を子どもっぽいなと思う気持ち，何かに依存しなければいられない状態は，内容や質は異なるが，それぞれに「自分を生かそうとする力」や「芽」と考えられる。

　こうした話が無縁に思われるときはそれでいい。ただ，何かひっかかることがあったり，思い悩むことがあったら，それは自分にとって大切なことかもしれない。そのときは，そこに秘められた「芽」がどのように自分を生かそうとしているのかに耳を傾けてみたらどうだろうか。そのことを自分一人でもよいが，傍にいる誰かと一緒に考えることもあっていい。

　大学には「学生相談」という場所がある。中高時代のスクールカウンセラーが週に一回，決まった曜日に来校していたのとは違って，多くの場合，その部屋に行けば，いつでもカウンセラーがいて（曜日ごとに担当者は違うこともあるが）温かく迎えてくれる。敷居が高いようなら，まずは身近な先生に話してみるのもいいかもしれない。1年生にゼミが設けられているのは，そうした窓口となるためでもある。共に耳を傾ける存在がいることで，自分の中の「子ども」も「大人」も育っていくだろう。

　入学したばかりはどうやってここを自分の「なじみの場所」にしていけるか，緊張の連続でもあるだろう。それでも半年経って夏休みを過ぎると，ずいぶん落ち着いてくることも多い。もちろんなじむのにどれくらいかかるかは人によっても違う。周りがみな慣れてきているようにみえて，自分一人だけが取り残されるような感じがして，不安を募らせる人もいるかもしれない。けれども大学のいいところは自由度が高いことである。居場所も一つでなくてもよい。困ったときはゼミの先生や学生相談なども利用しながら，まずは半年，まずは1年，そして大学の4年をかけて。ゆっくりでいい，自分のペースで，自分にとって大切な何かを，時には"悩み"ながらみつけていこう。

文献
岩宮　恵子（1997）．生きにくい子どもたち　岩波書店
見田　宗介・河合　隼雄・谷川　俊太郎（1997）．子どもと大人―ことば・からだ・心―　岩波書店
佐野　洋子（1976）．わたしのぼうし　ポプラ社

コラム1　臨床心理学

　「臨床」とは、もともと「（病や死の）床」に「臨む」という意味で、痛み苦しんでいる人の「傍にいる」ことを指す。

　人は生きていく中で、様々な悩みや苦しみを抱えたり、いろいろな病気や事故に出会う。臨床心理学は、助けを必要とするとき、その人の傍にいて、その人がその人らしい生き方を新たに見出していく過程を共に歩もうとする実践（「心理療法」や「カウンセリング」と呼ばれることが多い）に根差した学問であり、またそうした活動のバックボーンにある心理学である。

　人の悩みは様々だが、同じ状況や出来事でも、それをどのように感じ、体験しているかは、人によって違う。例えば、どんなときにどのようなところを自分の居場所と感じるかは、一人ひとり異なり、またその時々によっても変わりうる。「居場所がない」と訴える人が求める居場所もまた、一律なものではない。そのように、その人固有の世界や感覚を、どのように受けとめ、生かしていけるか。そこに耳を傾ける中で培われてきた知恵が、臨床心理学という学問である。

　臨床心理学には、相談に来る人の問題を理解し援助するための、様々な理論や方法がある。またカウンセリングというと「悩みを話すもの」と思われがちだが、言葉を使わずに、絵を描いたり、箱庭（砂の入った箱に、様々なミニチュアのおもちゃを自由に置いていくもの）を作ったりしながら、自分を表現したり、新たな自分に気づいていくという方法もある。人のこころが多様である分、そのニーズに合わせて、色々なアプローチが生まれてきたと言ってもいいかもしれない。臨床心理学では、そうした様々な理論や方法を学ぶことになるが、どんな考え方や技法も、単なる知識として覚えただけでは実際には役に立たず、それどころか相手を傷つけてしまうことにもなりかねない。それぞれの方法にどんな意味があるのか、自分のこころを通して体験的に身につけていくことが大切である。

　また「こころの悩みや苦しみ」と述べたが、こころは身体と密接につながっている。緊張した時には心臓がドキドキしたり、お腹が痛くなることがあるだろう。その一方、お腹が痛いとき、さすってもらえば、こころも穏やかになったりする。どちらが先とは言えないくらい、私たちのこころと身体はつながっている。身体そのものを直接治療することはできないが、身体とこころを含めた「一人の人」を捉えていこうとするのも、臨床心理学の重要な視点だ。

　生きている人間にかかわる時には、必ずこちらのこころも動く。そうした自分のこころを通して、生身の人間を理解しようとするのが臨床心理学である。そのためには、自分とはどんな人間かをみつめることも必要だ。自分の中には、みたくない自分もあるだろう。しかし、そうした中にこそ、まだ知らない新たな可能性が潜んでいることもある。臨床心理学は、一方的な援助活動ではなく、人と人がかかわりあいながら、共に成長していこうとする営みでもある。

　人のこころはマニュアル通りには動かないし、深い問題ほど、光がみえてくるまでに時間がかかることもある。けれども、そうした地味にもみえる道のりの中に、人間のおもしろさやこころの不思議さを感じられたら、臨床心理学は魅力的なものにちがいない。

コラム2　発達心理学

　発達心理学とは，人が生まれてから死ぬまでの過程で，そのこころや身体，人間関係のもち方等がどのように変化していくかを研究する心理学である。ちなみに英語で「発達」を指す"development"は，もともと「包まれていたものが開かれる」という意味であり，植物がゆっくりと発育するイメージが基本にある。

　かつては，発達心理学というと「乳幼児期」から「児童期」「青年期」と，大人になるまでが対象であった。実際，人は生まれてから20歳頃までにめざましい変化を遂げる。しかし，人には死ぬまで発達や変容をしていく可能性がある。こうした考えから，「中年期」や「老年期」までを含めた「生涯発達心理学」が今では主流になっている。視野を「人間の一生」にまで広げると，成人までとその後では「発達」の意味合いが変わってくる。「できなかった」ことが「できる」ようになるだけではなく，何かを「失い」ながら新しいものを「得る」など，発達観も多様なものになってきた。

　「発達」は誰もが体験していることだが，それについて考える機会は，今までどれくらいあっただろうか。ためしに自分が生まれてから現在までの写真をあらためて見てみよう。幼い頃の自分の姿は，自分であるはずなのに自分ではないような，不思議な心地がするかもしれない。また赤ん坊の頃と，幼稚園や保育園の頃，小学校入学時，中高時代，それぞれの印象はだいぶ違うだろう。ただただ素直でかわいらしい時代もあれば，見るからにモヤモヤしたものが漂って，今ふりかえっても辛い気持ちになる時期もあるかもしれない。その一方で，幼い頃の面影が今の自分にもあると感じるところもあるだろう。

　赤ちゃんや子ども時代のこころは，大学生になった現在もっている常識や感覚とは異なる。そうしたものを学ぶことは，普段は意識されない人間のこころの奥深くを知ることにもなる。また生まれてから青年期に至るまでの発達を学ぶことは，自分が育ってきた基盤や過程をみつめなおすことにもなる。さらに子どもの心理を学ぶことは，保育士や教員等，子どもと関わる仕事に就きたい人にとっては必須であるし，そうした職業にかかわらず，結婚して子育てする時にも役立つはずだ。

　一方，中年期や老年期についてはどうだろうか。家族や周囲の人々の写真を見ると，父親や母親，祖父母等の姿も，自分が幼い頃と現在とではやはり印象が違うだろう。若かった両親も少しずつ年齢を重ねる。その心身の変化に，息子や娘として，どう応じていったらいいのだろうか。中年期や老年期は，大学生がまだ経験していないことであるが，それについて学ぶことは，身近な親や祖父母のこころに触れたり，あるいはいずれは自分も歩むであろう未来に思いを馳せることにもなる。また福祉の仕事に関心がある人は，高齢者とかかわる時にその心理を知っておくことも重要である。

　人が生まれてから死ぬまでのこころの過程をたどることは，各発達時期に出会う困難をどのように乗り越えていったらいいかのヒントを学ぶことであるとともに，人が育ち，生きていくにはどのようなものが必要であるかを知ることでもあり，ひいては自分や身近な人に対する理解を深め，生きるということを感じ学ぶことでもある。

　人のこころというものを考える時，「発達」は身近で馴染みやすいテーマであるとともに，奥深いものでもあると言えるだろう。

2章 コミュニケーションすること

　私たちは日々の生活の中で当たり前のようにコミュニケーションを行っている。誰かと会った時に挨拶をしたり，会話をしたり，大学の講義を聞いたりすることもコミュニケーションである。私たちは，コミュニケーションを通じて他者へ何かを伝え，他者と関わりながら関係性を発展させていく。その一方で，コミュニケーションがうまくできないことや，相手の気分を害してしまうこともある。この章では，私たちがどのようなコミュニケーションを行っているのか，どのようにコミュニケーションを行うと良いのかについて，コミュニケーションにおける"情報伝達"と"関係性発展"の2つの側面から考えていく。日常的に行われる他者とのコミュニケーションは，会話をはじめとする話し言葉に基づいて行われている。そこで，この章では様々なコミュニケーションの中でも，話し言葉に関するコミュニケーションに着目する。

　私たちは，コミュニケーションを失敗した時に自身のコミュニケーションを省みる。一方で，コミュニケーションを問題なく行えている時，自身のコミュニケーションを省みることは少ないのではないだろうか。改めてコミュニケーションについて考えることは，自分がこれまでどのように他者と関わり，関係性を発展させてきたか過去のコミュニケーションを省みる機会になる。そして，未来のコミュニケーションに向けて，他者とどのように関わり，関係性を発展させていくことが可能か，コミュニケーションを活かす方法について考える際の足掛かりになるだろう。

1. コミュニケーションとは

(1) コミュニケーションの意味

　コミュニケーションについて考えるために，まずコミュニケーションの意味について確認する。コミュニケーションという言葉は外来語として日本語に定着したものであり，辞書的には次のように説明されている。

> 社会生活を営む人間の間に行われる知覚・感情・思考の伝達。言語・文字その他視覚・聴覚に訴える各種のものを媒介とする。

（『広辞苑（第6版）』）

　辞書的な説明において，コミュニケーションは言語といった何らかの媒介を用いて，他者へ何かを伝えるという意味で用いられている。一方，コミュニケーションの語源であるラテン語では「他者と共有する（to share with others）」という意味で用いられている（田中，2005）。他者と共有するという意味は，日本語で用いられる伝達するという意味も包括したより広い説明である。例えば，自分の知ってい

る知識を相手へ伝達することは，自分と相手が知識を共有するとも捉えられる。

この章では，コミュニケーションを伝達に限定することを避け，他者と知識や体験を共有するための一連の行為と捉えていく。そして，コミュニケーションはどのように行われるのか，コミュニケーションの結果としてどのようなことが生じるのかといった点を概観する。

(2) コミュニケーションの伝達プロセス

他者との知識や体験の共有はどのように行われるのだろうか。コミュニケーションは，①送り手（sender），②送り手が相手と共有したい内容であるメッセージ（message），③その内容を伝える手段であるチャネル（channel），④そのメッセージを受け取る受け手（receiver）という4つの要素から成り立つ。チャネルには，言葉の内容や意味に基づく言語的コミュニケーション（verbal communication）と，視線や表情，ジェスチャーといった非言語的コミュニケーション（nonverbal communication）が含まれる。コミュニケーション過程は，4つの要素の関係からおおよそ次のように示せる（図2-1）。

コミュニケーションは，コミュニケーション参加者（送り手と受け手）の共通基盤（common ground）に基づいたメッセージ生成とその推意によって行われる。そのため，共通基盤がコミュニケーションを上手く行うために必要になる。例えば，次のような会話があったとする。

　　Aさん：うちの父は娘なんです。
　　Bさん：うちの父は息子ですよ。

AさんとBさんは，何の話をしているのだろうか。私たちには，不可解な会話に感じられる。しかしながら，共通基盤を持っているAさんとBさんは違和感なくコミュニケーションを行っている。上記の会話が"祖父が期待する孫の性別についての会話"と教えてもらえば意味を理解できるだろう。共通基盤は，コミュニケーションを成立させるためにコミュニケーション参加者が共有している知識や信念，

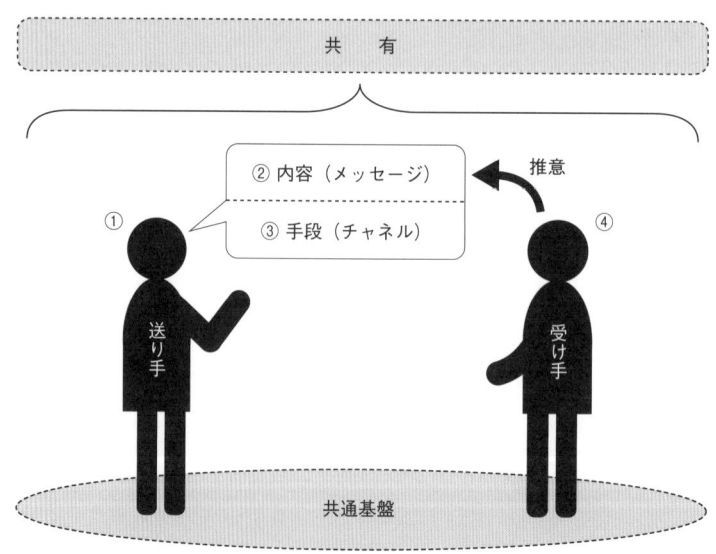

図2-1　コミュニケーションプロセス

想定の総体のことである（e.g. Clark, 1996; 岡本, 2013）。例えば，映画を一緒に観に行った友人から「この間は楽しかったね」と言われた際，映画を観に行ったことについての話題と理解できるのは，友人との共通基盤が存在しているためである。コミュニケーションは，参加者が互いに理解可能な言語，共通の知識，直前の発話内容および会話の状況といった共通基盤に基づいて行われる。

　コミュニケーションにおいて送り手は，受け手に何かを伝えるため，メッセージを何らかのチャネルにのせて送り出す。送り手のメッセージは，コミュニケーション参加者の共通基盤を参照して構成される。受け手は，メッセージを受けとると，共通基盤を参照しつつ，送り手が何を伝えようとしているのか，メッセージの背後にある送り手の意図などを解釈していく。この解釈のことを推意という。例えば，AさんとBさんが9時に待ち合わせをしていたものの，Bさんが遅刻して来たとする。

　　Aさん：今何時だと思ってる？
　　Bさん：ごめん。間に合うように家を出たけど，道に迷っちゃって……

　上記の例では，Aさんのメッセージの背後にBさんを非難する意図があったと理解できる。非難の意図を推意できたBさんは「ごめん」と応答し，遅刻した理由を述べている。Bさんは，非難に対し開き直り「11時でしょ」と応答する場合もある。Aさんは，Bさんの応答をさらに共通基盤に基づいて推意し「次から気をつけてよね」や「謝ってすむと思ってんの」といった発話を続ける。コミュニケーションは，参加者の推意に基づいた発話の連続によって展開していくものである。

　コミュニケーション参加者である送り手と受け手は，共通の知識などから成る共通基盤を参照し，推意しながら新たな知識や経験を共有していく。そのため，「共有すること」というコミュニケーションの意味は，参加者が類似の解釈に達した状態であると考えられている（Schiffrin, 1994）。

2. コミュニケーションにおいて伝達すること

　これまで見てきたコミュニケーションプロセスは，参加者の共通基盤に基づいたメッセージ生成とその推意によって行われるというものであった。メッセージ生成と推意が問題なく行われることによって，問題なくコミュニケーションを行える。一方で，メッセージ生成や推意の失敗によって，相手へ意図がうまく伝わらないことや誤解といったコミュニケーションの失敗も生じる。本節では，会話相手へ伝えるという，情報伝達の側面について考える。この情報伝達は，何かを伝える，発表する等，コミュニケーションの代表的な側面である。そこで，コミュニケーションがうまくいかない理由，どうすればうまくコミュニケーションできるかについて述べる。

(1) ミス・コミュニケーション

　コミュニケーションの失敗はミス・コミュニケーションと呼ばれる。岡本（2011）は，ミス・コミュニケーションの例として次の8つを挙げている。

　　①そもそも，送り手が伝えるべきことを伝えようとしない（非伝達）。
　　②送り手が事態を誤って伝える（誤伝達）。
　　③送り手が事態を故意に歪めて伝える（欺瞞・誤誘導）。
　　④受け手がメッセージに気づかないか，気づいても無視する（看過・無視）。

⑤受け手が何も推論できない（理解不能）。
⑥送り手の意図と受け手の推論が異なり，事態が正しく伝わらない（誤解）。
⑦送り手が何も意図していないのに受け手が勝手に推論する（過剰推論）。
⑧送り手が意図したことを受け手が故意に歪めて推論する（曲解）。

(岡本, 2011, p.13)

　ミス・コミュニケーションは，送り手が何かメッセージを送ろうとした時や受け手がメッセージを推意したときなど，コミュニケーションプロセスの様々な段階で生じうるものである。8つのミス・コミュニケーション例の中で，代表的なものが，誤解（misunderstanding）である。例えば，待ち合わせ相手に「もうすぐ到着するよ」と伝える際，送り手は10分程度を想定したが，受け手は3分程度と捉えており，不愉快な気持ちにさせてしまう場合などが挙げられる。このような誤解の生じる背景を説明する考え方の一つに，透明性の錯覚（illusion of transparency）がある（e.g. Gilovich, Savitsky & Medvec, 1998）。透明性の錯覚は，会話相手の知ることのできない自分の内的な経験や意図が，相手に理解されていると過大に推定する傾向である。ギロビッチら（Gilovich et al., 1998）は，奇妙な味の飲み物を実験参加者（試飲者）に飲ませ，それを見ている複数の他者（観察者）に"まずい"と見抜かれないようにすることを教示した。その後，試飲者に観察者のうち何人に"まずい"ということを見抜かれたと思うか推定させた。その結果，試飲者が見抜かれたと推定した人数は，実際に見抜いていた観察者の人数よりも多かった。この実験は，何かを伝える際，相手へ伝わったと思っていたことが，予想していたほど伝わっていない可能性を示したものである。一方，透明性の錯覚は，コミュニケーションの送り手だけでなく，受け手にも生じる。受け手が送り手の様子や言動から，その内面を理解できていると過大に推定することである。すなわち，受け手が送り手からのメッセージを理解できていると思っていたが，予想していたほど理解できていないということである。

　透明性の錯覚では，コミュニケーション相手との共通基盤が大きいと認識しているほど，錯覚の度合いも大きくなると言われている。武田・沼崎（2009）は，透明性の錯覚を"行為者の透明性の錯覚"と"観察者の透明性の錯覚"の2つに分けて検討した。行為者の透明性の錯覚は，自分の内的経験が相手へ伝わっていると判断する程度を過大評価する傾向である。観察者の透明性の錯覚は，相手の内的経験を見抜けていると判断する程度を過大評価する傾向である。武田らの実験結果からは，送り手も受け手も透明性の錯覚が生じており，相手との共通基盤知覚が大きいほど透明性の錯覚が大きくなることが示唆された。送り手は，特に細かく説明しなくとも，自分の言っていることを分かっているだろうと思い込みがちになる傾向を持つ。受け手は，送り手の言ったことに対する自分の解釈は間違っていないだろうと思い込みがちになる傾向を持つ。

　透明性の錯覚は，コミュニケーションに対する送り手と受け手の思い込みがちな傾向であると言える。送り手は，伝えたいことを受け手にしっかり伝えられていると思い込みがちになる。受け手は，送り手のメッセージをしっかり理解できていると思い込みがちになる。送り手の意図と受け手の理解がズレていなければ問題になることもない。しかし，透明性の錯覚によって送り手の意図と受け手の理解にズレの生じた時，ズレに気づかないままコミュニケーションを続けてしまい，誤解へ陥ってしまう危険性をもっている。

(2) ミス・コミュニケーションを回避する

　ミス・コミュニケーションを回避するために，どのようなことができるだろうか。ここでは，ミス・

コミュニケーションを回避するための考え方をいくつか紹介していく。コミュニケーションは，コミュニケーション参加者，状況などによって変容する。そのため，こうすればミス・コミュニケーションが生じない，こういう場合にはこうすれば良いなどマニュアル的なものはない。ここで紹介する方法は，あくまで参考であり，心構えに近いものである。

1) 共通基盤を確認する

ミス・コミュニケーションを回避するためには，コミュニケーション参加者の共通基盤を確認することが重要である。コミュニケーションにおいて，共通基盤は当たり前のものであり，意識せずともうまくいく場合も多い。しかし，ミス・コミュニケーションを避けたい場合，送り手と受け手の共通基盤をある程度明確にしておくことが有効である。例えば，透明性の錯覚によって誤解しないように，送り手の意図がしっかり伝わっているか相手に確認したり，共通基盤を当然のものとせず，必要に応じて今何の話題を話しているか明確にしたりすることによってミス・コミュニケーションを避けることが可能となる。

2) 専門用語を使うときに気を配る

ストレスや抑圧，無意識といった専門用語は一つの言葉である事柄を説明できる。一方で，その言葉の意味を会話参加者がまったく同じように理解しているとは限らない。会話で「大学で心理学を勉強しています」と言った場合，話し手と聞き手でイメージした"心理学"が異なっている可能性が常にある。そこで，専門用語を用いることを避けたり，相手との理解にズレがないか確認を行うことによって，ミス・コミュニケーションを避けることができる。

3) フィードバックを受ける

コミュニケーションの送り手が，会話相手からフィードバックを受けることも重要である。相手が話を理解しているか，どのように理解したかを適宜確認していくことによって，推意に誤解やズレがないか確認できる。このことを通じて，ミス・コミュニケーションの回避可能性を高められる。受け手の立場であっても，自分の理解が間違っていないか適宜送り手に確認することで，ミス・コミュニケーションを避けることができるだろう。

以上のような方法が，ミス・コミュニケーションを回避する方法として考えられる。しかしながら，コミュニケーションは，共通基盤や，使っている言葉の意味を頻繁に確認しなくとも多くの場合うまくいく。ミス・コミュニケーションを恐れ，相手の理解を確認することで会話相手を不愉快な気持ちにさせてしまう可能性もある。例えば，待ち合わせ時間の直前に，相手から「ごめん，少し待ち合わせに遅れちゃいそう」と連絡がきたとする。受け手が，"少し"の意味のズレを回避するため「具体的にあと何分くらいで着くの」と確認することで，相手を不愉快な気分にさせてしまう危険性もあるだろう。

コミュニケーションは，受け手が送り手の意図を推意していく中で行われる。そのため，ある程度のミス・コミュニケーションは生じてきてしまう。岡本（2011）は，ミス・コミュニケーションをコミュニケーションの失敗でなく，通常のコミュニケーション行動の一部と捉えることを提案している。ミス・コミュニケーションは完全に防げるものではない。そのため，ミス・コミュニケーションをゼロにしようとするのでなく，ある程度のミス・コミュニケーションを前提とし，そこから起こりうる問題へ対処するという考え方も重要である。

3. コミュニケーションにおける関係性

　日常的なコミュニケーションは，情報伝達以外にも様々な役割を持っている。その一つが，他者と親しくなっていくことである。本節では，他者との親密さを関係性と捉え，他者と親しくなっていくプロセスにおけるコミュニケーションについて紹介していく。コミュニケーションは関係性に対し長期的な変化と短期的な変化をもたらす。前者は，コミュニケーションを通じ初対面の相手がどのような人物か理解し，知人から友人，あるいは恋人へと変化していく関係性である。後者は，1回1回のコミュニケーションの中で刻々と変化していく関係性である。1回の会話の中でも，相手の発言に親近感を抱いたり，距離を感じたりすることもある。本節ではまず，コミュニケーションが相手との関係性によってどのように変化していくのか確認する。

(1) 関係性発展の段階モデル

　コミュニケーションは，相手との関係性によって変化していく。現在一番仲の良い友人を思い浮かべ，初めて出会ったときと，現在のコミュニケーションを比較してみてほしい。初めて出会ったときと現在とでコミュニケーション方法も変化しているのではないだろうか。ナップら（Knapp, 1984; Knapp & Vangelisti, 2004）は，人が他者と親密になっていくプロセスをコミュニケーションの変化から捉え，関係性の発展を段階モデルで説明している。

　関係性発展の最初は，初対面の人と出会う「始まり（initiating）」の段階である。この段階では，挨拶や天気の話題といった表面的で，当たり障りのない話題を行う傾向がある。相手と顔見知りになると，相手がどんな人物か，これからどんな関係を築けるか探りあう「実験（experimenting）」の段階へ移る。この段階では，趣味や興味のあることなど表面的な自分のことを話したり，相手のことを尋ねたりしながら，自分と相手の共通点や相違点を模索していく。自分は相手と関係を深めて行きたいのか，顔見知り程度に留めておくか等，相手との関係性を今後どうしていきたいか決定される。実験の段階を経て関係が深まると，関係性は「強化（intensifying）」の段階へ移る。コミュニケーションの話題は，単なる知り合いとの会話で話題に上らないような内面的なものも挙がるようになる。また，友人同士でしか意味を共有できない言葉や話題も頻繁に交わされるようになる。関係性がさらに深まると「統合（integrating）」の段階へと移る。この段階では，言葉に出されなくとも相手の気持ちや意図を察するようなコミュニケーションが可能となる。関係性発展の最終段階は，「結束（bonding）」の段階である。この段階において，相手との関係は強く結びついたものになる。コミュニケーションの傾向は，非言語的コミュニケーションを中心に，相手との関係性を深めるよりも，相手との関係性を維持しようとする関わりが活発になる。

　関係性は，親密になっていくだけでなく，何らかの原因によって衰退し，崩壊に至る場合もある。ナップらは，関係性の衰退についてもコミュニケーションの変化から5段階のモデルで説明している。

　私たちはほとんどの場合，それぞれ考え方や生活スタイルなどの異なった存在である。関係性発展のプロセスにおいて，注意は他者と自分の間で共通する部分に焦点化され，相違点はあまり気にしないようにしたり，場合によっては親密化を促す刺激となる。しかし，何らかのきっかけで相手との関係に葛藤や衝突が生じると，共通点と相違点への焦点化は逆転し，注意は自分と相手の違う部分へと焦点化されるようになる。親密な関係の衰退していく最初の段階が，相手との違いに注意が焦点化される「相違（differentiating）」の段階である。相手との相違点に焦点化されると，二者間のコミュニケーション量が減少する「制限（circumscribing）」の段階へと移る。この段階では，関係性の発展における始まりや

実験段階に見られた表面的なコミュニケーションが増加する。関係性は，制限の段階で崩壊するわけでなく，相手との共通点を改めて探したり関係性の改善を図ろうとする努力も見られる。関係性の衰退が，改善を図れないまま進んでいくと「停滞（stagnating）」の段階へ移る。この段階のコミュニケーション傾向としては，内面的な会話を避け，社交辞令的で必要最小限のコミュニケーションのみが交わされる。この段階へ移ると，関係性の改善は困難になってくる。停滞の段階は次第に「回避（avoiding）」の段階へと移っていく。この段階では物理的に相手との距離をとり，言語接触が減少する一方，非言語による否定的な感情表現が増加する。そして，最終的に「終結（terminating）」の段階に至ると関係性は崩壊する。

(2) 関係性発展を促す要因

関係性は相手とのコミュニケーションの中で発展し，親密になっていくこともあれば，衰退して疎遠になっていくこともある。では，関係性の衰退を回避し，発展させていくためにはどのようにすれば良いのだろうか。関係性の発展には，対人魅力や非言語的コミュニケーションといったさまざまな要因が関係している。ここでは特に，自己開示とポライトネスという言語行動を見ていく（対人魅力や非言語的コミュニケーションといった要因については，松井, 1993; 大坊, 1998; 深田, 1998 などを参照）。

1) 自己開示 (self-disclosure)

自己開示は，自分に関係することを相手へ言語的に伝える行為のことである。関係性発展の段階モデルにおいて，相手との関係性によって話す内容は異なっていた。自己開示も，相手との関係性によって異なってくる。初対面の人へ自分のことを話す時，その内容は，自分について狭い範囲で呈示し，話題も表面的なものである。関係性が親密になってくると，自分についてより幅広い範囲の内容を呈示し，内面的な話題を話すように変化していく（安藤, 1986）。

自己開示は，自分の悩みや葛藤を他者へ開示することによるカタルシス効果などの個人的機能や相手との親密さを進展させる対人的機能を持っている。対人的機能として，自分の感情や個人的な経験を他者へ開示した者は，相手の共感的な反応をみて相手に受容されたと感じ，より内面的な自己開示へと動機づけられる。一方，相手から自己開示を受けた者は，相手に対する親近感を増していく。そして自己開示を受けた者も，相手へ自分のことを話しやすくなり，互いの自己開示が広く，深くなっていく。しかしながら，自己開示は，ただ深く広い内容を伝えれば良いものではない。相手と親密になっていく過程において，特定の自己開示の話題を回避することも重要である。関係性発展の初期に深すぎる自己開示を行うことにより，相手に警戒され距離をとられてしまうこともある。また，重すぎる情動的な話，2人の関係で葛藤を増す恐れのある話，否定的な体験といった話題も回避すべきだと指摘されている（e.g. Afifi & Guerrero, 1998）。

自己開示を広く深めることによって，相手との親密さを深めることも，反対に，自己開示を控え，開示を狭く浅い状態に留めることで必要以上に相手との関係に深入りしないことも可能である。自己開示は，相手との関係性発展の程度を調整する機能を果たすといえる。

2) ポライトネス (politeness)

私たちは，他者に挨拶するとき「おはよう」「おはようございます」「よぉ！」など相手によって挨拶の仕方や言葉を使い分けている。例えば，親しい友人に「よぉ！」と挨拶することは自然なことである。しかし，初対面の人に突然「よぉ！」と挨拶したならば，挨拶された方は馴れ馴れしいと感じたり，戸惑うかもしれない。私たちは，コミュニケーションにおいて，会話相手との関係性や状況に合わせ言葉の使い方を調整している。このような相手や状況によって言葉の調整を行い，円滑な人間関係を確立・維持

するための言語行動をポライトネスと呼ぶ（Brown & Levinson, 1987; 岡本, 2009）。

　ポライトネスの背景には，コミュニケーションにおける基本的欲求としてフェイス（face）[1]という概念が想定されている。フェイスにはポジティブ・フェイス（positive face）とネガティブ・フェイス（negative face）の2種類がある。一つ目のポジティブ・フェイスは他者に理解されたい，好かれたい，賞賛されたいといった他者と親密になりたいという欲求である。このフェイスに配慮した言語行動は，親しみを込めて冗談を言うことや，仲間にしか通じない言葉を用いるといったものである。この会話相手との親密さに配慮した言語行動をポジティブ・ポライトネスと呼ぶ。二つ目のネガティブ・フェイスは他者に邪魔されたくない，立ち入られたくない，侵害されたくないという他者と距離をとりたいという欲求である。日本語における敬語といった言語行動は，会話相手との社会的立場を侵害しないための配慮であり，このような言語行動をネガティブ・ポライトネスと呼ぶ。人は，他者とのコミュニケーションにおいて"親密になりたい"，"距離をとりたい"という2種類の基本的欲求（フェイス）を持っており，その欲求を脅かさないように行われる様々な配慮をポライトネスと呼ぶ（Brown & Levinson, 1987; 宇佐美, 2002）。そして，フェイスに配慮することで円滑な人間関係を確立・維持することが可能となる。

　他者との親密さは，ポジティブ・ポライトネスとネガティブ・ポライトネスを調整しながら進展していくことになる。具体的な言語表現として，敬語の使用が挙げられる。初対面の同級生との会話では「Aさんは，どう考えていますか？」といった敬語表現を用いる場合が多い。相手との心的距離を縮めたい場合には，このような敬語と一緒に，ややくだけた表現も交えながら話し，次第に親密になっていく。場合によっては，敬語を使うことで「なんだか距離を感じる」と会話相手に思われてしまうこともある。一方，初対面で「おまえはどう考えてんの？」とくだけた表現を用いることで，「失礼で馴れ馴れしい」と思われてしまうこともある。実際のコミュニケーションでは，成功したり失敗したりしながら，親密さの上昇と下降を繰り返しつつ漸次的に関係性は発展していくことになる（中山（2003, 2007）参照。中山はポジティブ・ポライトネスに該当する言語行動を「近づき」，ネガティブ・ポライトネスに該当する言語行動を「遠ざけ」と表現している）。

　ポライトネスは，相手との関係性によって使い分けられている。例えば，人から物を借りるといった依頼や要求を行う場面は，相手に何らかの負担をかけるため，相手に配慮したポライトネスを頻繁に用いる。ポライトネスは，特に，依頼や要求によって相手にかかる負担の大きい場合，関係性が疎遠な場合，相手の社会的立場が高い場合に用いられる傾向をもつ（e.g. 岡本, 2009, 2013）。親しい友人への依頼場面において，使っていないペンを借りるといった相手の負担の少ない場合，「ちょっとペン貸して」と直接的な表現が用いられる。反対に，あまり親しくない人物から借りるのであれば，「すいません，ちょっとペンを貸してもらってもいいですか？」と相手の意向を尋ねるような間接的な表現が用いられる。このように，相手との関係性によってポライトネスの示し方が異なってくる。また，どんなに親しい友人でも，相手の大切にしている物を借りる場合など，相手の負担の大きい依頼を行う場合には間接的な表現が用いられる傾向がある。

　一方，相手に依頼された者も相手に配慮した応答を行う。特に，相手の依頼や要求を断ったり，意見に反対することは，親密になりたい，邪魔をされたくないという相手のフェイスを脅かす可能性を持った行為である。そのため，不同意を示す際にポライトネスが用いられる。本田（1999）は，テレビ討論において，相手の意見との対立がどのように表現されるかを分析した。相手との意見が対立した場合，相

---

1) ここでいうフェイスは，ゴフマン（Goffman, E.）の挙げた概念で，日常的に使われる「顔」などと異なる意味の用語である。日本語では面目や面子といった言葉に置きかえられるものである（石川, 2011）。ブラウンとレビンソン（Brown & Levinson, 1987）は，この概念を「社会的セルフイメージ」と考え，ポライトネスの中心的な概念に位置づけた。

手を間接的に批判したり，批判する前に形式的に称賛や同意を行い，相手のフェイスに配慮を示してから不同意を示すといった特徴を指摘した。

(3) アサーション（assertion）

　コミュニケーションにおいて，相手の意見や要求を拒否することは，相手のフェイスを脅かす危険性を持つ。そのため，相手に不同意を示せないことがあるかもしれない。相手から手伝いを頼まれ，本当は都合が悪いのに，それを拒否できずに引き受けてしまい，嫌な気持ちで手伝うこともあるかもしれない。ディスカッションを行っている際，相手と対立することが嫌で自分の意見を述べられず，何となく落ち着かない気持ちになるかもしれない。自分の意見や気持ちをどのように表現できれば，このような気持ちにならずにコミュニケーションできるのだろうか。本節の最後では，コミュニケーションを行う際，相手や自分の気持ちに配慮しつつ，自分の考え，欲求，気持ちなどを率直に，正直に，その場の状況にあった適切な方法で伝えるアサーションという自己表現について述べる。

　まず，次のような場面をイメージしてほしい。Aさんが友人から「今日，ご飯食べてから帰ろうよ」と誘われたとする。Aさんは，夕食を家族と出かけて食べる予定だったので早く家に帰ろうとしていた。自分がAさんの立場であったならば，どのように相手の誘いを断るだろうか。

　①誘いを断って嫌われたくない，誘ってくれたのに断るのは悪いと感じて断れない。友達を優先して家族との約束をキャンセルする。

　②「そんな急に誘われても，こっちにも予定があるから無理。」と言って断る。

　③「誘ってくれてありがとう。でも，今日は家族と食事に行くって前から約束してたんだ。」と言って断る。

　自己表現には，おおきく3つの種類がある。上の①から③の例において，①は非主張的な自己表現，②は攻撃的な自己表現，そして③がアサーション（アサーティブな自己表現）と呼ばれている（e.g. 平木, 2000; 沢崎・平木, 2005）。

1) 非主張的（ノン・アサーティブ）な自己表現

　非主張的な自己表現は，相手を大切にするが，自分を大切にしない自己表現である。会話相手に合わせたり，揉めることを回避するために自分を抑制し，自己表現をしない・できない場合や，自分の気持ちや考えを不十分にしか伝えられない場合などが含まれる。非主張的な自己表現は，自分の気持ちや考えをはっきり主張しないため，相手とのトラブルを回避でき，相手を尊重しているように感じられるかもしれない。しかし，この自己表現は，相手に決定を任せているという依存的な態度であり，必ずしも相手を尊重していることにならない。それだけでなく，自分を抑制しているため，相手に自分のことを理解してもらえないことや，我慢をしているが故に不愉快な気持ちになってしまうこともある。

2) 攻撃的（アグレッシブ）な自己表現

　攻撃的な自己表現は，自分を大切にするが相手を大切にしない，自分の意見や考えを主張するものの，相手の意見や気持ちを無視するような自己表現である。攻撃的な自己表現には，自分勝手な言動，自分の考え通りに相手を動かそうとすること，怒鳴ったり，会話相手を貶める言動などがある。また，食事を断った相手に対し「つき合い悪いなぁ」と否定的な反応を示したり，「家族なら断りやすいでしょ？いいじゃん」と自分の意見を押し通そうとする姿勢も攻撃的な自己表現である。一見すると攻撃的にみえないが，申し訳なさそうに相手に依頼をしていても，決して後に引かず，自分の依頼を通そうとすることなども攻撃的な自己表現と言える。攻撃的な対応をされた相手は傷ついたり，不愉快な気持ちや怒りを感じることになる。攻撃的な自己表現が積み重なることで，他者は関わることを避けるようになり，

関係性を維持することが難しくなる。

3）アサーティブな自己表現（アサーション）

これまで見てきた自己表現を整理すると，ノン・アサーティブは，自分を大切にしないで相手を大切にする自己表現。アグレッシブは，自分を大切にして相手を大切にしない自己表現である。最後に紹介するアサーティブな自己表現は，自分も相手も大切にする自己表現のことを言う。アサーションでは，自分の考えや気持ちを相手に伝えるが，それと同時に相手の考えや気持ちにも配慮する。そして，互いの意見や考えの違いによって葛藤が生じることをあたりまえのことと考える。両者が異なる意見や考えを表明した際には，安易な妥協をせず，互いの意見を出し合い，両者の納得できる結論や折り合いのつけられる結論に至るまでの一連の過程を重視する。アサーティブな自己表現を行うことによって，双方の考えがよく理解できると共に，互いに大切にし合ったと感じられる会話へ発展する可能性を持つ。

アサーションは，他者との関係性発展のプロセスにおいても重要になる。親密になった相手と自分は異なった存在であるため，親密になってから受け入れられない面が表面化することもある。その際，自分と相手との折り合いの可能性を繰り返し模索することが重要になる。相手との不同意を乗り越える過程は困難なもので，時に関係性を損なう危険性も持つが，それを乗り切ったとき，相手との関係性は大きく進展することになる（中釜, 2005）。アサーションは，自分の意見を通すための自己表現方法ではなく，自分と相手の相互理解を目指す自己表現方法であるといえる。

この章では，コミュニケーションを情報伝達としての側面と関係性発展の側面から見てきた。コミュニケーションは，私たちが日常的に行っている行為である。これまで，メッセージを伝えるチャネルとして，言語的コミュニケーションに着目してきた。非言語的コミュニケーションは，無意図的・反射的に行われてしまい，自覚的にコントロールすることは難しい。それに対し，言語的コミュニケーションはコントロールしやすく，言語で表現される親密さなどを反省的に理解したり，修正しやすいというメリットを有している（中山, 2007）。自分のコミュニケーションを省みて，これから先，他者とどのように関わり，関係性を発展させていくことが可能か，コミュニケーションを活かす方法について検討してみてもらいたい。

それだけでなく，コミュニケーションを楽しんでももらいたい。コミュニケーションは，相手がどのような性格の人なのか，どんな経験をしてきたのか（記憶）など心理学の対象となる現象へアプローチする足がかりでもある。コミュニケーションは，心理学が関心をもってきた様々な心理現象の潜んでいるフィールドであると言える。日常的なことだと見過ごしてしまうのでなく，様々な心理現象の潜むコミュニケーションを自分なりに楽しむ方法を見出してほしい。

文献

Afifi, W. A., & Guerrero, L. K. (1998). Some things are better left unsaid II: Topic avoidance in friendships. *Communication Quarterly, 46,* 231-249.
安藤 清志 (1986). 自己開示　対人行動学研究会（編）　対人行動の心理学（pp. 240-246）　誠信書房
Brown, P., & Levinson, S. (1987). *Politeness: Some universals in language usage.* New York: Cambridge University Press.
Clark, H. H. (1996). *Using language.* Cambridge: Cambridge University Press.
大坊 郁夫 (1998). しぐさのコミュニケーション—人は親しみをどう伝えあうか—（セレクション社会心理学14）　サイエンス社
深田 博己 (1998). インターパーソナル・コミュニケーション—対人コミュニケーションの心理学—　北大路書房
Gilovich, T., Savitsky, K., & Medvec, V. H. (1998). The illusion of transparency: Biased assessments of other's ability

to read one's emotional state. *Journal of Personality and Social Psychology, 75*, 332-346.

Goldsmith, D. G., & Baxter, L. A. (1996). Constituting relationships in talk: A taxonomy of speech events in social and personal relationships. *Human Communication Research, 23*, 87-114.

平木 典子 (2000). 自己カウンセリングとアサーションのすすめ　金子書房

本田 厚子 (1999). 日本のテレビ討論に見る対立緩和のルール　言語, 28(1), 58-64.

石川 邦芳 (2011). 対人と談話のコミュニケーション　鈴木 健 (編)　コミュニケーション・スタディーズ入門 (pp.40-63)　大修館書店

Knapp, M. L. (1984). *Interpersonal communication and human relationships*. Boston: Allyn and Bacon.

Knapp, M. L., & Vangelisti, A. L. (2004). *Interpersonal communication and human relationships* (5th ed.). Boston: Allyn and Bacon.

松井 豊 (1993). 恋心の科学 (セレクション社会心理学 12)　サイエンス社

中釜 洋子 (2005). 親密な関係を築きそれを維持する　現代のエスプリ, *450*, 171-180.

中山 晶子 (2003). 親しさのコミュニケーション　くろしお出版

中山 晶子 (2007). 親しさを伝える　岡本 真一郎 (編)　ことばのコミュニケーション―対人関係のレトリック (pp.50-65)　ナカニシヤ出版

岡本 真一郎 (2009). ポライトネス　大坊 郁夫・永瀬 治郎 (編)　関係とコミュニケーション (pp. 38-55)　ひつじ書房

岡本 真一郎 (2011). コミュニケーションとミス・コミュニケーション　岡本 真一郎 (編)　ミス・コミュニケーション―なぜ生ずるかどう防ぐか― (pp. 3-24)　ナカニシヤ出版

岡本 真一郎 (2013). 言語の社会心理学　中央公論新社

沢崎 達夫・平木 典子 (2005). アサーション・トレーニングの考え方と歴史　現代のエスプリ, *450*, 30-36.

Schiffrin, D. (1994). *Approaches to discourse*. Oxford: Blackwell.

武田 美亜・沼崎 誠 (2009). 共通基盤知覚がさまざまな内的経験の透明性の錯覚に及ぼす影響　対人社会心理学研究, *9*, 55-62.

田中 みどり (2005). コミュニケーション発達の諸相　吉田 章宏・田中 みどり (編)　コミュニケーションの心理学 (pp. 53-75)　川島書店

宇佐美 まゆみ (2002). ポライトネス理論と対人コミュニケーション研究　日本語教育通信, *42*, 6-7.

3章　覚えること，思い出すこと

　この章では，覚えること，すなわち記憶に関わる心理学のトピックについて挙げる。記憶は私たちにとって最も身近な心理的な現象の一つであり，勉強の仕方とも密接に関わるものである。

　この章は3節から構成される。第1節では，覚えることに関わるトピックについて説明する。心理学における記憶の捉え方や，記憶の種類について述べる。第2節では，思い出すことに関わるトピックについて挙げる。第3節では，第1節と第2節をふまえ，よりよく記憶するためのテクニックについて紹介する。この章全体を通して，よりよく記憶するためにはどうしたらいいか？ ということを心理学の知見に基づいて説明する。

1. 覚えること

　2014年の日本人の平均寿命は，女性が86.83歳，男性が80.50歳で，人が一生の中で過ごす時間は年々長くなってきている。あなたは，自分が経験した様々な出来事について，どれくらい覚えているだろうか。幼稚園のお遊戯会，七五三の思い出，小学校の運動会，中学校での部活動，高校の文化祭……あるいは，一昨日の昼食のメニューなど。あなたは今，思い出せるだろうか？　おそらく，印象深い出来事は思い出せるだろう。例えば，部活動で県大会まで進出したが決勝の手前で惜敗した……といった出来事は，まさにその場に居た人にとっては忘れようにも忘れられない出来事としてインプットされているはずだ。一方，毎日コンビニでおにぎりやサンドイッチを買って食べている人にとっては，一昨日の昼食のメニューを尋ねられても，日々似たり寄ったりのメニューばかりだからなかなか思い出せないだろう。

　更に，こんなこともあったはずだ。あなたにとって記憶がキーになった出来事といえば，中学や高校の定期テストや，入試でのテストである。あなたの実際の経験をふりかえってみても分かるように，テストと記憶は密接な結びつきがある。科目によって記憶の程度は異なるだろうが（例えば数学より社会系科目の方が暗記すべき量は多いだろう），どの科目にも覚えておくべき情報は必ずある。九九を知らなければ数学の問題を解くことができないし，単語を知らなければ英語の長文を読むことに手間取るし，山脈や平野の名前を忘れてしまっては地理の問題が解けない。テスト中に思い出せなくて困った人や，結果が返ってきたときに間違って覚えてしまっていたことを知り悔やんだ人も居れば，一か八かヤマを張ったところだけ勉強した人，一夜漬けでどうにか乗り越えた人など，テストに関わる様々なエピソードが思い出されることだろう。あなたがこれまで経験してきたテストとは，正しく記憶したかどうかを試すものであると言い換えてもいいかもしれない（ちなみに大学の期末試験は，記憶力を試すことだけでなく，思考力を試されるものであることを付け加えておこう）。

　では，こういう風にも考えられるはずだ。テストで良い点を取った人，つまり成績がよかった人は覚

えたことを正確に思い出せた人であり，テストで悪い点を取ってしまった人は，覚えたことを誤って思い出したり覚えたはずのことが思い出せなかった人のことである，と。逆を言えば，正確に記憶し思い出せれば，テストで良い点を取れるのである。筆者も含め，私たちは皆，正確に記憶するために色々な努力をしてきた。先ほどの一夜漬けなどもその1つである。だが，努力が結果に伴わないことも，きっとあっただろう。

　覚えたことを正確に思い出すにはどうしたらいいのだろうか。いや，そもそも「覚える」ということはどういうことだろう？　記憶とはどのようなものだろうか。覚えることをきちんと行うためにはどうしたらいいのだろうか。本章はこの疑問を心理学的に説明することを目指すものである。

　最初に言っておこう。きちんと覚えるためには"コツ"があるのだ。そしてそのコツには科学的根拠が伴う。科学的根拠が伴うということは，そのコツは信頼できるものということになる。いい加減な方法を採って時間を無駄にするよりも，科学的根拠のあるコツを使った方が，効率的に勉強することができるだろう。そこで，いきなりコツを紹介する前に，記憶の科学的根拠を示しておこうと思う。記憶が心理学の中でどのように扱われてきたかについて，まずは紹介する。

(1) 記憶の過程

　心理学で扱う記憶は，基本的にはその情報が私たちの内部（例えば脳のある部位）に貯蔵されているものと考えられている。この考え方は，「人間はコンピュータと同様の情報処理を行う」という認知心理学[1]における人間の捉え方に基づいている。これをふまえると，記憶は，符号化（encoding），貯蔵（storage），検索（retrieval）の3つの過程[2]を経るものである（図3-1）。符号化は情報を入れる段階，貯蔵は情報を保持する段階，検索は情報を引き出す段階である。例えば，「シンリガク」という単語を音声として聞かされたとき，私たちは「シンリガク」という音声を「心理学」という意味に符号化（シンリガク→心理学）し，その意味を貯蔵する。そしてそれを思い出す場合に，貯蔵された記憶の中から

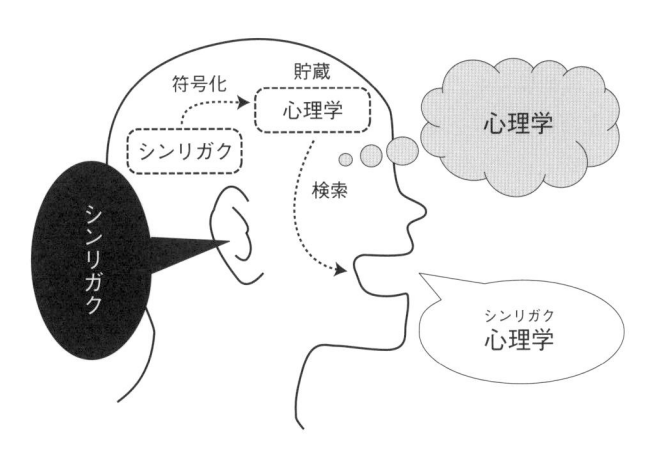

図3-1　記憶の過程

---

[1] 人間の認知過程（例えば感覚，知覚，記憶，学習，思考，推理など）を記述・説明することを目指す心理学の分野。記憶は主に認知心理学の1領域であり，認知心理学は認知科学の1分野である。人間はコンピュータと同様に情報を処理するという考え方を「情報処理モデル」という。詳しくはコラム3を参照。

[2] もしくは記銘・保持・再生の3段階とも表現する。

「心理学」を検索し，再び「シンリガク」という音声（心理学→シンリガクに変換），あるいは「心理学」という文字として出力する（森・井上・松井，1995）。人間の記憶の過程は，インプットされた感覚刺激を意味に変換し，それを蓄え，必要なときに探してアウトプットする過程である。

　このように3つの過程を経る記憶には，様々な種類があると考えられている。例えば，幼稚園での出来事の記憶と，さきほど食べた昼食のメニューの記憶とでは，その保持時間の長さが異なる。そのほかにも，自転車に関する知識の記憶（自転車とは乗り物であり，車輪が2つとハンドルが1つ付いている，など）と，自転車に乗るという技術の記憶とでは，その情報の内容が異なることが分かるだろう。

　ではまず，保持時間の長さによる分類から紹介しよう。大まかに言って，短期間保持される記憶と長期間保持される記憶の2種類に分類できると考えられている（二重貯蔵モデル：duplex theory）（Atkinson & Shiffrin, 1971）。

(2) 短い時間持続する記憶―感覚記憶と短期記憶―

　1つ目は短い時間持続する「感覚記憶（sensory memory）」と「短期記憶（short-term memory）」である。

　具体例を出して説明しよう。私たちの身の回りには，数え切れないくらい多くの情報がある。渋谷のスクランブル交差点に居るときを想像してみてほしい。前後左右を歩く人々の群れ，大小様々な看板，信号機の数々といった具合に，数多の情報であふれかえっている。それら1つ1つを脳にインプットするのは不可能である。人間は，膨大な情報の中から興味をひかれたものを選択し，選択したものを記憶していく。感覚記憶とは，情報を選択する以前の，言わば「あたりをざっと見回したときに目についたもの・耳に入ったもの」の記憶である。瞬間的に目にしたり耳にした情報だから，その情報の持つ意味まではたどり着いていない。そんな無自覚・無意図的な記憶である。例えば，あなたの周りに「unconsciousness」というタイトルの本が目についたとしたら，「unconsciousness」という情報は単語の意味をなさないまま，それそのものが感覚記憶として留められていると考えられる。ちなみに，unconsciousnessはアンコンシャスネスと読み，「無意識」という意味の英単語である。

　このように，感覚記憶は「意味」になる以前，つまり符号化の過程を経るより以前の記憶のことを指し，意識せずとも残存する記憶である。これは数秒間というごく短い期間持続するものである。感覚記憶には，聴覚情報と視覚情報を保存しておく仕組みがある。視覚情報の感覚記憶はアイコニック・メモリー（iconic memory）と呼ばれ（Sperling, 1960），聴覚情報の感覚記憶はエコイック・メモリー（echoic memory）と呼ばれる（Darwin et al., 1972）。アイコニック・メモリーは約1秒で，エコイック・メモリーは約2秒で減衰してしまうことが知られている（Glucksberg & Cowen, 1970）。つまり，ぱっと目で見た情報よりも耳で聞いた情報の方が，いささか保持時間が長い，ということになる。

　感覚記憶が約1秒～2秒というごく短い時間持続する記憶であるのに対し，これよりも少しだけ長く持続する記憶は短期記憶と呼ばれる。かつて携帯電話やスマートフォンを所持していなかった頃，友達の電話番号を教えてもらったが手元にメモをするものが無いときに，頭の中で一生懸命反復して覚えようとしたことはないだろうか。特に普段あまり電話を掛けない相手であれば，何度も頭の中で反復し，「忘れないうちに電話機のボタンを押しておこう」……しかし，電話を掛け終わった後は，番号を忘れてしまっている。このように，数秒以内に起きた出来事に関する記憶を短期記憶と言う。

　感覚記憶が意識せずとも残存する記憶であるのに対し，短期記憶は意識を向けられた情報だけが貯蔵される（Atkinson & Shiffrin, 1971）。短期記憶には容量の限界があり，情報をリハーサル（rehearsal）しない限り，7±2チャンク（chunk: 情報の単位）という量の情報しか貯蔵されない（Miller, 1956）。短

期記憶は一度にたくさん覚えておけるものではなく，一度に覚えられる量に限界があることが大きな特徴である。覚えられる量に個人差はあまりない。例えば曜日も月火水木金土日の7つだし，音階もドレミファソラシの7つである。このように私たちの身の回りの様々な情報の中には，短期記憶の容量と一致するものがある。先ほどの電話番号なども同様である。2015年現在，東京の電話番号は，市外局番を除くと8桁である（03-XXXX-YYYY）。携帯電話も同様に，090や080部分を除くと8桁である（080-XXXX-YYYY）。短期記憶が一時的に留めておける情報の単位は5～9チャンクであるから，電話番号の桁数（8桁）はちょうど範囲内に収まる情報量であることが分かる。短期記憶の容量から，メモを取らずとも短い時間ならば覚えておくことができる。しかし数十秒～数分後には忘れてしまう。このように，短期記憶とは必要なときに必要な情報を一時的に蓄える記憶である。

(3) 長い時間恒久的に持続する記憶―長期記憶―

　先ほどの「unconsciousness」の発音は何だったかと聞いたら，もう忘れてしまった人もいるだろう。短期記憶の保持時間はそんなものである。しかし，「修学旅行の自由行動のときにどんなことが起こったか」と聞けば，多くの人は（友人の名前まで思い出せなくとも）いくつかのエピソードを思い出すことができるだろう。見知らぬ土地で初めて乗る電車に戸惑ったり，班員が協力的でなかったり，あるいは好きな人と同じ班になれてとても充実していた……などといった記憶は，年月が経つにつれておぼろげになっていくことはあっても思い出せなくなることはないだろう。これは長期記憶（long-term memory）と呼ばれている。修学旅行の思い出であるから，数秒前どころの話ではない。私たちは数年，あるいは数十年以上前の出来事も覚えておくことができる。心理学では，短期記憶と長期記憶はそのシステムが異なり，別々の場所[3]に保存されたものと考えている。

　短期記憶のうち，リハーサルされた情報は長期記憶へと移行する[4]（Rundus, 1971）。リハーサルとは，記銘すべき情報を声に出して（あるいは心の中で）反復することである。私たちが英単語を覚えるとき，先生から「書いて覚えなさい」と言われた人は多いだろう。繰り返し書くことはリハーサルにあたる行為である。英単語を数十回とリハーサルすることで，短期記憶から長期記憶に転送することを目指した行為であったと言える。当時は実に面倒な作業だと思っていた人も多いだろうが，科学的根拠が存在するのである。さらに，短期記憶の容量が7±2チャンクであったのに対し，長期記憶はその容量に限界がなく，いったん長期記憶となった情報は恒久的に持続すると考えられている。

　知識に関する記憶も長期記憶の一種である。私たちは「図書館」がどういうものであるかの知識をもっている。そこにはたくさんの本があり，所定の手続きを踏んで本を借りることができること。借りた本は期日までに返却する必要があること。図書館内には学習スペースがあり，自由に使うことができること。こういった知識も長期記憶の一種であり，数秒後には忘れてしまうものではなく，ほぼ永久的に覚えていることだろう。

　このように，長期記憶にはいくつかの種類があると考えられていて，記憶されている内容によって宣言的記憶（declarative memory）と手続き的（非宣言的）記憶（procedural memory）の2つに分けられている。宣言的記憶とは「何であるか（knowing that）」についての記憶であり，自ら意識的にアクセスしたり言明（宣言）したりすることができる。このため陳述記憶とも呼ばれる。手続き的記憶とは

3）短期記憶の保存場所を短期記憶貯蔵庫（short-term memory store: STS）といい，長期記憶の保存場所を長期記憶貯蔵庫（long-term memory store: LTS）という。
4）長期記憶に貯蔵された情報を使うときには，一時的に短期記憶へと引き出される。

```
外界 ──→ 感覚記憶 ──注意──→ 短期記憶 ──符号化──→ 長期記憶
                                    ←─検索──
```

図 3-2　記憶の区分（箱田・都築・川畑・萩原, 2010 より作成）

「どのように（knowing how）」についての記憶であり，技能や手続きに関するものである。手続き的記憶は説明することが難しい場合が多い。例えば，自転車の乗り方を説明するように求められても，身体のバランスの取り方やペダルにかける力の大きさを言葉で表すのは困難だろう。けれども，一度技能として習得してしまえば，特に意識しなくても自転車に乗ることはできる。このように，手続的記憶は言葉で説明することが難しいが意識しなくても使うことができるもので，非宣言的記憶とも呼ばれる。

宣言的記憶はさらに記憶されている内容でエピソード記憶（episodic memory）と意味記憶（semantic memory）の2つに分けられる。先ほどの「修学旅行の思い出」はエピソード記憶にあたり，自分が体験した出来事についての記憶である。「図書館」に関する知識は意味記憶にあたり，事柄に関する知識の記憶である。意味記憶もエピソード記憶も，いずれも記憶にあるかどうか意識される記憶であり，顕在記憶（explicit memory）とも呼ばれる[5]。

これまでの話を図にまとめておこう（図3-2）。外界からの刺激は感覚記憶として取り入れられ，このうち意識を向けられた情報が短期記憶へと移行する。さらに短期記憶のうち，反復（リハーサル）されたものが長期記憶へと移行し，ほぼ永久的に保持される。

2. 思い出すこと

重要な情報はなるべく記憶しておこうと努力したとしても，残念ながら時として忘れてしまうこともありうるのが私たち人間である。その一方で，何か些細なきっかけがあれば，ずいぶん昔の出来事も思い出せたりする。また他方では，よく見知った人物でも街中でばったり会ったときに誰だか思い出せないこともあるし，一度も訪れたことのないはずの場所に対して既視感（デジャヴュ: déjà vu）を覚えたりすることもある。これらは全て，私たちの中にある記憶が引き起こす現象である。記憶とは本当に不思議なもので，誰だか思い出せなくとも「知人」であることを認識できたりするし，よく見知ったはずの人物の名前でもすっかり忘れてしまうこともある。

覚えることも忘れることも，どちらも記憶に絡む現象であるにもかかわらず，意識的に操作できるのは覚える方だけである。忘れるという行為は意識的にはできない。眠れない夜に眠ろうと意識すると余計に眠れなくなってしまうように，忘れようと思えば思うほどより強固に記憶に焼き付いてしまうこともある。何かを失敗した経験などは典型例の一つだろう。街中で知り合いかと思って声を掛けたら全く

---

[5] これに対し，意識されない記憶のことを潜在記憶（implicit memory）という。潜在記憶は，想起意図も想起意識も伴わない記憶を指す。すなわち，思い出すつもり（想起意図）がなく，覚えているかそうでないか（想起意識）分からない記憶である。これには体で覚えた記憶，技の記憶なども含まれる。例えば，幼い頃ピアノを習っていたが，その後10年以上ピアノを弾いていなかった人がいたとしよう。そんな人に対して，「ピアノを弾けますか」と聞いたとする。おそらく「やってみないとわからない」とか「もう弾けなくなってると思う」などと答えるだろう。このとき，ピアノを弾く技術の記憶は，その人にとってあるかないか分からない（意識されない）記憶であり，弾けた場合は「指が勝手にピアノの技術を覚えていた」（想起意図がない記憶）ものとなり，潜在記憶にあたる。

の別人だったことだったり，好きな人に告白したけれども振られてしまったことだったりと，忘れた方が幸せなこともある。

　心理学では，忘れることを忘却（forgetting）という。忘却とは覚えたあとの記憶の劣化を指す言葉であり，「忘れる／忘れた」ということは記憶がすっかり頭の中から抜け落ちてしまうことではないと考えられている。ただし記憶の劣化といっても，覚えた直後に抜け落ちるのではない。忘却には法則性があることが明らかにされている。

（1）エビングハウスの忘却曲線―1日経つと7割近く忘れている―

　心理学史上，最初に忘却の実験を行ったのはエビングハウス（Ebbinghaus, 1885）である。彼は無意味綴り（nonsense syllable）[6]を実験参加者にたくさん覚えさせ，その記憶がどのようなスピードで忘れられていくかを検討した。その結果，20分後には覚えたことの約4割（42%）を忘れ，1時間後には6割近く（56%）を忘れ，1日後にはなんと7割近く（66%）を忘れてしまうことが明らかになった。ところが，1週間後と1か月後では大きな差はみられなかった（1週間後で77%，1か月後では79%）。つまり，覚えた直後にどっと忘れて，それを乗り越えて残った記憶はわりと長く保持される傾向にある。これは「エビングハウスの忘却曲線」として知られる現象である（図3-3）。

　さらにエビングハウスは詳細な検討を行った。それは，20個の文字列を覚えさせるテストをした人に，何日か空けてもう一度同じ文字列を暗記させるという実験であった。すると，1回目に比べて2回目の方が忘れにくくなっていたことが明らかになった。また3回目になるとその効果は更に顕著だった。これは，1回目のテストで思い出せなくなってしまった文字列は，実は完全に忘れてしまったわけではなく，意識下には蓄えられていたことを意味する。この潜在的な記憶が，2回目の学習に影響を与えて成績を上昇させていたと考えられた。

　テストの前日だけ猛勉強するといういわゆる一夜漬けという方法は，忘却曲線から見るにあまり効果的な方法でないことがわかるだろう。一晩経てば半分以上のことは忘れてしまっているからである。で

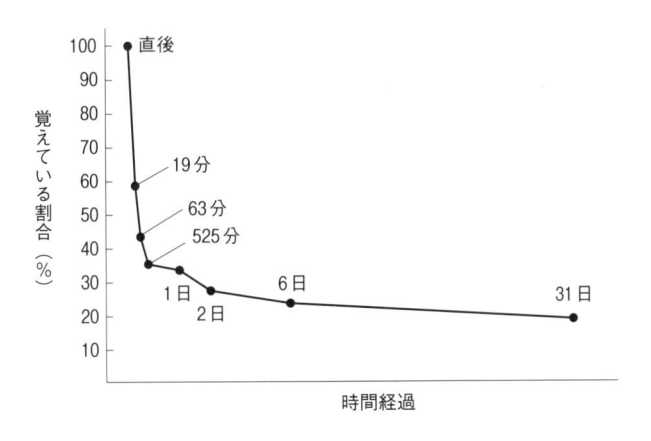

図3-3　エビングハウスの忘却曲線（Ebbinghaus, 1885）

6）文字通り，無意味な文字列のこと。例えばXEG, KIBのような特定の意味をもたない単語の綴り。エビングハウスは特定の意味をもった単語を用いてしまうと，実験参加者と単語との意味的関連度によって処理速度に差が生じると考えた。例えば，「カルテ」という単語を用いた場合では，実験参加者が医療関係者の場合とそうでない場合とで単語の処理速度に差が生じる。こうした差が生じないように，無意味綴りを用いた。

はどうすればよいかというと，繰り返し同じテストを繰り返すことでより忘れにくくなるという実験結果から，勉強においては「復習」が非常に重要であることが分かる。さらにエビングハウスは，どれほどの間隔を空けて復習するのが最も効果的なのかということを調査した。その結果，1か月以上空けてしまうと2回目のテストを行っても実験参加者の記憶成績はほとんど増強されないことが分かった。どうやら無意識の記憶の保存期限は1か月程度のようである。この間に繰り返し復習すれば，新しい記憶を定着させることが期待できる。

(2) 記憶の干渉—記憶は経験に影響を受ける—

忘れることは意図的に行えないが，忘れることを早める（促進させる）ことは意図的に行える。それは，ほかのことを追加して覚えることである。例えば，まず新しい英単語20個を必死に覚えたとしよう。エビングハウスの忘却曲線によると，翌日まで覚えている数は6個（30%）程度になるはずだが，その間にさらに別の単語を10個追加したとする。すると，始めに覚えようとした20個の単語を覚えている割合は，かなり減ってしまう。

このように，記憶は互いに影響し合うことが分かっている。これを記憶の干渉という。例えば恋人と遊園地に行ったとする。その遊園地には何度か行っていて，恋人と行ったこともあれば友人と行ったこともある。こうした場合，「ジェットコースターのシートベルトがなかなか締まりにくかった」という記憶が恋人と行ったときの出来事か，友人と行ったときの出来事か分からなくなってしまったりする。記憶の干渉は，忘却までいかなくとも，記憶を混同したり勘違いを起こす原因にもなる。つまり，不用意に情報を詰め込むと，かえって覚えが悪くなるのである。

このことを裏付ける実験結果がある（Jenkins & Dallenbach, 1924）。ジェンキンスらは2人の大学生に10個の無意味綴りを暗唱できるようになるまで記憶させ，一定の時間眠った場合と起きていた場合とで忘却の程度がどのように異なるかを比較した。その結果，起きていた場合の方が眠った場合よりも忘却の程度が著しいことを発見した。なぜこうした結果が得られたのだろうか。彼らは，起きているときの方が寝ているときに比べて様々な情報に触れるため，より多くの記憶の干渉が生じたと考えた。

この実験のように，ある事柄についての記憶が，その後に経験した事柄の記憶によって干渉を受けることを逆向抑制（retroactive inhibition）という。これに対し，それ以前に経験した事柄の記憶によって干渉を受けることを順向抑制（proactive inhibition）という。例えば，野球のピッチャーが新しい投げ方を身につけたいと思っても，これまでの投げ方が身についてしまっているため，なかなか覚えづらい，といった具合である。

3. よりよく記憶するためのテクニック

大事なことであればあるほど，長く記憶に留めておけるに越したことはない。この章の冒頭で挙げた成績の例は，まさに大事なことを記憶に留めておけたか否かの違いであると考えられよう。試験問題を解くという行為には，私たちが留めている記憶の量（特に知識などの意味記憶）が関わっており，正確な情報を的確に引き出せるか否かが試験の成績を左右していた。この「正確な情報を的確に引き出す」という行為は，2つの段階を経ていると考えられる。1つは情報を正しくインプットする段階，もう1つは情報を正しく引き出す段階である。前者は符号化（記銘）段階であり，後者は検索（再生）段階である。自分の記憶を扱うポイントは，この2つの段階にあるといえる。

(1) 符号化段階のテクニック―記銘方略―

　まず，符号化段階のテクニックをいくつか紹介しよう。符号化段階は記銘段階とも表現されるため，これらのテクニックは記銘方略と呼ばれる。

1) 体制化（organization）―まとまっていると覚えやすい―

　体制化とは，関連する情報をまとめて整理する方略である。体制化の方略は，日常生活の様々な場面で観察することができる。例えば，飛行機の操縦室には多数の計器類が並んでいる。これらの計器類は，エンジン系統，制御系統，というように整理して配列してあるため，パイロットは混乱せずに操縦することができる（Loftus & Loftus, 1980）。スーパーの商品の陳列の仕方も同じで，野菜類，魚介類，精肉類は全てひとまとまりになっている。そうすることで，「鶏肉はだいたいあそこに置いてあったな」と覚えておくことが可能になる。

　体制化という方略が有効であることを，タルビングは次のような実験によって確かめた（Tulving, 1962）。タルビングは，相互に関連のない16語の単語を1つずつ呈示し，その直後に自由再生テスト[7]を行った。次に同じ単語のリストが順序を変えて呈示され，その後再び自由再生テストが行われた。こうして単語の呈示と再生を繰り返すと，当然のことながら次第に再生数（思い出せる数）は増加するが，それに伴って単語の再生順序にも変化が現れることが明らかになった。単語の呈示順序は1回ごとに異なっているのに，再生順序は次第に固定してきたのである。例えば，ある実験参加者は常にリンゴ，トラックの順に再生する，という具合である。タルビングは，これは実験参加者が自分なりにリンゴとトラックを関連づけて記憶していることが反映された現象と考えた。この現象は，体制化の中でも主観的体制化（subjective organization）と呼ばれている。

　主観的体制化は，いわば自分なりにまとめる方法と言い換えることができる。この方略は，授業ノートの取り方や試験前のまとめノートの作り方に応用できる。中学や高校の定期テストの際に，テスト範囲になった教科書の内容を自分なりにノートにまとめた経験があるだろう。自分で重要な点は何かを考えながらノートをまとめた方が，誰かのノートを借りて目を通すよりも覚えやすいといえる。大学の試験の際も同様で，授業で指定された文献やレジュメ，板書を参考に，自分なりにノートに書いてまとめることは，覚えやすくするために有効な手段である。これからあなたは心理学についての様々な語句や概念，研究法など多種多様なことを学ぶ。各々がばらばらのままでは，なかなか記憶に定着しづらい。そこで，ノートを取るときに類似した概念の項目を近くに配置するだけでも，後々見返したときにそれらが近しい概念であることが思い出せるはずだ。そして，どれとどれが類似した概念であるかを自分で考えることが重要である。

2) リハーサル―繰り返したり，関連づけたりすると覚えやすい―

　言語情報を記憶しておこうとするとき，私たちは自然と声に出して復唱したり，心の中で復唱する傾向がある。例えば飲食店の電話番号を覚えようと試みたとき，番号を心の中で繰り返して覚えようとするだろう。こうした行動をリハーサル（rehearsal）という。長期記憶のトピックで説明したように，リハーサルされた情報は短期記憶から長期記憶に転送されると考えられている。

　リハーサルには2種類ある。1つは維持的リハーサル（maintenance rehearsal）と呼ばれる。これは先ほどの電話番号の例のように，一時的に保持するために同じ内容を何度も繰り返す方法である。もう1つは精緻化リハーサル（elaboration rehearsal）と呼ばれ，覚えておくことに情報を関連付ける方法である。例えば，複数の単語を覚えるときに共通するイメージを思い浮かべたり，漢字を覚えるときに要

---

7) 刺激が呈示された順序にこだわらず，自由に思い出してもらう方法。

素に分けてから覚える（例えば部首と旁に分ける，など）といった方法が精緻化リハーサルである。維持的リハーサルに比べ，精緻化リハーサルを行った方が，覚える事柄に関する理解が深まるため，より忘れにくくなると言われている。実際に精緻化リハーサルを検証した実験では，10 語の単語からなる 12 個のリストを覚える際に，単語と単語を結びつけてストーリーを作らせた群の方が，ただ単語を覚えるように指示された群に比べて，より多くの単語を覚えていた（Bower & Clark, 1969）。

　ストーリーを用いて覚えさせるほかにも，イメージを利用した精緻化リハーサルであるペグワード法（Bugelski & Segmen, 1968）や，イメージを利用した外国語習得法とされるキーワード法（田頭・森, 1981）なども有効とされている。例えばペグワード法では，one-bun, two-shoe, three-tree……というように，1 から 10 までの数字と韻を踏む単語（ペグワード）を覚えておき，このペグワードと覚えるべき単語をイメージで結びつける方法を採る。単語リストの最初（1 番目）が「猫」であれば，「猫」が「干しぶどう入りのパン（bun）」を食べている場面を思い浮かべる，といった具合である。キーワード法では，外国語の単語と母国語の単語をイメージで結びつける方法を採る。例えば，日本人がドイツ語の Kopf（発音：kɔpf）という単語を習得する場合を考えてみる。Kopf と発音の似た日本語の単語として「コップ」をキーワードとして設定する。そして，「コップ」と，Kopf の日本語訳である「頭」とが何らかの形で関係し合っている場面（人の頭の上にコップが乗っている場面など）をイメージするのである。

3）生成効果（generation effect）―覚えること（もの）を自分で作る―

　生成効果とは，覚えておくこと（記銘材料）自体を自分で生成することで，覚えやすくする方略である。精緻化リハーサルは記銘材料が覚えやすくなるような付加的情報を生成する方略だが，記銘材料そのものを実験参加者自身が作成することによっても記憶成績が向上することが知られている（Slamecka & Graf, 1978）。スラメカとグラフが行った実験では，実験参加者自身が記銘材料を作成した群は，実験者が記銘材料を作成した群よりも，再認成績が高かった。

　このことから，与えられた問題を解くよりも，解くべき問題を自分で作成してみると効果的な学習につながることが考えられる。例えば自分でテスト問題を作る，といったことである。大学の試験は知識を問う問題だけでなく，自分で考えて文章で記述させる問題もあるが，必要な知識を覚える際には穴埋め式の問題を作ってみるのはどうだろう。私たちはこれまで，テストを解くことはあってもテストを作る経験はあまりなかっただろう。まずは教科書や配付資料などを参考に，クイズ感覚で簡単な問題を作り，友達に解かせて遊んでみるのもいいかもしれない。

(2) 検索段階のテクニック―検索手がかり―

　次に，検索段階のテクニックを紹介しよう。思い出すための方略を検索手がかりと呼んでいる。何かを思い出すときは，切っ掛けや手がかり（ヒント）があると思い出しやすくなる。そしてどういう切っ掛けや手がかりと結びつけておくかによって，思い出しやすくなるか否かが変わる。例えば「平等院鳳凰堂」という言葉を思い出すときに，「京都にある古い建物」だけでは思い出しづらい（なぜなら京都には古い建物がたくさんあるから）。これを「10 円硬貨の裏に描かれている建物」とすれば，平等院鳳凰堂のことだと分かる。あるいは，自分自身のエピソード記憶と結びつけても思い出しやすくなる。修学旅行で見に行った経験があるとすれば，修学旅行→京都の寺院→……とたどっていけば行き着くだろう。このように，検索手がかりには知識と知識を結びつける方法（平等院鳳凰堂－10 円硬貨の裏に描かれている建物）や，知識と経験を結びつける方法（平等院鳳凰堂－修学旅行で行った京都の寺院）などがある。自分の経験と結びつけた方が，より思い出しやすくなると言われている（池谷, 2001）。

1）文脈効果―状況の影響―

普段はキャンパスでしか会うことのない大学の友人に旅先の思いがけない場所で出会っても，うっかり見忘れてしまうことがある。よく知った顔のはずなのに，会う場所が違うだけで友人と認識できないことがある。こうした「いつもとは違う」という状況が，記憶の検索に影響を及ぼすことがある。これを再認[8]の文脈効果（context effect）と呼ぶ（Light & Carter-Sobell, 1970）。

例えば，大学教員とは「大学で，教壇に立って話をする人」であり，おおよそ彼らの見た目はスーツであることが多い（中にはラフな格好をしている教員もいる）。そこに，「A先生はネクタイをしている」「B先生はヒゲをたくわえている」「C先生はロングヘアでパーマをかけている」などという個人の特徴が付加されていくだろう。そのようにして記憶が記銘されたとすると，A先生がスキーウェアを着てスノーボードをもってスキー場に居たとしても，なかなか気づきにくいはずである。符号化（記銘）の状況と，検索の状況とが同じ方が，記憶を思い出しやすいのである。

2）メモリーツリー／マインドマップ―思考を形にあらわす―

文脈効果が「状況」のヒントだとすると，「絵」をヒントにする方法にマインドマップ（Buzan, 2006）がある。マインドマップは思い出す手がかりというよりは，思い出したことをどんどん連ねていく（発想を広げていく）方法であるといえる。基本的なやり方は，表現したい概念の中心となるキーワードに，それに関連するイメージを接続することで発想を伸ばしていく。例えば，図3-4はマインドマップの例「行事の計画：お花見」である。中心にテーマとなるセントラル・イメージを置き，そこから連想するキーワードやイメージをBOI（Basic Ordering Ideas）と呼び，考えを整理したり，カテゴリーに分けたりするための言葉とする。BOIは，ブランチの先のサブ・ブランチで展開される思考を包括している（飯島, 2012）。図3-4では，「連絡」「お弁当」「その他」「飲み物」「備品」の5つがBOIに当たる。このように，マインドマップはテーマについて浮かんだイメージを図に表す方法である。マインドマップの詳しい書き方についてここでは紹介しないが，記憶を放射状に描くことで，記憶の関連性を高めたり，新

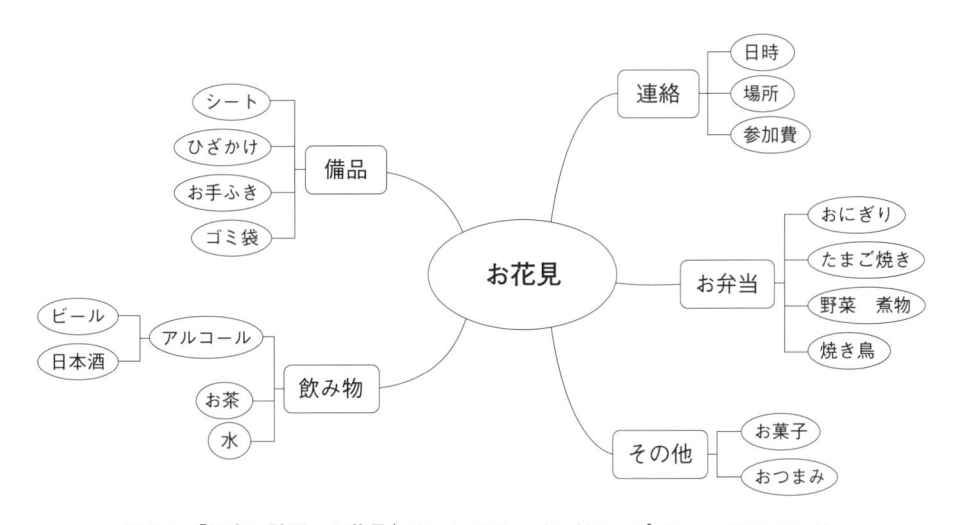

図 3-4 「行事の計画：お花見」についてのマインドマップ（Buzan, 2006 より作成）

8）再認とは，ある対象に対して過去に経験したことと確認することを指す言葉である。「見たことがある」，「経験したことがある」という感覚が再認である。

たな記憶間の関連を見出すことが可能になるだろう。

近年は，学校教育にこのマインドマップを活用する事例が増加しつつある（山本ら，2009；片岡，2009）。また，マインドマップの考え方を取り入れたものとして，メモリーツリーと呼ばれる手法もある。メモリーツリーは，ツリー状に思考を広げていく方法である（放射思考と言う）。

（3）知っていることを知っている―メタ認知―

本節の最後は，「記憶についての記憶」の話をしておこう。これまでの話とは少し毛色が違うかもしれないが，みなさんがこの先何かを学ぶときには欠かせない仕組みである。

記憶についての記憶とは，「自分が何を知っていて，何を知らないか」を知っていることである。これをメタ認知（metacognition）[9]という。もしも「自分が何を知っていて，何を知らないか」を知らないとしよう。すると，「友人が結婚しているか，していないか」という疑問に対して答えるためには，途方もない作業を行う必要がある。記憶が一種の貯蔵庫だとすると，答えを探し出すためには蓄えられた記憶を1つ1つ調べなければいけない。1つの記憶を取り出して確認してしまっておく，取り出して確認してしまっておく……という作業を，頭の中で延々と繰り返さなければならない。知っている場合ならばまだしも知らない場合となれば，全ての記憶を調べ終わるまで知っているか否かの答えが得られないことになる。けれども，人間は「知っているか，知らないか」を判断するために，毎回このような途方もない作業を行っているわけではない。知っての通り，人間の身体の仕組みはとても効率的にできている。実際に「思い出す」という行動を取らなくても，ある程度は知っているか知らないかの判断をすることができる。これがメタ認知機能である。

メタ認知には，大きく分けて2つの側面がある。1つは，知識的側面（メタ認知的知識）と，活動的側面（メタ認知的活動（経験））である。知識的側面とは，人や課題，方法といった様々な知識についてのメタ認知である[10]。例えば，「私は考えることは得意だけど，それを表現することは苦手だ」といった自分についての知識はこれに含まれる。もしくは，「AさんはBくんよりもイメージを形にすることが上手だ」といったことや，「人間は勘違いをする生きものである」といった人間全般についての知識もこれにあたる。活動的側面とは，今まさに自分がどういった状況にあるのかを理解することである。例えば，「このままだと課題提出〆切までに間に合いそうにない」といったことや，「文章だけじゃなくてグラフや表を使った方が分かりやすくなるだろう」といったことが含まれる。

このメタ認知は，効果的な学習のために重要となる。ある授業で，1週間後に記憶について10,000字のレポートを提出せよ，といった課題が出された場面を想定しよう。心理学を学び始めた人にとっては，なかなか大変な課題である。あなたなら，まず何をするだろうか。記憶についてのレポートであるから，まずはテキストや配付資料に片っ端から目を通すとしよう。しかし，その授業はテキストが分厚く配付資料も多かったため，あまりの情報量の多さに頭が混乱してしまい，その情報を整理するだけで数日は

---

[9]「メタ」とは「高次の」という意味を持つ言葉である。

[10] より詳細に説明すると，メタ認知的知識（metacognitive knowledge/awareness）には，認知的な遂行に影響する人間の認知特性（人変数）に関する知識，課題変数に関する知識，方略変数に関する知識が含まれる。メタ認知的活動（経験）（metacognitive experience, metacognitive regulation）には，課題の遂行時に使用するメタ認知的モニタリングや，目標設定・計画・修正といったメタ認知的コントロールが挙げられる（杉谷，2012）。

[11] 吉野ら（2008）は，メタ認知に関する質問紙調査を行い，因子分析の結果，知識的側面として「自分の能力に関する知識」，「学習場面での課題に関する知識」「課題解決の方略に関する知識」「日常場面での課題に関する知識」の4因子が，活動的側面として「モニタリング（気づき感覚・予想）」「コントロール（目標・計画）」「反省的モニタリング」の3因子が抽出されたことを報告している。これらのことから，メタ認知は，問題解決や学習を効率的に遂行する能力であると考えられ，大学での学習成果として身につけるべき「学習態度」であるとみなすことができる。

掛かってしまいそうだ。それに，記憶といっても様々なものがあり，その全てを10,000字にまとめきるのは容易なことではない。だとすれば，まずはテーマを絞ることから始めるべきと考えるのがよいだろう。このとき，「資料に片っ端から目を通す」ことや「記憶について網羅する」ことがレポートを書くためには不向きだと考え，「テーマを絞る」ことを選択するのは，メタ認知の働きによるものと考えられる。そして「テーマを絞る」ことを選択するためには，参照する資料が膨大なことを知っていたり（メタ認知的知識），このままのペースだと課題提出に間に合いそうにないと考える（メタ認知的活動（経験））ことが必要となる[11]。課題に取り組むときに今の方法がよいかどうかを考えたり，今の方法が適切でないならば他の方法に変更するかどうかを考えることなどが，メタ認知的活動である。

　あなたには10,000字のレポートの例のように先を見通して細かく計画を立てるまでいかなくとも，まず講義で聴いた内容が頭に入ったかどうかを確認することからチャレンジして欲しい。自分が覚えたことが定着したかどうかを認知することも，メタ認知を利用した学習の仕方の一つである。さらに付け加えれば，メタ認知は学習のみならず，人間の様々な活動にかかわるものである。例えば友人とのコミュニケーションや自宅での料理といった活動も，メタ認知的な働きによってより効率的に（あるいは良好に）行うことができる。「記憶についての記憶」から裾野を広げ，日常のいろいろな場面でメタ認知的活動を試みて欲しい。メタ認知は，自分自身を客観的に見つめるという重要な役割を果たす仕組みである。

文献

Atkinson, R. C., & Shiffrin, R. M. (1971). *The control processes of short-term memory*. Institute for Mathematical Studies in the Social Sciences, Stanford University.

Bower, G. H., & Clark, M. C. (1969). Narrative stories as mediators for serial learning. *Psychonomic Science, 14*(4), 181-182.

Bugelski, B. R., Kidd, E., & Segmen, J. O. H. N. (1968). Image as a mediator in one-trial paired-associate learning. *Journal of Experimental Psychology, 76*(1), 69-73.

Buzan, T. (2006). *Mind mapping: Kick-start your creativity and transform your life*. London: BBC Active.（ブザン，T. 近田 美季子（監訳）(2008). マインドマップ超入門　ディスカヴァー・トゥエンティワン）

Darwin, C. J., Turvey, M. T., & Crowder, R. G. (1972). An auditory analogue of the Sperling partial report procedure: Evidence for brief auditory storage. *Cognitive Psychology, 3*(2), 255-267.

Ebbinghaus, H. (1885). *Über das gedächtnis: untersuchungen zur experimentellen psychologie*. Duncker & Humblot.

Glucksberg, S., & Cowen, G. N. (1970). Memory for nonattended auditory material. *Cognitive Psychology, 1*(2), 149-156.

箱田 裕司・都築 誉史・川畑 秀明・萩原 滋 (2010). 認知心理学　有斐閣

飯島 有美子 (2012). マインドマップによるノートテイキングの試み―「日本事情」クラスにおけるドキュメンタリー映像視聴の記録として―　関西国際大学研究紀要, *13*, 187-194.

池谷 祐二 (2001). 記憶力を強くする―最新脳科学が語る記憶の仕組みと鍛え方―　講談社

Jenkins, J. G., & Dallenbach, K. M. (1924). Obliviscence during sleep and waking. *The American Journal of Psychology, 35*(4), 605-612.

片岡 久明 (2009). マインドマップを効果的に活用する学習方法の提案　日本教育情報学会年会論文集, *25*, 364-365.

Light, L. L., & Carter-Sobell, L. (1970). Effects of changed semantic context on recognition memory. *Journal of Verbal Learning and Verbal Behavior, 9*(1), 1-11.

Loftus, E. F., & Loftus, G. R. (1980). On the permanence of stored information in the human brain. *American Psychologist, 35*(5), 409.

Miller, G. A. (1956). The magical number seven, plus or minus two: some limits on our capacity for processing information. *Psychological review, 63*(2), 81.

森 敏昭・井上 毅・松井 孝雄 (1995). グラフィック認知心理学　サイエンス社

Rundus, D. (1971). Analysis of rehearsal processes in free recall. *Journal of experimental psychology, 89*(1), 63.

Slamecka, N. J., & Graf, P. (1978). The generation effect: Delineation of a phenomenon. *Journal of Experimental Psychology: Human Learning and Memory, 4*(6), 592.

Sperling, G. (1960). The information available in brief visual presentations. *Psychological Monographs: General and Applied, 74*(11), 1.
杉谷乃百合 (2012). 大学生のモティベーション，メタ認知，学習スキル　キリストと世界：東京基督教大学紀要, *22*, 105-113.
田頭 穂積・森 敏昭 (1981). 外国語の語彙習得におけるキーワード法の有効性　広島大学教育学部紀要, *1*, 191-196.
Tulving, E. (1962). Subjective organization in free recall of "unrelated" words. *Psychological Review, 69*(4), 344.
山本 利一・大関 拓也・五百井 俊宏 (2009). マインドマップを活用した生徒の思考整理を支援する指導過程の発案　教育情報研究, *24*(3), 23-29.
吉野 巖・懸田 孝一・宮崎 拓弥・浅村 亮彦 (2008). 成人を対象とする新しいメタ認知尺度の開発　北海道教育大学紀要教育科学編, *59*, 265-274.

コラム3　認知心理学

　ここに信号機がある。車道用のものだ。3つの色が順番に1つずつ点灯し，ある色の時は停車し，ある色の時は発進するという道路交通法上のルールがある。さて，あなたには信号機の3つの色がどのように見えているだろうか。
　例えば，次のような友人同士の会話があったとしよう。

　　A「信号機って，青信号っていうわりに緑色っぽくも見えるよね。幼稚園の園服がちょうどあんな色だったよ」
　　B「そうだね。私は沖縄で見た海の色を思い出すなあ」
　　A「あ，横断歩道の信号が点滅し始めたよ。向こうまでもう少しだし，早く渡っちゃおう」
　　B「ほんとだ。車に気をつけて渡ろう」

　AさんとBさんとで，信号機の色について話している場面である。Aさんは「緑っぽい青」から幼稚園の園服を思い出したのに対し，Bさんは沖縄の海を思い出している。この会話から分かることは，AさんとBさんはどうやら信号機の色を「緑っぽい青」として知覚（perception）したようだが，そこから思い出した記憶の内容は異なっていた。
　さらに会話を見てみると，AさんとBさんは，信号機の色から想起した内容は異なっていたが，信号機の色がもつ意味は共有している。このことはAさんが「点滅し始めた」「早く渡っちゃおう」と言ったのに対し，Bさんが「ほんとだ」と返していることから分かる。"青"だけではない。赤や黄色に関しても，私たちはそれがどのような意味をもつかを理解し，共有している。幼いころ保護者から教わった人も多いだろう。赤ならば止まれ，黄色（横断歩道の場合は青の点滅）ならば注意，青ならば進め，といった具合に（ただし，道路交通法上は次の通りである。青色は進んでもよい，黄色（青色点滅）は道路の横断を始めてはならない（横断中の場合はすみやかに横断を終えるか，横断をやめて引き返す），赤色は道路を横断してはならない。）。
　心理学では，ある対象を知覚し，それが何であるかを判断・理解することを認知（cognition）という。そして，人間の認知の過程を実験などの手法で科学的に明らかにする分野が認知心理学（cognitive psychology）である。何かを知覚し，それがどのような意味をもつかを判断する過程には，一体どのような心理学的な仕組みがあるのだろうか。認知心理学は，こうした問題を心理学実験などを行うことによって明らかにする学問領域である。
　このとき認知心理学では，人間はコンピュータと同様に情報を処理する，という前提を設ける。これを情報処理モデルといい，認知心理学の基本的な特徴である。試しに認知心理学的に信号機の例を考えてみよう。まず，AさんとBさんが信号機の"青色"を見たとき，目から入力された視覚刺激は脳神経系回路を巡り，青色ないしは緑色と処理される。そうして処理された情報は，「信号機が青色に点灯していれば，道路を横断することができる」と出力される，と考えるのである。情報処理モデルは，人間の認知機能を記述する流れ図（フローチャート）と表現してもいいだろう。
　以上のように，認知心理学は知覚・記憶・思考・学習・判断・推論等といった人間の高次認知機能を扱う分野である。近年は，個人内の認知機能のみならず，社会的対象（他者や集団など）を含めた研究が行われている。認知心理学の裾野は広く，現在の心理学における主要領域の1つである。

4章 分かるように伝えること

　大学の授業では，学生が自分で文献等を読み込んでその内容を他の学生に発表する機会が多くある。自分が理解したことを，その内容をまだ知らない人達に伝えるのである。自分で分かっているつもりのことでも，それをほかの人に分かりやすく伝えるというのは意外と難しい。とりわけ内容が複雑だったり専門的だったりすると，その難易度はかなり高くなる。発表する内容の多くは聞き手にとって初めて耳にすることであり，それを伝えることの大変さは，大学教員でも日々工夫を重ねなければならないほどである。しかし難しいからこそ，その発表スキルは社会に出てから非常に役立つ。また，他人に伝えようとすることで，分かっているつもりだったことが実はよく分かっていなかったと気づき，理解が深まることも多い。だからこそ，大学ではそうした機会が繰り返し用意されているのだろう[1]。

　それでは，どうすれば難しい内容を分かりやすく人に伝えられるのだろうか。このことを考えるには，聞き手がどのように情報を受け取り，どのように「分かる」という体験をするのかについて把握することが役に立つ。その「分かる」過程を促すように伝えられれば，それが分かりやすい説明になるはずだからである。

　「分かる」とはどのような経験なのかという問題は，心理学が扱ってきた重要な問題の一つである。この章では，分かるという過程についての心理学の考え方の一端を学ぶことを通して，分かりやすく伝えるためにどのようなことが有効なのかを考えてみたい。

　以下では，まず1節において，分かるという経験にはどのような種類があるのかを述べたい。2節では，その理解をもとに，専門的内容を聞き手に分からせるには情報をどのように伝えればよいのかを考える。更に3節では，分かるという処理が行われている認知システムの性質から，分かりやすく説明するための様々な工夫について理解することを目指す。最後の4節では，分かりやすく説明する上で重要な役割を果たす視覚情報について，その長所と効果的な使い方について議論する。

1. 2種類の「分かる」

　説明を聞いたり読んだりして「分かる」という経験には幾つものものがある[2]。ここでは，分かるということが大きく2種類あることを説明したい。

　授業を聞いていて，ほかの人は分かっていることが，自分には分からないという経験をしたことはないだろうか。あるいは，自分には分かりやすい授業なのに，友人は「難解で意味不明だ」と言っている

---

1) この章では，「分かる」＝「理解」として論を進めていくが，対象に対してより総体的に分かる場合には主に「理解」という語を用いる。
2) 詳しくは，松尾太加志 (1999).『コミュニケーションの心理学　認知心理学・社会心理学・認知工学からのアプローチ』ナカニシヤ出版を参照のこと。

経験はどうだろう。同じ内容を同じ程度に真剣に聞いている人々の間で，ある人は分かり易い丁寧な説明と感じ，ほかの人は全然分からないと感じるのはなぜだろう。分からないのが説明の仕方の悪さだけによるならば，同じ説明で分かる人もいることがそれこそ説明がつかない。

　同じ説明で分かる人と分からない人が存在するのは，分かるかどうかが，説明されている内容だけでなく，その内容で分かるだけの認知的準備が聞いている側にあるかどうかにもよるからである。それ故，ほかの人にとってはすごく丁寧で分かりやすい説明であろうと，認知的準備のできていない人が聞くとサッパリ分からないということになる。例えば，タイムマシーンで西暦2000年くらいに行き，その頃の大学生にSNSの便利さを説明したとする。現在の大学生ならば誰にでも分かるような説明をしても，たぶんあまり理解されないだろう。10年20年で大学生の学力に大きな差があるとは思えないから，これは学力や知的能力の違いによるものではない。2000年頃の大学生が分からないのは，SNSの背景にあるネットやモバイル端末の普及についての知識，更にはSNSを利用して楽しんだ記憶を全くもっていないからである。そうした知識や記憶をすでにもっているかどうか，すなわち認知的準備があるかどうかが，同じ説明で分かるかどうかを左右する。

(1) 知識の枠組みの役割

　分かるためには，こうした聞き手側の認知的準備が重要であることについての議論を展開したのは発達心理学者のピアジェ（J. Piaget）である。ピアジェは，人間の認知はある一定の段階を経て発達しているため，ある段階に達していないと理解できない課題があることを指摘した（Piaget, 1952）。例えばピアジェは，2つの丸めた粘土を子どもに見せ，全く同じ大きさであることを確認させた後，一方だけを細長く伸ばし，再びどちらが大きいかを判断させる実験を行っている[3]。すると5歳児は，目の前で細長く伸ばされた方を大きいと答える。つまり，物の大きさをその時点の見た目で判断してしまうのである。しかし6歳以降になると，二つの粘土のかたまりが同じ大きさであると判断できるようになる。

　こうした発達の段階性がなぜ生じるのかについて，ピアジェは，私たちが外界の刺激を理解するときに「シェマ」（schéma）を用いているからであると説明している。シェマとは，それまでの体験から獲得されている記憶や思考パターンなどの知識の枠組みのことである。粘土の実験の場合，6歳児の多くは，見た目が変わるだけでは物の本質は変わらないという「保存」の概念を獲得しているから適切な判断ができた。この保存の概念はシェマの一種である。5歳児の多くはこの保存のシェマをまだもっていない，つまり認知的準備ができていないために誤った判断をするのである。このように，あることを分かるには，そのための知識の枠組みをすでにもっている必要がある。このシェマの議論から，「分かる」ということの違いが見えてくる。ここからはシェマのことを「知識」と呼んで話を進めていこう。

(2) 同化と調節

　ピアジェは，新たに与えられた情報の処理に既存の知識を用いる場合，その用い方には「同化」（assimilation）と「調節」（accommodation）という二通りあることを指摘している。

　同化とは，外部からの入力情報を，すでにもっている知識に沿って理解することである。例えば，インド料理の「ナン」について説明される場面を考えてみる。ナンなんて知らないという読者も，心配する必要はない。そういう人は，ナンについて理解する過程をまさにこれから体験できるという点で，都合が良いくらいである。さて，ナンを知らない人，すなわちナンに関する知識をもっていない人にナン

---

[3] ピアジェはほかにも面白い観察を多く報告している。人の発達の面白さを学ぶために，ぜひ専門の書籍も読んでみてほしい。

について説明する場合，たぶんナンは小麦粉を練って焼いたパンの一種であるという説明がなされるだろう。たいていの人はパンが何かを知っている。つまり，「パン」についての知識はもっているから，ナンの理解にそれを用いて，ナンはパンなのかと理解する。これが「同化」である。ナンという，よく分からない新しい情報を与えられても，それをパンというすでにもっている知識に沿って理解するわけである。

ただし実際にはナン＝パンという理解は必ずしも適切ではない。そのため，一口大にちぎってカレーをつけて食べること，平たくて大きなへら状をしていること，表面がぼこぼこしていること等，更なる説明が加えられる。そうなると，食パンや菓子パンといった聞き手がすでにもっていたパンの知識と相いれない点が分かってくる。つまり，パンに関する既存の知識だけでは，これらの情報を整合的に処理ができなくなる。

もしナンを知らない読者がいたら，ネットで画像検索をしてナンの写真を見てほしい。実際の形状を見て，更にそのへら状の形は窯の内壁にはり付けて焼くことによる等の知識が与えられたりすると，既存のパンについての知識とは異なるナンについての知識が新たに形作られる。このように新たな情報をもとに知識が作り替えられること，それが「調節」である。すなわち調節とは，既存の知識では情報を解釈できないときに，その情報を解釈可能なように，自らがもっている知識の方を作り替えることをいうのである。

認知心理学者の海保博之は「わかるとは，入力情報が，人間の情報処理系の中で適切に処理されて，頭の中に格納されている既有知識に同化させることができたか，あるいは既有の知識を上手く調節できることである」としている（海保, 1988）。つまり，「分かる」という経験には，既存の知識への同化だけで対応できる「分かる」と，既存の知識の調節が必要な「分かる」の二通りがあるのである。

大学の授業でも，話を聞いているだけで何も引っかかりなく分かることがある。そうした場合の多くは，同化だけでほぼ対応できる内容である。一方，漫然と聞いていたらピンとこなくて，簡単には理解できないこともあるだろう。そのような場合の多くは，同化だけでは対応できない内容について話されている。そういうときも，よくよく説明を聞いてみて，「ああ，なるほど，そうなのか」と頭の中の視野が開ける経験をすることがないだろうか。そこで調節が行われている。「ああ，なるほど，そうなのか」というのは，それまで対応できなかった情報にも対応できるように，既存の知識が新たに作り替えられたときなのである。

(3) 学ぶこと ≒ 調節すること

専門的な知識を学ぶときには，多くの場合は調節が必要となる。なぜなら，「新しい知識」を学ぶからである。授業前からもっていた知識だけでは理解できないことのために，新しい知識を作り上げる，すなわち調節する。それによってこれまで分らなかったことが分かるようになる。これこそが学ぶということである。そうして作り替えられた新たな知識の枠組みは，将来直面する更なる情報を理解する際に役立つものになる。

ところが，話を聞いていて分かる部分とよく分からない部分があると，分かる部分だけ理解して，分からない部分を無視してしまう人がいる。それは同化だけで物事を理解しようとしていることになる。それで分かった気になっても，伝えられたことを理解したとは言い難く，本当に大事な新たに学ぶべき情報を捨てていることになる。授業や発表においては，よく分からない時にこそ自分の知識や思考をアップデートするチャンスがあり，そこにこそ学ぶべきことが存在するのである。

調節をすることは，知識をアップデートしてくれるだけでなく，更に学びへの意欲ももたらしてくれ

る。勉強していて，それまで分からなかったことが分かるようになり，「面白い！」と感じた経験があるだろう。この感情は，知っていることに触れたときでも，分からないことに触れたときでもなく，分からなかったことが分かるようになり，それによりほかのことも理解できるようになったときに生じる。学ぶことの面白さは，調節によって新しい物の見方を得た時にこそ生じるのである。そして，この面白いという感情，心理学で言うところの「知的好奇心」が満たされる体験は，更なる学びへの意欲をもたらしてくれるのである（波多野・稲垣, 1973）。

以上の分かるに関する議論から，専門的な内容について発表する場合，聞き手が同化だけでなく，調節も適切にできるように情報を伝えなければならないことが分かるだろう。それはどうすればできるのだろうか？

2. 情報をつなげる

まず重要なのは，これからする説明内容を聞き手のどの既存知識に同化や調節させればいいのかを伝えることである。

分かるという体験の際に，新たな情報を同化させたり，それに合わせて調節したりする知識は，3 章で紹介されている長期記憶に貯蔵されており，互いに関連する個々の概念が結びつきあった意味的ネットワークの形で存在している。したがって，同化とは新たな情報を既に持っている意味ネットワークのどこかに意味づけることであり，調節とは新たな情報をもとに既存の意味ネットワークを作り替えたり，体制化し直したりすることになる。それゆえ，同化であろうと調節であろうと，説明された情報を既存の知識のどこにつなげればいいのか分からなければ，理解できないということになる。

次の文を，内容を理解することを心掛けて読んでみてほしい。

> 手順は実に簡単である。まずいくつかの山にまとめる。もちろん，量によっては一山でもかまわない。設備がその場にないときには，次の段階としてどこかほかの場所に行くことになる。そうでなければ，準備はできあがりである。たくさんやりすぎないことが大切である。つまり，一度にあまり多くの量をこなすくらいなら，少な目の量をこなすほうがよい。短期的に見れば，これはさして重要でないように見えるかもしれないが，すぐにやっかいなことになる。ここを間違えると高くついてしまうことがあるのだ。最初は手順全体が複雑に思えるかもしれない。でも，それはすぐに生活の単なる一側面にすぎなくなるだろう。比較的近い将来にこの仕事がなくなるという見通しはない。それは誰にもわからない。手順が完了すると，またいくつかの山にまとめる。それから適切な場所に入れる。やがて，それらはもう一度使われる。このようなサイクルを繰り返さなければならない。でもこれは，生活の一部なのである。

（Bransford & Johnson（1972）の市川（1995）による翻訳）

話の内容が理解できただろうか。たぶん，多くの人は理解できたという実感をもてないだろう。途中で読むのを止めた人もいるかもしれない。それでは，この文章のタイトルを知ってからもう一度読み直してほしい。タイトルは「洗濯」である。

(1) 先行オーガナイザー

タイトルを知らずに読んでも全体的なイメージを描くことができなかっただろう。断片的な情報がま

とまらないままで，内容を覚えることも難しい。ところが，「洗濯」というタイトルを知れば様相は一変し，どんどん理解が促される。1つ1つの文の意味が，洗濯についての既存の知識と結びついて理解できていく。このように，新たな情報をどの既存知識に同化させればいいのかを知らせることが，分からせるためには必要である。日常会話でも，突然話しだされたことがよく分からないという経験はないだろうか。その場合，「まずは何の話をしようとしているのか教えて」ということになるだろう。

このように，その後の説明の理解を促進するために，先立って提示される文章のことを，オースベルは先行オーガナイザー（advance organizer）と呼んでいる（Ausubel, 1960）。この章の最初の箇所を読み直してみてほしい。そこにあるのが，この章の内容理解のための先行オーガナイザーである。こうした文章を読むことで，その後に説明される情報を，既存の知識のどこにつなげればよいかが分かるだろう。ほかにも，文の最初にタイトルや見出しを置く，段落の一文目にその段落内容の主題を書くといった工夫がなされる。授業でも初回にガイダンスがあり，授業目的や授業概要が紹介される。これらも一種の先行オーガナイザーであり，その後に提示される様々な情報を聞き手の既存知識のどこに同化させればよいのかを示すことで，内容理解を促進する工夫なのである。

(2) トップダウン処理とボトムアップ処理

ただし述べてきたように，専門的な内容を分かるためには，同化だけでなく，既存の知識を調節して，新たな意味的ネットワークを作り上げる必要もある。説明を聞いた人々の長期記憶が全く変化しないのならば，その発表は何の意味もない。学ぶとは，将来直面する新たな情報の理解に役立てられるように，知識をアップデートすることである。それでは，聞き手が適切に調節できるように説明するにはどのような配慮が必要なのだろうか。

分かるということは様々な情報をつないでいくことでなされるが，それにはボトムアップとトップダウンという二通りの方法があるとされている[4]。

ボトムアップ処理とは，入力された情報を蓄積して全体像を作り上げるという処理方法である。私たちは他人の説明を聞くとき，その部分部分を積み上げていくボトムアップ処理で理解できると思いがちである。でも，それだけでは不十分なことが上記の洗濯の例から明らかであろう。情報を積み上げて全体として理解するには，つなげるべき既存の知識が必要である。

洗濯の話だと知らされ同化させるべき知識が分かることで，その後に与えられる様々な情報が理解できるという過程はトップダウン処理といえる。トップダウン処理とは，活性化された既存の知識によって，入力された各情報を解釈していく処理のことである。先行オーガナイザーは，このトップダウン処理によって同化を促進させる。

しかし，トップダウン処理は同化においては有効だが，それだけでは調節が必要な場合には十分ではない。例えば，ナンをパンだと思うだけでは，ナンについて十分に理解したとはいえない。パンに関する既存の知識とは違うところがナンには多くあるからである。パンに同化しただけでは理解できないナン独自の情報，より特殊な情報をもとに調節が行われ，ナンへの理解が成立する。ここで行われているのはボトムアップ的な処理といえる。

心理学の専門的知識を人に伝える場合，抽象的概念について説明する必要が生じる。そのような場合，定義などの記述を示しても，聞き手は理解できないことが少なくない。その概念をすでに知っている人には適切と思える記述でも，概念を知らない人には理解できないことが多い。例えばこの章において，

---

[4] これらは，本来は視覚処理におけるパターン認知のための用語であるが，理解の過程についても用いられている。

同化の説明として"同化とは，外部からの入力情報を，すでにもっている知識に沿って理解することである"と抽象的な記述を先に示したが，それだけで理解できた人は多くないだろう。そこでナンをパンで理解するという具体例を示し，ボトムアップ処理をさせることで理解の促進を図った。難解な話を説明する時ほど，適切な具体例を示すことが求められるのである。

以上のように新しい知識について分かるためには，トップダウン処理による同化と，ボトムアップ処理による調節の両方が必要となる。

(3) 説明の順番を考える

ここで，説明するために必要なことを確認してみよう。最初に，既存のどの知識につなげればいいのかが分かるように先行オーガナイザーを示すこと。もちろん，聞き手が分かっていることでなければ意味はない。聞き手の既存の知識にないことが前提となる場合は，その前提を理解させることから始めなければならない。この章の内容を理解してもらうためには，長期記憶を知っていなければならない。この本では前の章で説明されているので，既存知識としてもっていることを前提とすることができた。それがなければ，私たちが知識をどのように貯蔵しているのかから説明する必要があっただろう。

専門的な内容を説明する場合，聞き手が知識として未だもっていないと思われることについては補足説明をすることが必要である。この本では各ページの下部に配置された脚注がその役割を担っている。発表する場合にも，聞き手が知らない可能性がある用語等については補足説明を加えないとならない。

更に分からせるために重要なのは，聞き手の既存知識と違う新しい情報が何かを示し，どのように調節をしなければならないかを明確にすることである。パンにはない，ナン独自の情報をもとにナンについての理解を作り上げさせて初めて，ナンについて理解させたといえる。そうした知識に整合するように調節されて作り直された知識が，更に別の新たな情報とのつながりを理解するための基盤となり，更なる調節をもたらす。こうして理解が深まっていくのである[5]。

それでは，発表するときはどのような順番で話を展開させていけば良いのだろうか。1つの参考資料の内容をそのまま発表する場合は，その著者が分かりやすい順番を考えてくれているので，書かれている順番のまま説明すればたいていは理解しやすくなる。しかし，いろんな文献から情報を集めて，その内容を総合して発表する場合は，自分で分かりやすい順番を考えなければならない。参考として，一般的な説明をする際に用いられる順序方略にどのようなものがあるか，テクニカルコミュニケーター協会（2013）の『日本語スタイルガイド』で紹介されているものを挙げておく[6]。どれが良いかは，説明内容や聞き手の既存知識に応じて変わってくる。

・全体から部分へと説明する。
・概要から詳細へと説明する。
・既知の事柄から未知の事柄へと説明する。
・重要な事柄から補足的な事柄へと説明する。
・読み手が知りたい事柄から説明する。
・作業や手順の流れに沿って説明する。

専門的内容を発表する場合，聞き手の既存知識にないことを説明するために，前提となることの説明

---

5) 心理学関連科目の中でも特に心理学統計法は，前回の授業で苦闘の末に調節して身につけた知識がなければ，次に学ぶ情報を理解することができないということがずっと続く。
6) テクニカルコミュニケーターとは，製品やサービスの説明文書に表示されるメッセージ等において，文章や図解，動画等の多彩な表現手段を駆使して多種多様な情報の発信に携わる専門家のことである。

から始めなければならないことが多い。その場合，説明の順序がとても重要になる。先に説明した内容が，後で説明される内容理解のベースになりながら，伝えたい情報が聞き手の知識に着実に残っていくように，話の展開を構成することを目指したい。

そうは思っていても，発表準備をしてまずでき上がるのは，たいていの場合，発表者自身が分かる説明である。発表内容が既存知識になっている発表者にとって分かる説明は，その既存知識をもっていない聞き手にとっては分かり難い説明のことが多い。したがって次の段階として，聞き手が誰で，どのような既存知識をもつのかを想定して，説明を作り直す必要がある。この手間は非常に面倒に感じるかもしれないが，分かりやすい説明をするために避けては通れないことなのである。

言うまでもないかもしれないが，ここまで述べてきたことは，発表だけでなくレポートや論文を「書く」ときにも当てはまる。レポートや論文では，聞き手ではなく読み手が相手になるが，情報をその相手の知識に同化させ，更には調節させていくという点で同じである。詳しくは，第Ⅲ部13章を読んでほしい。

3. 聞き手の認知処理過程について理解する

話の流れが定まったとして，1つ1つの説明をする際にはどのような配慮をすべきだろうか。このことを，話を聞くときに人がどのような認知システムを用いているかを把握することから考えてみよう。

(1) 作業記憶

新たな情報を受け取って，それを聞き手の長期記憶の意味ネットワークへの同化や調節が行われるのは，3章で紹介されている二重貯蔵庫モデルで短期記憶と呼ばれていた領域である。この短期記憶では情報の貯蔵だけではなく，推論や学習，理解といった様々な認知的活動が遂行されると考えられることから，バッドリーが作業記憶（working memory）と名付け直して詳細なモデルを提案している（Baddeley, 1998）。この作業記憶の限界や特性を考慮することが，聞き手に理解しやすい説明をするのに役立つだろう。

バッドリーは作業記憶が3つのサブシステムで構成されていると指摘している。その3つとは，音韻ループ（phonological loop），視・空間スケッチパッド（visuo-spatial sketch pad），中枢制御部（central executive）である。音韻ループとは，音声情報を保持し，反復したり符号化したりする処理を行うサブシステムである。声に出さない言語的な意識処理はここで行われていると考えられる。視・空間スケッチパッドとは，視覚系から入力した視覚情報や，言語情報から生み出される視覚イメージを保持し，処理するサブシステムである。中枢制御部はこれら2つのサブシステムからの情報を統合・整理する働きを担い，注意などの配分を行うところである。

(2) 文章理解の処理過程

説明は基本的に文で提示されるが，文を理解する過程は非常に複雑で未だ明らかにされていないことが多い。それでも，その過程がこの作業記憶における情報の保持と処理によってなされているのは確かだろう。例えば，この文章を読んでいるまさに今，自分の意識において何が起こっているかを考えてみて欲しい。視覚から入っている1つ1つの文字の情報について，既存の知識などを参照して，それぞれの語やその意味を特定するボトムアップ処理が自動的に行われている。同時に，話の流れ（文脈）をもとに，語を選択し直したり，特定された語の意味を解釈したりするトップダウン処理も行われている。

読み進めていく過程では，こうして獲得した情報を活性化状態のまま保持しつつ，新たな情報の処理に対処するということが絶えず行われている（苧阪，1998）。つまり次々に与えられる情報を，一時的に保持した過去の情報に逐次結び付けることで，話の全体像を形作っていく。こうした情報の保持と処理は作業記憶で行われていると考えられる（Daneman & Carpenter, 1980）。

　その作業記憶の容量はそれぞれ5～9チャンクと長期記憶や感覚記憶に比べると圧倒的に少なく，保持や処理を一度にできる量に限界がある。誰でも，集中して読めば理解が容易な文でも，ほかのことを気にしながら読むと全く頭に入らないという経験があるだろう。例えば，7395428という7ケタの数字を忘れないようにしながら，この後の文を読んでみて欲しい。文を理解するように読めば，数字は覚えていられず，数字を覚えていようとすると，文の意味が頭に入ってこない。これは作業記憶を数字の保持に使うと，文を理解するための保持や処理に回せる量が足りなくなるからである。

　読んだり聞いたりすることに集中できる場合でも，文が長くなればそれだけ保持しなければならない情報は増えていく。主語や述語といった文の構造が複雑な文になれば，全体像を捉えるための処理が大変になる。こうした保持や処理に必要な容量が，読み手の作業記憶の容量を超えると，目や耳で追ってはいるが理解できないことになる。したがって当たり前だが，説明する時には一文を可能な限り短く，文章構造もできるだけ易しくした方が良い。基本的には，一文は1つの内容だけを伝えるくらいが望ましい。そうすることで，作業記憶の容量を超えて理解できないということが避けられる。ただし短くしすぎたり，構造を単純にし過ぎたりして意味が損なわれては元も子もない。分かりやすく，かつ伝えたいことを損なわないような文，更に前後のつながりが明確な文にすることが求められる。

　また作業記憶の容量の制約は話すべきスピードにも関わってくる。話し方が速すぎると聞き手の理解が困難になるのも，処理が追いつかないためである。例えば，発表原稿を用意し，ただそれを読むという発表はお勧めできない。読む方は原稿を音声化する処理だけなのでどんどん読み進めることができる。しかしそのスピードでは，音声を聞いた上で更に内容を把握する処理もしなければならない聞き手はついていけないことがある。話す時は，原稿を読むスピードよりも，考えながら話すくらいのスピードの方が，聞き手が理解するスピードと合うだろう。

(3) 聞くことと読むこと

　ここまで，説明を理解するということを想定して，読む場合と聞く場合を区別せずに話をしてきたが，この2つは理解しやすさにおいて大きく異なる。例えば，この章の内容を自分で読むのではなく，誰かに読んでもらい，それをただ聞いた場合，理解できる情報量は自分で読んだ場合よりも少なくなる。読む場合は，必要な保持や処理が作業記憶の容量を超えたとしても，目の前に文があるのだから，保持できなかった箇所を読み直して再び保持することができる。重要そうな箇所をじっくり読んだり，新たな解釈をもとに読み直したりすることもできる。つまり，読むという行為はある程度は自分でプランニングできる（島田，2010）。一方，聞くだけの場合は，話し手が提供する順番で聞くことしかできないので，理解するためには与えられた情報を次々と作業記憶に入れ，順次処理し続けなければならない。そのため，途中で重要なことを聞き漏らしてその後はサッパリ分からない，ということも起こる。

　そうした事情もあり，説明をする際には配付資料やスライドを用意したり，板書を利用したりすることが一般的である。これらは，作業記憶で保持しきれないことを外部に記録し，必要に応じて参照できるようにするという意味で，作業記憶の制約を乗り越えさせる工夫ともいえる。

　それでは，資料やスライドなどによる視覚情報を，より役立てるにはどのように用いればいいのだろうか。次節ではこのことについて見ていきたい。

4. 視覚刺激を利用する

(1) 視覚刺激の処理

　文章を視覚に提示し，読ませた方が理解させやすいと述べたが，例えばこの章の内容を説明するとき，文章をそのままコピーしたものを聞き手に渡して読んだとしたら，それは分かりやすい説明といえるだろうか。そのような説明では聞いている方はたまらない。それならば，聞き手自身に読んでもらうので十分である。説明をする場合，資料やスライドは話す内容そのままではなく，その理解をより促すものであるべきである。そのために，文章だけではなく，図，表，チャート，イラスト，写真などの視覚刺激を用いて説明することが一般的である。こうした視覚刺激はどのように理解を促すのだろうか。

　レヴィとレンツは，イラスト付きの文章がイラストなしの文章より記憶や理解の成績が良いことを報告している（Levie & Lentz, 1982）。この現象はペイビオの唱えた二重符号仮説で説明できる（Paivio, 1986）。これは，具体的事象についての情報が言語的表象とイメージ的表象の二種類によって符号化され貯蔵されるというものである。表象とは，心の中に表現された情報やその表現形式のことである。例えば，ナンについて思い浮かべるとき，パンの一種であるとか，カレーをつけて食べるとかといった命題で記述される言語的表象だけでなく，ナンの見た目とかカレーの入った器と一緒に置かれている様子といった視覚的イメージの表象を伴っている。説明に図等を添えることで，言語と視覚イメージという二重の表象化が可能になり，文章だけでは理解しにくいことでも理解しやすくなると考えられる。

　そもそも視覚的情報には，文章のみで表現される言語的な情報に比べて優れている点がある。それは，表象内に含まれている要素間の関係を容易に表現できる点である。例えば，ある場所に行く方法を伝えたい場合を考えてみよう。言語だけを用いて道案内するのは非常に大変である。その場に紙とペンがあれば地図を書いて，現在地と目的地，更に途中の目印となる施設等の位置関係を表すだろう。視覚的情報では，二次元平面や三次元空間内での配置によって要素間の関係を示すことが可能なのである。

(2) 情報をまとまりとして知覚する

　私たちは，そうした配置された複数の要素に対して，それらをまとまったものとすることで，情報を体制化（3章参照）して処理できる。ゲシュタルト心理学の第一人者であるヴェルトハイマー（Wertheimer, M.）は，個々の要素がどのような場合にまとまりとして知覚されるかについて，プレグナンツの法則（law of prägnanz）を指摘している[7]。例えば，図4-1のaでは，「●●」という●2つの組み合わせが3つあると知覚され，「●●　●」と「●　●●」の2つのまとまりがある等といった知覚はされない。このように近接した要素同士がまとまったものとして知覚されることを近接の要因という。bの図では，●●と○○という2つずつのまとまりが知覚される。このように同じ色や同じ形のもの同士がまとまって知覚されることを類同の要因という。cの図では，（　）内の○●◆が，ほかのものとは区別され，まとまって知覚される。このように閉じた輪郭内に配置されたものがまとまりとして知覚されることを閉合の要因という[8]。これらの要因によって，視覚刺激として提示された各要素は，別々のものとしてではなく，まとまったものとして解釈される。例えばdの図は，○と2つの・と〜という別々の要素としてではなく，笑顔として解釈される。

　こうした体制化は，アイコニック・メモリ（3章参照）に入ってきた情報が自動的に統合され意味づけ

---

7) プレグナンツとは「簡易さ」という意味である。まとまりの法則，群化の法則と呼ばれることもある。
8) ここで挙げた法則のほかにも「よい連続の要因」「よい形の要因」「共通運命の要因」などがあるので，調べてみよう。

図 4-1　プレグナンツの法則の例と体制化

a　近接の法則
b　類同の法則
c　閉合の法則
d　スマイル

られることで行われる。例えば，上図の d は，○・⌣という1つ1つの要素を意識的することなく，いきなり笑顔を認識するであろう。視覚的情報を用いることで，意識的な処理資源を節約させ，より多くの情報を迅速に理解させることが可能になるのである[9]。

(3) 文章の視覚的工夫

　プレグナンツの法則は図を形づくるだけではなく，図のない文書においても利用されている。この本でも，横の文字間の配置は狭く，縦の行間の配置はそれより広くなっている。これは，近接の要因により，横に配置されている文字同士をまとまりとして知覚させることで，横に読むべき文章であることを明確にしてくれる。見出しには，本文とは別のフォントが使われていて，更に同じ水準の見出し同士は同じフォントが使われている。これは類同の法則を利用している。また，**このようにフォントを変える**など，部分的に背景と違う性質を与えれば，周囲とまとまらないものとして注意を引くこともできる。更に，コラムなどを四角で囲んでいるのは，閉合の法則によってそこだけ前後のページとは独立した内容であることを示してくれる。論点を箇条書きにすれば，1つ1つの論点内の内容のまとまりと，論点間の違いを強調してくれる。ほかにも，レイアウトや段落表現等，内容理解を促進するための視覚的工夫が様々に施されているので，探してみて欲しい。これらの工夫は当たり前すぎて，気がつかないことも多い。しかしそれがなければ分かり難くなる。自分が発表する時には同様の工夫を活用できるようになろう。

(4) 視覚情報の処理の特性

　視覚的表象の意識的な処理では，作業記憶の視・空間スケッチパッドが用いられる。すなわち二次元や三次元に配置されたイメージとして処理することができる。この視・空間スケッチパッドの容量は，聴覚刺激の処理を行う音韻ループの容量とは別にあると考えられている。そのため，視・空間スケッチパッドの容量＋音韻ループの容量を一度に処理でき，図を見たり想像したりしながら説明を聞くことが可能となる。ただしそれらの情報を処理し意味づけをするのはただ1つの中枢制御部であるため，同時に与えられている聴覚情報と視覚情報が別々の内容である場合，一方に注意を向けると他方の処理ができなくなることもある。したがって発表するときには，話し手が聴覚情報と視覚情報の提示をうまくコントロールし，聞き手が対応させられるようにしなければならない。プレゼンテーションソフトでの発表ならば，スライドに話す内容と対応するように図や文を配置し，発表時には見るべきところを指示するなどを行う。

---

9) 体制化は，視覚情報の処理においてのみでなく，聴覚刺激においても行われる。

(5) スライド作成上の注意

　最後に，そのスライドをつくる際の注意点について述べる。説明という点において，スライドによる発表もこれまで述べてきたことと基本は同じである。但しスライドには視覚情報を最大限に活用できるという長所がある。ここでは，その視覚情報の提示に絞って述べたい。

　まず1スライド当たりの情報をあまり多くしないこと。スライド全面を覆うように文章を貼り付けている発表を時折見かけるが，それではスライドの意味がない。発表の中で聞き手が処理できる情報量には制限がある。長々とした文章を読んでいると，何がどこからどこまで書かれているのかが分かり難く，情報を体制化するための処理に時間がとられる。言語情報を提示するならば箇条書きにしよう。そうすることで，情報のまとまりや対比が自動的に判断される。短い文で適切にまとめてあれば，概念化もしやすい。概念化できれば，それは次の情報の処理にも使用できるようになる。箇条書きは展開が分かり難いという短所もあるが，発表では口頭で補足できる。

　文や図の配置には最大限配慮すること。最適に配置された情報は理解を促進する。逆に配置が悪いと理解が損なわれる。横書きの文章になれた聞き手の視点は，左から右，上から下へ進んでいく。情報はその並びになるように配置すると理解しやすい。また，対比したい図同士を近くに配置したり，縦や横の位置を揃えて配置したりする。

　図は適切なものを用いること。図にはイラスト，マトリクス，チャート図，ベン図，ツリー構造，ネットワーク構造，次元表現，グラフなどがある。グラフにも様々な種類がある。伝えたい情報に適合した表現は聞き手の理解を促進するが，不適合な表現ならば著しく阻害する。

　過剰な強調は避けること。スライドでは一部の情報だけ色を変えたり，フォントを変えたり，動きをつけたりすることで聞き手の注意を引くことができる。ただし，変化は一部だからこそ目立つのであって，多くなれば強調効果は薄れ，刺激過剰で煩いだけになる。本当にその強調をすることで理解が促進されるのか，よく考えて使用しよう。

　スライドでの発表では，多くの情報を伝えることより，伝えたい内容を絞り込み，限られた時間内にそれが理解できたと感じさせることを目指す。ここで述べた内容は，この目的に沿ったものである。もし聞き手がスライドを後でじっくり見直すことや，発表を聞いていない人も理解できることが目的ならば，スライドの作り方は変わる。目的に応じた作り方を考えることを忘れないでほしい。

　この章で紹介したものは認知心理学や知覚心理学の古典的な理論がほとんどである。現在の最先端は更に進んでおり，新たに役に立つことも明らかにされている。是非，自分で調べてみて，それが発表スキルの向上にどう役立てられるか考えてみてほしい。

文献

Ausubel, O. P. (1960). The use of advance organizers in the learning and retention of meaningful verbal material. *Journal of Educational Psychology, 51*, 267-272.
Baddeley, A. D. (1998). *Human memory: Theory and practice* (Revised ed.). Allyn & Bacon.
Bransford, J. D., & Johnson, M. K. (1972). Contextual prerequisites for understanding: Some investigations of comprehension and recall. *Journal of Verbal Learning and Verbal Behavior, 11*, 717-726.
Daneman, M., & Carpenter, P. A. (1980). Individual differences in working memory and reading. *Journal of Verbal Learning and Verbal Behavior, 19*, 450-466.
波多野 誼余夫・稲垣 佳世子 (1973). 知的好奇心　中央公論新社
市川 伸一 (1995). 学習と教育の心理学　岩波書店
海保 博之 (1988). こうすればわかりやすい表現になる　福村出版

Levie, W. H., & Lentz, R. (1982). Effects of text illustrations: A review of research. *Educational Communications and Technology Journal, 30*, 195-232.
苧阪 真理子 (1998). 読みとワーキングメモリ　苧阪 直行（編）　読み—脳と心の情報処理—　朝倉書店
Paivio, A. (1986). *Mental representation: A dual coding approach*. Oxford University Press.
Piaget, J. (1952). *The origins of intelligence in children*. International University Press.（ピアジェ，J.　谷村 覚・浜田 寿美男（訳）(1978). 知能の誕生　ミネルヴァ書房）
島田 英昭 (2010). 音声・視覚コミュニケーションを分かりやすくする　海保 博之（編）　わかりやすさとコミュニケーションの心理学　朝倉書店

コラム4　教育心理学

　心理学を構成するさまざまな領域を分類する方法にはいろいろな考え方があるが，大きく「基礎心理学」と「応用心理学」に二分されることがある。たとえば，知覚・認知心理学，学習心理学など，人間の行動生起および変容の原理そのものを研究の対象とするような領域については，基礎心理学と分類されることが多い。一方で，そのような人間の行動原理を利用，発展させるような領域については，応用心理学と分類される。臨床心理学などは応用心理学のひとつであり，基礎心理学で得られた知見を対人援助に用いるものである。

　このような分類を踏まえれば，教育心理学も応用心理学のひとつと考えることができる。教育心理学については，「学びと適応を支える（中澤, 2008）」という学問的な役割から考えるのが理解しやすい。近年は学習をする者が必ずしも子どもとは限らないので，「学習者」の学びと適応を支えるということになる。つまり，①人間が何か新しいことを学ぶこと，②新しい環境に適応すること，これら二つの目的を達成するために，さまざまな心理学の知見を応用して，その方法論などを発展させていくことが，教育心理学の学問としての目的と考えることができる。

　教育心理学で「学習者の学びを支える」と言ったときには，いわゆる勉学的な学びの仕方そのものも研究の対象となる。そのため，「人はどのように作文を書くのか？」，「人はどのように数を数えるようになるのか？」「人はどのように自転車に乗れるようになるのか？」といった新しい行動獲得のためのメカニズムが，教育心理学の研究対象となる。例えば，作文を書くためにはエピソード記憶が重要となってくるため，認知心理学の知見が必要となる。また，自転車に乗るためには人間の心と身体の発達度合を踏まえたレディネスが重要となるため，発達心理学の知見が必要となる。

　教育心理学で「学習者の適応を支える」と言ったときには，対象者が「学習者」であることを考慮しておいた方がいいかもしれない。つまり，一般的に「人の適応」といったときには，どちらかというと発達心理学や臨床心理学の方が，その研究対象として直接的だと思われる。教育心理学における「適応」を考える際には，例えば「子どもが新しい学級でどのようにグループを作るか」，「読字障害の人にどのように本を読んでもらうか」といった，その先に学びがあるときの「適応」を下支えするというものが，より教育心理学の学問領域としては直接的であろう。

　では，「作文が書けるようになった」，「計算ができるようになった」，「クラスの中に望ましいグループが構成された」といったことについて，誰がどのように判断をすればよいのだろうか。これが教育心理学のもうひとつの研究領域であり，「評価・測定」である。そのために，「どのようなテスト内容と分析の方法を用いれば，学習者の達成度合いを適切に評価できるか」，「学習者の能力の変化を予測するための指標には何を用いるのが適切か」というような内容についての研究がされることとなる。

　日本には「日本教育心理学会」があり，これらの研究内容についての発信がされているので参照して欲しい。また，教育心理学の中身そのものについては，文献欄に挙げているものが分かりやすいので関心のある人は読んでみるとよいだろう。

文献
中澤　潤（2008）．よくわかる教育心理学　ミネルヴァ書房
大村 彰道（編）（1996）．教育心理学1　発達と学習指導の心理学　東京大学出版会
下山 晴彦（編）（1998）．教育心理学2　発達と臨床援助の心理学　東京大学出版会

5章 みんなとともに学ぶこと

　大学の学びと高校までの学びで異なる点の1つは，集団での活動が多くなることである。高校では，部活や委員会，文化祭や運動会等，集団で協力し合って様々なことに取り組んできたにちがいない。それに加え，大学では，授業やゼミ等でディスカッションやグループワークをしたり，共同で研究をする等，集団で活動する機会が多くなる。その理由は，集団で協働することが将来的に必要とされる技能の1つだからである。大学卒業後，同僚とうまく協働できるかは，職場への適応を左右する。更に，より良い協働は優れた成果を生み，高い報酬にもつながる。また，職場だけに限らず，集団での協働は私たちの社会生活の様々な場面で行われており，そこでの活動の良し悪しがその人の人生を左右することになる。

　このように，社会において集団での協働が一般的な理由は，1人ではできないことを他者と協働することで成し遂げられたり，あるいは，1人のときより効率よく進めることができると考えられているからだろう。だとすると，集団とは目的を達成するための道具とも言える。

　しかし，私たちはこの集団という道具を適切に使用できているのか。どんな道具にも適切な使い方がある。適切に使えば，その道具を使わない場合よりも優れた成果が得られる。一方，道具の使い方を誤れば，使わない場合よりも悪い結果を招くことになる。

　集団という道具を構成しているパーツは，欲求や感情を持った一人ひとりの人間である。それゆえ，当然，普通の道具よりも使い方は難しいだろう。それにもかかわらず，私たちは自分自身も集団の一部であるために，集団を道具として使う立場で考えることをおろそかにしがちである。そのままでは，誤った使い方をしていることに気づかず，結果として協働が無意味になったり，逆効果になることすらある。

　そこで，この章では，私たちが集団という道具を本当に活用できているのかについて検討する。更に，活用できていないとしたら，それは何が原因であり，どうすれば活用できるかについても議論したい。こうした問題は，集団心理学や組織心理学と呼ばれる領域で研究されている。その研究成果をもとに，集団をより良く活用するにはどうすればいいのかを考え，その考えを通して，大学や社会でより良い協働ができる存在になることを目指して欲しい。

　また，この章には別の目的もある。集団で活動すれば良い成果が得られるというのは，通常疑われることのない常識である。実は，心理学の醍醐味の1つは，このような常識と見なされていることを論理的に分析し，科学的に研究することにある。そこで行われる研究方法，すなわち検討すべき点を絞り込み，その検証のために状況を設定して実験するという方法を，具体的な研究例を学ぶことでイメージできるようになることを目指している。

　そこで，次節からは，話し合いでアイデアを創出する際に一般的に用いられるブレーン・ストーミングという方法が，果たして本当に役に立つのかを考える。その後，話を広げて，1人の場合より良い結

果を生むことが期待されている集団での協働作業が，実は逆効果を生む可能性があること，その原因は何なのか，どうすればそれを回避できるのかについて議論していきたい。

1. ブレーン・ストーミング

(1) 話し合いのメリットとデメリット

「三人寄れば文殊の知恵」という諺を知っているだろうか。文殊とは，知恵を司る文殊菩薩のことである。すなわちこの諺は，凡人であっても3人集まって話し合えば，文殊菩薩のようにすばらしい知恵が湧くという意味である。例えば文化祭における出し物を考える場合，クラス全員で話し合うことで，一人ひとりでは思い浮かばないようなアイデアが出ることが期待されるだろう。だからこそ，私たちは話し合ってアイデアを捻ることを頻繁に行う。

では，なぜ話し合いにより生まれるアイデアは，個人で考えるアイデアより優れたものになると思えるのか。それには次の2つの理由が考えられる。

1) 人数の効果と相互作用の効果

1つ目に，人数の効果が挙げられる。1人より2人，3人と，人数が増えるにつれ，当然アイデアの数も増える。人数が増えればアイデアの重複も増えるが，大抵の場合は，重複を除いたアイデア数でも，1人のときのアイデア数より多くなるだろう。人数の効果によりアイデア数が増え，選択肢の幅が広がれば，最終的に選ばれるアイデアの質も自ずと高くなることが期待できる[1]。

もう1つの効果は，話し合いの過程で，他の参加者の意見に触れることによる。話し合いでは，それぞれが自分の意見を発表したり，他者の意見を聞いたりすることができる。更に，互いの意見に対して，相互にコメントを返すことも可能になる。そうしたやりとりにより他者の考えに触発されることで，1人で考えていては思い浮かばないようなアイデアが生成されることがある。このように，互いの意見に触れることで，単に人数が増えた以上に得られる効果を，ここでは話し合いの相互作用の効果と呼ぶ。

私たちが話し合いという面倒な手続きを敢えて選ぶのは，人数の効果はもちろん，相互作用の効果への期待もあるからだろう。人数の効果を期待するだけならば，一人ひとりが別々に考えたアイデアを持ち寄れば十分であり，みんなで話し合いの場を持つために時間を費やす必要はない。

2) 話し合いのデメリット

ただし，私たちが話し合いを通して相互作用の効果を得るには，乗り越えなければならない問題が存在する。例えば，文化祭のクラスの出し物を決める際，議長がアイデアを求めても，自分から意見を出す人が現れず，出し物がなかなか決まらないという経験をしたことがあるだろう。そして話し合いが終わると，「実はこういうアイデアがあったのだけど……」というような発言を耳にしたことはないだろうか。お互いの考えを見聞きできることで生じる話し合いの相互作用の効果は，みんなが自分の考えを自由に述べることが前提となる。上述の例のように，話し合いの場で逆に意見が出にくくなるならば，より良いアイデアが生まれることは期待できない。それどころか，発言抑制により1人あたりのアイデア数が低下し，人数の効果をも抑制されうる。

こうした発言抑制が起こる理由の1つは，「私の意見は的外れかもしれず，言えば馬鹿にされてしまう」というような，自身の発言が他者から否定的に評価されることへの恐れであり，こうした恐れは評価懸念と呼ばれている。

---

[1] もちろんこのような効果は，各個人の創出するアイデアの質が，話し合いで低下しないことが前提となる。

話し合いの参加者が自由に発言するには，この評価懸念を拭う必要がある。それができて初めて，話し合いにおいて相互作用の効果を得られると考えられよう。このような考えから，より生産的に話し合いを行う手法として，ブレーン・ストーミング（brainstorming）が開発された。

(2) ブレーン・ストーミング

ブレーン・ストーミングは，米国の広告代理店の副社長をしていたオズボーンによって開発された話し合いのテクニックであり，新奇で非凡で想像力あふれる発想を促すことができるとされている（Osborn, 1957）。具体的には，以下の4つのルールを設定して話し合いを行うことになる。

①頭に浮かんだことを内容の良し悪しにかかわらずそのまま口に出す。他者の顔色をうかがってはならない。
②批判や評価をしない。
③質より量を重視する。量が増えればその中に質の高いアイデアが含まれる可能性が大きい。
④他者のアイデアを引き継ぎ，それを膨らませたり変形させたりする。

これらのルールを設定することで，評価懸念等の発言を抑制する要因が排除され，質，量ともに人数の効果を上回るアイデアが生成されること，すなわち相互作用の効果が期待されてきた（三浦, 2001; 亀田, 1997）。オズボーン自身によれば，「ブレーン・ストーミングにより，個人は平均すると1人で作業する場合の2倍のアイデアを生み出すことができる」とされている（Osborn, 1957, p.229）。

ブレーン・ストーミングは，話し合いにゲーム的な面白さが加わること，技術的にもさほど難しくないこと等から，開発当初より創造的な話し合いの手法として盛んに用いられてきた。現在でも，相互作用の効果を得るために有効な手法であると一般に信じられており（釘原, 2013），社員の創造性を高めるために取り入れている企業も少なくない。読者の中にも，ブレーン・ストーミングによってアイデア生成をしたことがある人もいるに違いない。

しかし，ここで一度立ち止まって考えてもらいたい。ブレーン・ストーミングは本当に1人で考えるよりも質や量において優れたアイデアを生み出すことができるのだろうか。これほど普及しているという事実から，その有効性は疑いようがないと思えるが，その真偽は実際に検証してみない限り分からない。

この疑問を最初に検証したのが，テイラーらによる次の実験である（Taylor, Berry, & Block, 1958）。

(3) ブレーン・ストーミング集団 vs. 名義集団

この実験では，12組（1組4名）の集団に対し，ブレーン・ストーミングを用いて次の3つの課題に取り組むよう教示[2]した。各課題に設けられたアイデア創出の時間は12分であった。

①ツーリスト問題：自国に観光客を誘致するための案
②親指問題：近未来，もう1本の親指が両手に生えた場合の長所と短所
③教育問題：生徒の増加による教師不足解決のための策

2）教示とは，実験や調査を実施する中で，研究者の組み立てた流れに沿った行動を実験参加者にとらせるために行う指示である。

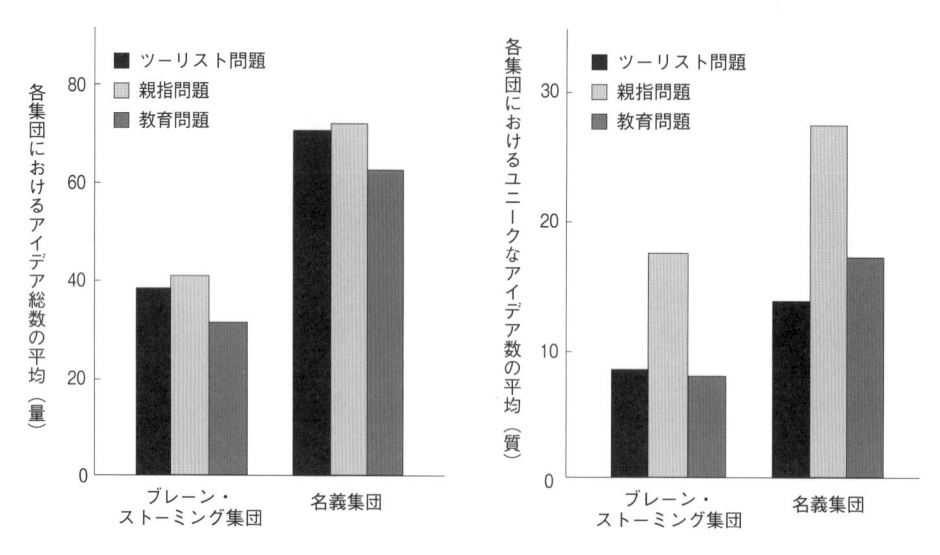

図5-1 ブレーン・ストーミング集団と名義集団におけるアイデアの量と質の比較

　実験では更に，このブレーン・ストーミング集団の比較対象として，別の12組（同じく1組4名）の集団を用意した。こちらの集団では，4人のメンバーのそれぞれに，1人で，できる限り多くのアイデアを創出させた。こうして創出されたアイデアのうち，メンバー間で重複するものは1つとカウントし，4人のアイデアを集計した。このように，アイデアの創出が別々になされた集団では，メンバー間の相互作用が一切ないため，人数の効果はあっても相互作用の効果はない。こうした集団を名義集団（nominal group）と呼ぶ。テイラーらは，この名義集団とブレーン・ストーミング集団のそれぞれが創出したアイデアの量と質[3]を比較することで，ブレーン・ストーミングが人数の効果以上に，相互作用の効果をも発揮できるかを検討したのである。

　実験結果は，一般的な期待に反していた。図5-1の左のグラフから分かるように，アイデアの量（＝アイデア総数）については，課題の種類にかかわらず，ブレーン・ストーミング集団におけるアイデア量が，名義集団のそれに劣るというものだった。更に，右のグラフから分かるように，アイデアの質（＝ユニークなアイデア数）においても，ブレーン・ストーミング集団は，名義集団に劣っていた。つまり，ブレーン・ストーミングでは，相互作用の効果を得るどころか，人数の効果を達成することすらできなかったのである。

　この報告以来，ブレーン・ストーミング集団と名義集団のどちらの方が優れたアイデアを創出するかという，同様の比較研究が繰り返し行われているが，その結果は一貫してオズボーンの主張に反している。ブレーン・ストーミングを行った相互作用集団の生産性（＝アイデア数）と名義集団のそれとを比較した22の研究結果をまとめたレビュー論文[4]では，うち18の研究において，相互作用集団の生産性が名義集団のそれより有意に低いことが指摘されている（Diehl & Stroebe, 1987）。更に残りの4研究においては，相互作用集団が名義集団の生産性を上回ったものの，いずれも2人集団であった。これらの報告は，相互作用集団の生産性が，名義集団の生産性に劣ることを示唆している。

　3）アイデアの質の高さは，生成されたアイデアに含まれるユニークなアイデアの数で判断された。ユニークなアイデアとは，ほかの集団との重複が無かったアイデアのことである。つまり，その集団独自のアイデア数が多いほど質が高いとみなした。

　4）このように，実際のデータをとらず，当該の研究テーマに関する先行研究についての文献を探索，検討し，そこに共通する，あるいは異なる点を指摘し，その研究の現段階の限界点や方向性等についてまとめ，報告する論文をレビュー論文という。

以上の研究から，ブレーン・ストーミングを用いて他者の意見に触れられるように話し合いを行うと，メンバー各自が1人で創出したアイデアとは異なる斬新なアイデアが生成されるというポジティブな効果が得られない上に，発言抑制といったネガティブな効果を取り除けないことが示された。

(4) 発話のブロッキング効果

　ブレーン・ストーミング集団の成果が名義集団のそれに劣る理由としては，評価懸念以外の要因も指摘されている。その1つとして，ディールらは発話のブロッキング効果について検討している（Diehl & Stroebe, 1987, 1991）。話し合いの場では，複数の参加者が同時に発言することができない。したがって，たとえ良いアイデアが浮かんでいても，参加者は自分に発言の機会が回ってくるまで意見することができない。その結果，思考が中断されたり，何を話そうとしていたか忘れてしまうことがある。一方，発言の機会が与えられても，他者の発言により議論をじっくり展開できないこともある。このように，互いに発言する機会があることで自由な思考や発言が妨げられることを，発話のブロッキング効果という。このブロッキングにより，思いついたアイデアをそのまま口に出すというブレーン・ストーミングのルールが達成できなくなり，その結果，話し合いがないゆえに自由に思考を展開できる名義集団よりも劣った成果しか得られなくなる（Coskun, Paulus, Brown, & Sherwood, 2000）。この発話のブロッキングは，ディールらのレビュー論文において，相互作用集団のアイデアの生産性が名義集団の生産性に劣る主要な原因とされている。

　ただし，発話のブロッキングが相互作用の効果を抑制する主な原因と分かれば，ブロッキングさえ抑制できれば，アイデアの生産性は上昇すると考えられる。こうした観点から，ヴァラシックらは，電子ブレーン・ストーミングシステム（Electronic Brainstorming System）という，ネットワークを介して，集団メンバーが非対面でブレーン・ストーミングを行うグループ・ウェアを開発している（Valacich, Dennis, & Nunamaker, 1991; Valacich, Dennis, & Connolly, 1994）。この手法では，個人が創出したアイデアを他のメンバーにいつでも送ることができ，また，送られてきた他のメンバーのアイデアをいつでも読むことができるため，ブロッキングが生じにくく，非対面ということから周囲の否定的反応に触れる余地もないと考えられる。デニスらは，集団の大きさがあまり大きくない場合（例えば6人集団）には電子ブレーン・ストーミング集団と名義集団のアイデアの生産量に差がないが，集団の大きさが大きい場合（例えば12人集団）には電子ブレーン・ストーミング集団の方がアイデアの生産性が高まることを報告している（Dennis & Valacich, 1993）。この結果は，大人数の集団に限られるかもしれないが，発話のブロッキングの抑制さえできれば，他者の意見を見聞きできることによってアイデアの生産性が高まることを示している。

(5) より良い話し合いに活かす

　ここまでの内容を整理して，そのことが集団でより良い話し合いをするためにどう活かせるかについて考えてみよう。

　まず，一般に信じられていることに反して，ブレーン・ストーミングを行っても，相互作用のない名義集団よりもアイデアの生産性は上がらない。それどころか，下がることのほうが多い。その理由は，通常のブレーン・ストーミングでは評価懸念や発話のブロッキングによって名義集団より個人の発話や思考が阻害されるからであると考えられる。その一方で，これらの阻害要因を電子ブレーン・ストーミングで排除した場合のアイデアの生産性は，名義集団のそれに並ぶに留まらず，上回ることも見落とせない。これらから分かることは，評価懸念や発話のブロッキングが，集団でアイデアを創出しようとす

る場合の大きな阻害要因になること，更に，それを取り除きさえすれば，促進要因としての相互作用の効果も存在するということである．

　相互作用の効果が存在するにもかかわらず，通常のブレーン・ストーミングにおけるアイデアの生産性が名義集団を下回ってしまうのは，その促進効果よりも，評価懸念や発話のブロッキング効果による抑制効果が強く働いているからと解釈できる．たとえ促進効果が生じていても，それ以上に抑制効果が強力であれば，結果としてアイデアの生産性は名義集団を下回る．だとすれば，話し合いでより良いアイデアを創出するために最も考慮すべきことは，やはり評価懸念や発話のブロッキングによる抑制効果を減らすこととなる．残念ながら，現時点において電子ブレーン・ストーミング以外でどのような話し合いをすればそれが可能なのかは明らかではない．

　しかし逆に，どのような話し合いが評価懸念や発話のブロッキングをもたらすかは明らかである．それは，話し合いの参加者が互いのアイデアの優劣を競い合うような話し合いである．すなわち，各々が自らの発言権の確保を図り，その中で他の人の考えの問題点を指摘しつつ，自分の考えが優れていることを納得させようとする，というものである．考えてほしいのは，こうした話し合いの方法はいわゆる「議論が得意な人」がとりがちなものであるという点である．ところが，そのような話し合いの方法では，各人が独力で思いつくアイデアを超えられないだけでなく，他の参加者の評価懸念を高め発話のブロッキングを引き起こしてしまい，より劣った成果しか生み出せなくなるのである．

　話し合いには，ブレーン・ストーミングのように互いの考えやアイデアを広げるためのものと，議決に向けた話し合いのように，複数の考えやアイデアを集約したり，1つを選択したりするためのものがある．後者が求められているのであれば，上記の競い合うような話し合いの方法が必要だと考えられ，また有効でもある．しかし前者が求められている場合は，その方法は悪影響をもたらすことになる．重要なのは，その場において求められていることに適した話し合いをすることである．そうしないと，懸命に取り組んだために集団の生産性が逆に低まることにもなる．自分がどのような場面でどのような話し合いをしているのか，それが本当にその場に適しているのか，考えてみてほしい．

　以上のように，話し合いに影響を与える様々な要因が理論的に整理されると，ブレーン・ストーミングの4つのルールを把握する以上に，より良い話し合いのためにどうすればよいかを各々が考え，行動することが可能になる．他にも，より良い話し合いの新たな方法を模索するならば，評価懸念やブロッキングといった阻害要因をどう減らすかではなく，存在が確認された相互作用の効果をどうすれば促進できるかに目を向けることもできるだろう．この方向の研究はほとんど行われていないが，だからこそ，まだまだ工夫の余地があるとも言えよう．

　さて，これまでブレーン・ストーミングにおけるアイデアの生産性が名義集団のそれを下回る原因として，主に評価懸念や発話のブロッキングを扱ってきた．実は，集団での生産性の低下には，これらとは別の要因も存在している．それは，話し合いの場面のみならず，人々が協働する様々な場面において，人々の生産性を下げてしまう根源的な要因である．次節では，その要因を取り上げたい．

2. 社会的手抜き―"怠け"の真相―

　1節では，協働作業場面において，集団という道具をうまく活用できていない原因を特定することから，話し合いにおけるアイデアの生産性を上げる手法を模索してきた．しかし，集団をうまく活用できないのは話し合いの場面に限ったことではない．他の協働作業場面においても，1人で行うと達成できていた作業遂行量が，集団になると達成できなくなるという現象が起こっている．

2節では，集団になることでその中にいる一人ひとりが十分に力を発揮できなくなるという事実を確認する。その上で，個人が力を発揮できなくなる原因を特定し，その解決方法を探っていきたい。

(1) プロセス・ロス
1) 1＋1＜2

集団の方が個人よりも課題への成果が劣ってしまうという現象を最初に明らかにしたのは，メーデが紹介している，1913年にドイツの心理学者リンゲルマン（Ringelmann, M.）が行った次の実験である（Moede, 1927）。

この実験は，課題に個人で取り組むときと集団で取り組むときの，1人あたりの遂行量を比較するために行われた。用いられたのは，綱を引っ張るという単純な課題である。具体的には，1人で綱を引くときと，2人，3人，8人というように，綱を引く人数が増えるときとで，個々人の力がどのように変化するかについて検討した。

その結果，複数人で綱を引いたときの合計力量を1人分に換算したときの力量は，1人で綱を引いたときの力を100％としたとき，2人で引いたときは93％，3人のときは85％，8人ともなれば49％の力しか測定されなかった。つまり，綱引きに参加する人数が増えれば増えるほど，1人あたりの遂行量が少なくなるという現象がみられたのである。

集団で作業を行うときに，メンバーの人数が増えれば増えるほど，1人あたりの課題の遂行量が低下するこの現象は，リンゲルマン効果と名付けられた。1節で扱ったブレーン・ストーミング集団においても，人数が増えるほど1人あたりのアイデア量は少なくなるという，リンゲルマン効果が生じている。

リンゲルマン効果にみられる，実際に協働作業を行った際の集団の遂行量が，同じメンバーが個人で作業を行った際に達成できる遂行量から論理的に導かれる集団の期待量よりも下回る程度は，集団での相互作用があることで生じる損失であることから，プロセス・ロス（process losses）と呼ばれている（Steiner, 1972）。このプロセス・ロスはなぜ生じるのか。次項ではこの疑問について考えてみたい。

2) 相互調整のロス

よく考えると，プロセス・ロスとは，実はさほど不思議な現象ではない。綱を引く力を測定する状況，例えば背筋力を測定する状況を想定してほしい。引いている時間は短いが，一瞬というわけではない。その間，引き始めに力は急激に増し，ピークを迎えた後，弱まっていくという経過をたどる。その中で，背筋力として記録されるのは，ピーク時の強さである。では，集団で引く場合はどうだろう。各々が綱を引きつつ集団として最大の力を測定するには，メンバー全員のピークが同じ必要がある。つまり，集団のメンバー全員が，綱を引くタイミングをピタリと合わせなければならない。しかし，それは容易ではない。そのため，一人ひとりの最大力の合計＝集団の力にはならないのである。

このように，集団で行われた作業が最大の成果を発揮するには，お互いの努力の調整が必要になる。それが困難なために，個人の努力量が集団の生産性へ反映しきれないことを，相互調整のロス（coordination loss）という。話し合いにおけるブロッキングも，発言のタイミングを他のメンバーと相互に調整しなければならないことで生じるという意味で，この相互調整のロスの一種だと考えられる（亀田, 1997）。

それでは，この相互調整のロスを解消することができれば，集団で人が増えようと，個人あたりの遂行量は維持されるようになるのか。この疑問を検討するには，相互調整のロスが生じない協働場面を設定する必要がある。次に紹介するラタネらの実験では，相互調整のロスが生じない状況が見事に設定されている（Latané, Williams, & Harkins, 1979）。

3）ラタネらの大声と拍手の実験

実験参加者は男子学生 36 名であり，彼らは 6 人 1 組で防音室に入れられ，半円状に 1m ずつ離れて着席した。実験者から渡されたヘッドフォンと目隠しを装着し，声と拍手等を用いて精一杯の音を出すよう教示された。この音をどれだけ出せるかが，この実験で測定される参加者の遂行量となる。なお，教示は全てヘッドフォンを通して行われた。

実験は，①実際に 1 人，2 人集団，6 人集団で音を出す現実集団条件と，②当人は 2 人，あるいは 6 人で音を出しているつもりだが，実際には単独で音を出す疑似集団条件の 2 条件でなされた。疑似集団条件は，プロセス・ロスから相互調整のロスを除外した場合の，1 人あたりの遂行量を測定するために設定された。具体的には，例えば 2 人条件の参加者を A と B とした場合，A に対しては「2 人で音を出してもらう」と教示しながら，もう一方の B には「これから A だけが音を出すから，B は黙っているように」と教示することで，実際に音を出す A に，協働作業と思わせながらも単独で課題に取り組ませる状況を設定していた。

実験が開始されると，ヘッドフォンからカウントダウンが流れた。参加者はカウントダウン終了直後に流れる 6 人の叫び声とタイミングを合わせて音を出すよう教示されていた。この際，A，B ともに他者の行動が分からないようにするため，実際に音を出す A だけでなく B のヘッドフォンからも大音響が流れるようになっていた。これらの操作によって，相互調整のロスがない状況であっても，一緒に作業する他者が存在すると思い込むだけで遂行量に影響が出るかどうかを検討することが可能になる。なお，以上の実験における遂行量は，音圧[5]として，騒音計量器によって測定されていた。

実験の結果は図 5-2 の通りである。現実集団では，1 人より 2 人集団，2 人集団より 6 人集団と，人数が増えるほど個人あたりの音圧，すなわち集団全員の音圧を，その集団の人数で割った値が低下していた。一方，疑似集団においても，現実集団よりは緩やかではあるものの，人数が増えるほど個人あたりの音圧が低下した。疑似集団においても音圧の低下がみられ，その低下は現実集団よりも緩やかであるというこの結果は，プロセス・ロスの原因の 1 つとして相互調整のロスはあるものの，それ以外にも集団での作業を抑制する要因が存在することを示している。

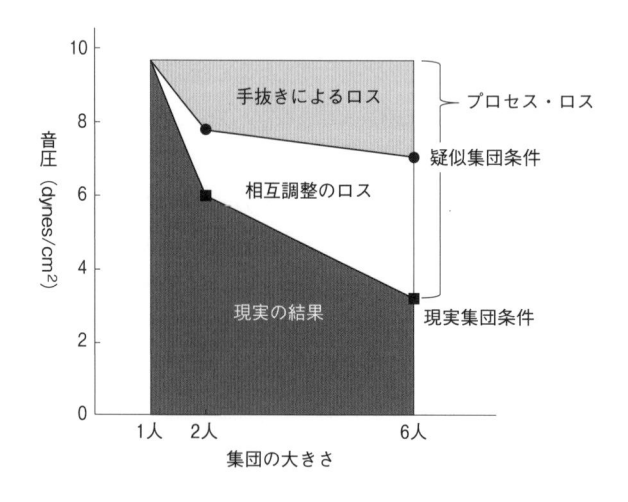

図 5-2 集団の大きさと 1 人当たりの音圧

5）音は，空気が振動して聞こえるものであり，その振動の際に大気圧が変動するゆえに，その大きさは音圧（sound pressure）と定義されている。単位としてはパスカル（Pa）等が用いられる。

4）社会的手抜き

ラタネらはプロセス・ロスを構成するもう1つの要因として，社会的手抜き（social loafing）と呼ばれる現象を指摘した。社会的手抜きとは，集団で作業を行う場面において，「他にも人がいるから自分はやらなくても大丈夫だろう」等と思うことで，一人ひとりが，個人で作業を行うときよりも課題に対する努力量を低下させてしまう現象である。ラタネらの実験は，プロセス・ロスの背景に，相互調整のロスに加えてこの社会的手抜きも存在することを明らかにしたのである。

1節で扱った話し合い場面においても，社会的手抜きは発生する。具体的には，自分は最小限の頑張りだけで，他のメンバーの頑張りをあてにしてその恩恵にただ乗りしようとすることである。社会的手抜きの影響を排除できない限り，たとえ相互調整のロスに対処できたとしても，集団での話し合いにおいて，相互作用の効果により，個人よりも優れた成果を達成することは困難だろう。

社会的手抜きは，グループでの発表やレポート作成といった，大学生活の日常的な場面でも頻繁にみられる。1人で行う課題ならば真面目に取り組むのに，集団での課題となればなるべく他人に任せ，自分の仕事量をできる限り減らそうとする人や，話し合いで積極的に意見は述べるものの，出した意見をまとめるという調整のための努力を他人任せにする人。誰しも，自分や他人のこうした行動により，物事がうまく進まなかった経験があるだろう。このように他人任せにしてさぼる者が現れると，メンバーの不公平感を高め，雰囲気を悪くしたり，真面目に取り組もうとするメンバーのやる気をそいだりすることになる。そして結果的に，集団による課題の達成状況だけでなく，集団内の人間関係まで損なわれてしまうことになる。

それでは，人はなぜ集団で協働作業をすると手を抜いてしまうのか。

（2）なぜ人は手を抜くのか

社会的手抜きが生じる原因としては，①各個人における課題遂行への圧力の希薄化（Latané, 1973）と，②評価可能性の欠如（Williams, Harkins, & Latané, 1981）が挙げられる。それぞれについて説明していこう。

1）各個人における課題遂行への圧力の希薄化

ラタネは，社会的インパクト理論（social impact theory）[6] をもとに，個々人に対する課題遂行への圧力は，集団を構成するメンバーの数が増えると分散されて減少するため，集団が大きくなると人は手抜きをすると解釈した（Latané, 1981）。例えば，20人の生徒が入院した友人のために千羽鶴を折る場合と，1人で折る場合とでは，遂行における自身の役割の重要性は，20人のときの方が明らかに小さいと感じるだろう。このように，個人の役割の重要性は集団になると希薄化されるため，取り組もうという各個人の熱意も減少する。結果，遂行量は1人で遂行するときよりも低下すると考えられる。

2）評価可能性の欠如

評価可能性の欠如とは，集団での課題遂行では，その成果は集団として評価されるため各人の貢献度が見えにくくなり，努力してもそれが個人的評価につながらなくなることである。例えば運動会の綱引きや合唱などは，集団全体としての成果は明らかになるが，集団内の個々人の努力量がどれだけ集団の成果に結びついているのか判断することが難しい。そのため，「頑張ったところで，どうせ自分が評価されるわけではない」と，課題に取り組むにあたってのやる気が損なわれ，社会的手抜きが生じると解釈

---

[6] 個人が他者から受ける影響は，他者の人数や強さ（権力，地位の高さ等），その他者との空間的，時間的近さで表されるという理論。この理論によれば，影響を受ける対象が集団である場合，集団の人数が多いほど，そこに所属する各個人が受ける影響は小さくなるとされる。

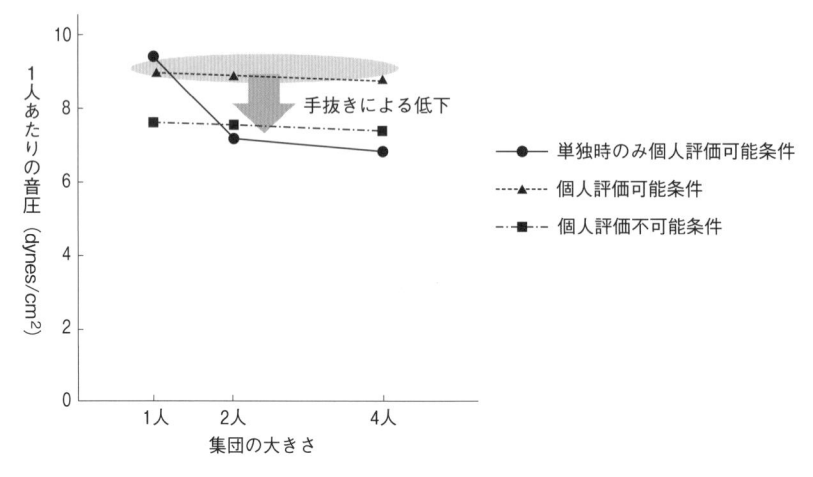

図 5-3 各条件における社会的手抜き

できる。

　この解釈の妥当性を検討するため、ラタネとウィリアムズらは、男子大学生を参加者に、再び音を出させる実験を行った。以前と異なる点は、集団が4人1組で、音を出して騒ぐ人数が1人、2人、4人になったことと、今回は社会的手抜きに焦点化した実験であるゆえ、2人、4人の集団状況は常に疑似集団であったことである。更に、評価可能性を操作するために、音圧を測定する機器の性能に関して次の3つの条件が設定された。1つ目は、各個人の遂行量は集団で音を出すときは測定できないが、1人で音を出すときは測定可能であると教示した、単独時のみ個人評価可能条件。2つ目は、1人のときはもちろん、集団のときも個人ごとの音圧を測定することが可能であると教示した、個人評価可能条件。最後は、1人のときも集団のときも各個人の遂行量の測定ができないと教示した、個人評価不可能条件であった。ただし実際には、参加者は常に1人で音を出しているので、個人の遂行量が測定されていた。

　個人の貢献が評価可能かどうかによって遂行量が左右されるのであれば、単独時のみ個人評価可能条件では、1人のときに比べて集団のときに音圧が下がる社会的手抜きがみられるのに対し、個人評価可能条件では集団時の音圧の落ち込みはなくなり、個人評価不可能条件では1人のときから音圧が下がることが予測される。

　実験の結果はこの予測通りであり（図5-3）、社会的手抜きが生じるか否かは自分の個人的貢献が評価されるかどうかに規定されることが示された。

(3) 社会的手抜きの解決策

　さて、このように社会的手抜きの原因を特定していけば、その原因に対する解決策を考えることも可能になる。

1) 高い目標を提示する

　各個人における課題遂行への圧力の希薄化に関する対処としては、達成の難しい目標を設定することで、集団成員の課題に対する興味や有能感を高め、協働作業における遂行量の促進を目指す手法が考えられる。課題への取り組みと目標の関係に関する研究では、明確な目標が与えられることにより、集団成員の課題に対する興味や有能感が高まり、協働作業の遂行量が促進されることが報告されているからである（Harackiewicz, Manderlink, & Sansone, 1984）。しかしながら、ここで言う遂行量の促進とは、あくまで、協働作業をする際に目標設定がない場合よりも、という意味であり、その成果が名義集団の

成果を上回ることを意味してはいない。更に，もし目標設定の効果が名義集団でもみられるならば，名義集団よりも相互作用集団の努力量が低下するという社会的手抜きの解決策にはなりえない。

ただし，協働作業状況では社会的手抜きがおこるという知識をあらかじめ与えることにより，協働作業集団に，名義集団にはない課題の難易度や個人的役割の重要性を自覚させられる余地があるかもしれない。これまでの知見として，協働作業に先立って社会的手抜きの知識を与えた場合でも名義集団を上回る成果は挙げられないことが報告されているものの（Huddleston, Doody, & Ruder, 1985），釘原(2013)では，社会的手抜きの知識の与え方によっては効果的になる可能性が指摘されている。

2）"アメとムチ"を与える

評価可能性の欠如が社会的手抜きの原因であるならば，手抜きを防ぐための最も効果的な方法は，一人ひとりの努力が報われるように，個人的貢献に応じた評価を与えることである。例えば1節で扱った話し合い場面でも，個々人のアイデアの生産量が集団内で明確になるようにすれば，集団のアイデア生産量が増加することが示されている（Diehl & Stroebe, 1987）。個々人の貢献を評価したり，その評価に応じて賞賛を与えたりする手法は，現実社会にも多くみられる。例えば，企業の成果主義がこれにあたる。個々の社員が挙げた成果や成績を把握し，それに応じた処遇や賞与といった報酬を与える（＝個人的貢献を評価する）ことで，サボリという社会的手抜きを防ぐことができると考えられている。良い成果を挙げた者に対し報酬を与えるのとは逆に，手を抜く者に罰を与えるシステムも，いたるところで導入されている。

授業においてグループ作業をする場合も，メンバーに手を抜かせないためには，一人ひとりの貢献を評価することが有効ということになる。実際，実習などの学生同士の協働作業が多い授業では，学生が思っている以上に教員は各学生の活動状況をみている。このことをより意識させることが，手抜きを抑制させることになるだろう。教員の目の届かないところでは，学生同士が互いの貢献を評価し合うこともできる。また，さぼっている者には注意をすることで，手抜きは特定され仲間内での評価を下げると実感させられるだろう。

こういった個人への賞罰を用いれば，手抜きを防ぐことができるだろうが，そこには問題もある。それは，個人を評価するにはコストやリスクが伴うという点である。上司が部下の勤務態度を査定し，その報告を行うというコストが増えれば，その分，他の仕事ができなくなる。厳密に評価しようとすればするほど，そのコストは大きくなる。また厳密に評価した結果であっても，低評価を受けたメンバーから否定的感情を向けられかねない。それが嫌で，そもそも厳密な評価を放棄し，差をつけないことも起こりうる。授業でのグループ作業においても，さぼっているメンバーに注意をすると反発されるリスクがある。それを避けて，結局は誰も注意しないということも多い。こうした事態になれば，手抜きの抑制は困難になるだろう。こうした問題については，社会心理学における，社会的ジレンマ（social dilemma）という領域で研究が進んでいるので，興味がある人はぜひそちらを調べてみてほしい。

3. おわりに

私たちは普段から当たり前のように集団を使っているものの，実はそれを使いこなす方法を確立しているわけではない。協働場面においては各個人の貢献を評価するようになれば社会的手抜きは抑制できるが，適正な評価を持続的に実施するにはどうすればよいかという問題が現れる。また，個人的貢献が評価されるとなると，メンバー間に競争的関係が生まれ，それが協働での助け合いを損なうこともある。他の人よりも高い成果を挙げると評価されるのであれば，自身の優れたアイデアやスキルはできるだけ

他の人に教えずに自分だけで抱え込んだ方が良くなる。しかしそれでは集団全体の生産性は落ちてしまうだろう。これらの問題をいかに乗り越えるかは，私たちが今後更に検討していくべき課題でもある。集団心理学や組織心理学，社会心理学は，そうした課題に取り組むことで，社会のより良い仕組みを開発することに貢献できるのである。

そしてそのためには，この章で示してきたように，問題とされる現象の原因を論理的に分析し，そこから導かれた原因についての仮説や，導き出された対処法の有効性を実験等で検証していくことが必要となる。そうした手続きによってこそ，有益な知識を特定することが可能になるからである。だからこそ，心理学では，実験や調査といった知識を生み出すための研究法を多く学ぶ。その考え方や方法については，第Ⅱ部を読んでほしい。

文献

Collaros, P. A., & Anderson, L. R. (1969). Effect of perceived expertness upon creativity of members of brainstorming groups. *Journal of Applied Psychology, 53,* 159-163.

Coskun, H., Paulus, P. B., Brown, V., & Sherwood, J. J. (2000). Cognitive stimulation and problem presentation in idea-generating groups. *Group Dynamics: Theory, Research, and Practice, 4,* 307-329.

Darley, J. M., & Latané, B. (1968). Bystander intervention in emergencies: Diffusion of responsibility. *Journal of Personality and Social Psychology, 8,* 377-383.

Dennis, A. R., & Valacich, J. S. (1993). Computer brainstorms: More heads are better than one. *Journal of Applied Psychology, 78,* 531-537.

Diehl, M., & Stroebe, W. (1987). Productivity loss in idea-generating groups: Toward the solution of riddle. *Journal of Personality and Social Psychology, 53,* 497-509.

Diehl, M., & Stroebe, W. (1991). Productivity loss in idea-generating groups: Tracking down the blocking effect. *Journal of Personality and Social Psychology, 61,* 392-403.

Harackiewicz, J. M., Manderlink, G., & Sansone, C. (1984). Rewarding pinball wizardry: Effects of evaluation and cue value on intrinsic interest. *Journal of Personality and Social Psychology, 47,* 287-300.

Harari, O., & Graham, W. K. (1975). Task and task consequences as factors in individual and group brainstorming. *Journal of Social Psychology, 95,* 61-65.

Huddleston, S., Doody, S. G., & Ruder, M. K. (1985). The effect of prior knowledge of the social loafing phenomenon on performance in a group. *International Journal of Sport Psychology, 16,* 176-182.

亀田 達也（1997）．合議の知を求めて—グループの意思決定— 共立出版

釘原 直樹（2013）．人はなぜ集団になると怠けるのか—「社会的手抜き」の心理学— 中央公論新社

Latané, B. (1973). *A theory of social impact.* St. Louis, MO: Psychonomic Society.

Latané, B. (1981). The psychology of social impact. *American Psychologist, 36,* 343-365.

Latané, B., Williams, K., & Harkins, S. (1979). Many hands make light the work: The causes and consequences of social loafing. *Journal of Personality and Social Psychology, 37,* 822-832.

三浦 麻子（2001）．ブレーンストーミングにおけるコミュニケーション・モードと目標設定の効果 対人社会心理学研究, *1,* 45-58.

Moede, W. (1927). Die Richtlinien der Leistrungs-Psychologie [In German: Guidelines of performance psychology]. *Industrielle Psychotechnik, 4,* 193-209.

Osborn, A. F. (1957). *Applied imagination.* New York: Scribner.

Paulus, P. B., & Dzindolet, M. T. (1993). Social influence processes in group brainstorming. *Journal of Personality and Social Psychology, 64,* 575-586.

Steiner, I. D. (1972). *Group process and productivity.* New York: Academic Press.

Taylor, D. W., Berry, P. C., & Block, C. H. (1958). Does group participation when using brainstorming facilitate or inhibit creative thinking? *Administrative Science Quarterly, 3,* 23-47.

Valacich, J. S., Dennis, A. R., & Connolly, T. (1994). Idea generation in computer-based groups: A new ending to an old story. *Organizational Behavior and Human Decision Processes, 57,* 448-467.

Valacich, J. S., Dennis, A. R., & Nunamaker, J. F. (1991). Electronic meeting support: The GroupSystems concept. *International Journal on Man-Machine Studies, 34,* 261-282.

Van Leeuwen, E., & van Knippernberg, D. (2002). How a group goal can reduce matching in group performance: Shifts in standards for determining a fair contribution of effort. *The Journal of Social Psychology, 142,* 73-86.

Williams, K., Harkins, S., & Latané, B. (1981). Identifiability as a deterrent to social loafing: Two cheering experiments. *Journal of Personality and Social Psychology, 40,* 303-311.

コラム5　社会心理学

　社会心理学は，社会状況における個人の心理や行動を科学的に捉えることを目指す学問である。この説明だけでは，社会心理学とは何なのか，ピンとこない人も多いだろう。社会心理学を理解するために，まずはこの社会状況とは何かについて考えてみよう。

　例えば，あなたはお弁当に入っていた嫌いなおかずに箸をつけなかったとしよう。この嫌いという心理，だから食べないという行動は，それだけならば単なる個人の心理，行動に過ぎない。しかし，もしお弁当を作った人物が母親だった場合，「せっかく作ってくれたのだから食べよう」となるかもしれない。あるいは「嫌いなものを入れるなんて！断固として食べない！」こともあろう。これらの心理や行動は，どちらも，母親という自分以外の人間が存在するからこそ生じるものである。

　このように，他者が存在することで個人の心理や行動が影響を受ける状況，それが社会状況である。個人をとりまく人間関係，集団や組織なども，人々の心理や行動に作用する社会状況である。したがって社会心理学の対象は，他者の存在，個人間の相互作用，集団や組織といった状況における個人の心理や行動となる。すなわち，私たちが日常生活で経験する心理や行動のほとんどが社会心理学の対象と言える。

　それゆえ社会心理学の領域も様々である。例えば5章で扱った社会的手抜きのように，集団内の個人の心理や行動を扱う研究は，「集団内過程」という領域にあたる。他にも，偏見や思い込みなど，人がどのように自分や他者を理解しているか，そのメカニズムを探る「社会的認知」，言語だけでなく表情やジェスチャーなどによって情報がどのように伝わるかに関する「コミュニケーション」，SNSやマスメディアが情報の受け手に及ぼす影響やその過程を研究する「マスメディアとインターネット」。これら以外にも多くの領域が存在する。

　社会心理学は，社会状況で生じる個人の心理や行動の法則性の中でも，状況要因に関する法則に目を向ける傾向がある。例えば社会的手抜きの研究では，どんな性格の人が手を抜くかという法則よりも，多くの人々が手を抜くのはどのような状況かという法則の解明を目指している。つまり，ある行為を説明しようとするとき，その行為をとった者の特性に目を向けるのではなく，同じ状況では誰もがとりうる行為として捉えるのである。

　このことから，社会心理学が見出す法則は大多数に適用可能となり，その法則を応用した問題対処法は，汎用性の高いものになる。社会的手抜きで言えば，その研究成果は，一人ひとりの業務の成果に応じて評価や報酬を与える成果主義のように，大多数が手を抜かなくなる制度の設計に役立てることができる。

　この社会心理学において重要な視点の1つは，個人の心理や行動に影響を与える社会状況自体が，個人の心理や行動によって生み出されている，というものである。例えば，協働作業で周りの人たちがさぼっていると，つい自分もさぼってしまうことがあるだろう。しかし，周りのさぼっている人たちも，実は同じように考えてさぼっているのかもしれない。このように，個人の心理や行動を方向づける社会状況は，同時に社会心理学が説明すべき個人の心理や行動によって作り上げられている。

　この視点により，社会心理学の研究対象は，社会状況における個人の心理や行動に留まらず，個人の心理や行動によって生み出される社会状況，更にはそれが生み出される過程までをも含むことになる。それにより社会心理学は，個人の心理的問題だけでなく，みんなにとって望ましい社会はいかに構築できるか，といった社会的問題へも貢献できるものとなる。

第Ⅱ部

実習の背景にある考え方を学ぶ

　第Ⅱ部は，心理学の学びの柱の一つである心理学研究法について学ぶ。

　心理学の面白さは，第Ⅰ部で見たように様々な場面で役立つ心理学知識を学ぶことだけではない。心理学実験や調査，心理検査，心理統計といった心理学研究法の学びを通して，"新たな知識や情報を生み出す力"を身につけられる点にもある。様々な心理学の教科書に載っている知識のほとんどは，どこかの心理学者が研究によって明らかにしたものである。こころがどのようなものなのかは誰でも語ることはできる。それらの中から，実証的，経験的裏づけが明確なものだけが信頼に足る心理学の知識になっていく。そうした知識を生み出すための方法が心理学研究法である。もちろん心理学を学んだ全員が研究をする仕事に就くわけではない。しかし同様の技能はマーケティングなどのための調査やインタビューを行う際，データを適切に分析し意味のある情報を引き出す際にも役に立つ。大量に集められた消費データをもとに商品開発や販売戦略等を立てるのが一般的な現代において，こうした技能の有用性は非常に高まっている。

　そして何より重要なのは，心理学研究法を学ぶことで，多様な情報の中からどれが信頼でき，どれが信頼できないのか区別する目が養われる点である。例えば最先端の心理療法の研究成果について理解し，自らの実践に用いることができるようになる。新しい組織運営や営業の方法の有効性と限界について適切に把握し，応用できるようになる。情報化社会で様々な情報が溢れかえっている現代だからこそ，情報の適切な取捨選択ができる力が求められている。

　ただし，心理学研究法である実験や調査，面接などを計画・実行し，更にそのデータを解析する技能は，講義で聞くだけではなかなか身につかない。実際に体験し，些細なことが研究結果を大きく左右してしまうことを身をもって知って初めて，細やかな操作や丁寧な測定の必要性を理解することができる。また実際に生のデータにどっぷり浸かって初めて，そこにあるデータ間のつながりが見えてくる。だからこそ，心理学研究法の多くは講義だけでなく"実習"という形式でも行われる。

　実習では，用意された心理学的テーマに関するデータを実際にとる過程を経験し，そのデータを分析・報告する。目的のためにどのような手続きを行い，どのような結果が得られ，どのように解釈ができるか，更にこれらをどのように報告するかまで，知識や情報を生み出すための一連の流れに沿って体験的に学ぶ。方法だけ，結果だけ，解釈だけと切り分けて学ぶのではなく，それぞれを流れの中に位置づけることで初めて，利用可能な技能となるからである。

ただし実習の多くは学ぶべき情報が多すぎて，時としてなぜその方法を行うのかという研究方法の背景の理解が疎かになりがちである。何となく実習を体験して指示通りのレポートを書いていけば，単位は得られるかもしれない。しかし，それぞれの研究方法の背景にどのような考え方があるかを理解した方が身につくものははるかに大きくなり，応用可能性の高い技能になる。そこで第Ⅱ部では，心理学研究法の背景にある"考え方"について主に説明する。

　心理学の研究法は大きく分けて「量的研究法」と「質的研究法」という2つがある。第Ⅱ部では，この2つに分けて説明を進めていく。
　まず6章では"量的研究の考え方"として，信頼にたる知識を蓄積するために発展してきた科学的研究法がどのようなものなのか，見えない心を実証データとして捉えるための様々な量的研究の方法について，更に実験的アプローチと相関的アプローチという2つの量的研究法の違いについて概説する。
　7章では，最も重要な"量的データを分析する道具"である"統計"について，その基本的な用語を説明し，更に研究結果を一般化するために必要な推測統計の考え方を紹介する。統計は，抽象的な用語が多く，流し読みでは理解できない。一文一文しっかり理解しながら読んでほしい。そうして理解できたことが，更なる理解のための基盤になっていく。
　8章では，多くの人に共通にみられる心理的法則の推定を目指す量的研究と異なり，そこにいる人の主観的な世界にアプローチする"質的データの分析"について学ぶ。質的研究の世界観，人間観から始まり，質的研究の背景にある考え方，質的研究において"対話"が果たす役割について説明する。卒業研究や修士論文で質的研究をする人には，是非押さえておいて欲しいことが書かれている。
　9章の"心理検査の考え方とその方法"では，一般の人たちにとっては最も心理学的な研究法であり，同時に臨床の現場などにおいて最も活用される心理検査について概説する。心理検査には様々な種類があり，それらを理解するには，これまで紹介してきた量的研究と質的研究の両方の考え方が必要となる。そうして，1人の人間について多様な視点で捉えられるようになってこそ，本当に必要な支援を提供することが可能になるだろう。

　心理学研究法は，人間の心理についての知識そのものではなく，その知識をつくるためのものであるため，学ぶことの意義が見えにくい。ある抽象的な知識を前提として，別の抽象的な知識が説明される場合も多く，難解に感じることも少なくない。なので，一度読んで理解できるとは限らない。実習前，実習でレポートを書く際，実習後，卒業研究のときなど，折に触れて読んでほしい。"なぜこんな方法をするのだろう？"と疑問を抱いたときはもちろん，理解できているつもりのときにも読んでほしい。読むたび，考えるたびに新しい発見があるのが心理学研究法である。

6章 量的研究の考え方
―実験と調査―

　心理学には，臨床，発達，社会，生理，認知，児童，高齢者心理学など様々な専門領域がある。それぞれの目的は多岐にわたり，全てを体系立てて理解するのは難しい。しかし，各領域の最終的な目的を大雑把にまとめると「こころに関する法則を明らかにすること」になるだろう[1]。こころは目に見えない。心理学にはこうしたこころを対象に研究を行うための様々な方法がある。この章では，その中でも特に量的研究で用いられる調査と実験の考え方を紹介する。

1. 研究の科学性

　個別の研究方法を説明する前に，心理学研究全体の科学性について考えたい。研究活動は多くの場合，一人の研究者ではなく複数の研究者の共同体によって進められる。そのため多くの人から了解可能な，科学的な方法で研究を行うことが重視される。一般に「科学的な研究」のイメージは「客観的で不正を行う余地がなく，真実を明らかにできる」というものだろう。しかし，それは厳密には誤りである。それでは科学的な研究とはどのような営みで，なぜ重視されるのか。

　研究が人の行為である以上，誤った結論を導く可能性を0にはできない。しかしそれでも可能な限り誤りのない知識を集積するためにできることは「誤りだと分かったら，それを認めること」であろう。実はこうした直感と，科学に必要とされる条件には共通点がある。科学哲学者のポパー（Popper, 1971）は，科学と非科学を分けるものは，その研究の反証可能性（falsifiability）の有無だと考えた。反証とは，ある仮説[2]や法則や主張が誤りだと証明することである。反証可能な研究とは，手続きが詳細に公開され，全く同じ手続きで研究を行えば，別の人が元の研究結果や仮説の真偽を確かめることが可能な研究のことをいう。例えばある人が空気から金を生成する実験に成功したとする。これに対して，別の人が独自に実験を行い空気から金が生成できないことを示したとする。実はこれでは反証にならない。なぜなら再検証の方法が不適切かもしれないからである。つまり反証は，元の研究と全く同じ方法を用いたのに，同じ結果が得られないことを示して初めて可能になる[3]。したがって科学的な研究は他人にも手続きを再現することが可能な方法でのみ，行われなければならない。このような性質を再現可能性と呼ぶ。科学とは多くの人が真偽を確かめる可能性に開かれ，誤りがあればそれを認め，より正しい知の蓄積を可能にする方法だと考えられる。

---

1) 法則の確立が目的ではなく特定の状況，文脈，人物理解を第一の目的とする研究も存在する（e.g. 荒川, 2007）。
2) 仮説とは，「事象や変数の間の関係に関して，科学的検証が可能な形で述べられた命題。仮説は理論から論理的に導き出されることが多いが，観察された事実から示唆されることもある」（岡, 2002, p.32）。
3) もちろん，反証された時点でその研究の結論は偽となる。科学の要件である反証可能性は「反証されること」ではなく「反証される可能性があること」であることに注意されたい。

心理学研究法の重要性　心理学においても，研究の反証可能性を保つために実験や調査の手続きを論文や報告書に詳細に記述しなければならない。目に見えないこころを扱う心理学では，研究の特定の結果や結論を得たその方法が極めて重視される。おおむね，心理学を学ぶ大学生は学部二年次で視覚実験，記憶実験，弁別閾の測定などの古典的な実験を実習で体験する。それは，既存の研究でいかにして科学性が保たれてきたかを知り厳密な手続きで研究を行う重要性を学ぶためである。

ここからは心理学の中の実証研究と呼ばれる領域について概観していきたい。

2. 実証研究

心理学の科学性を特徴づけるものの一つが，研究の実証性である。実証研究（empirical research）とは，ある法則の真偽の検証を最終的な目的としてデータを収集し，データをもとに推論を行い，法則の真偽について結論を導く研究と理解してもらえればよい[4]。心理学における実証研究は，仮説生成型の研究と仮説検証型の研究の大きく二つに分けられる（市川, 2001）。仮説生成型[5]の研究は，「興味のある対象について，行動観察をしたり，面接をしたりして，多くの情報を収集することからはじめ，そこから何らかの一般的な結論や，理論的説明をつくっていく」（市川, 2001, p.8）とされる。仮説検証型の研究は，「あらかじめたてた仮説が正しいとするとどのような結果が生じるか，逆に正しくなければどのような結果になるかを演繹的に予測して，実験や調査によるデータから決着をつけようとする」（市川, 2001, p.8）[6]。例えば「万有引力の法則」が正しい場合に真となる仮説「リンゴは木から落ちる」を先に立て，その後でリンゴの落下を確かめるのが検証型の研究，一方，落下現象に関するデータを先に集め「全ての物には引力がある」という仮説を後で導くのが生成型の研究である。

さらに実証研究は，扱うデータの種類によって，量的研究，質的研究と分類されることがある。検証型の研究はこの章で取り上げる量的研究として，生成型の研究は本書の8章で説明される質的研究として行われることが多い（市川, 2001）。量的研究で扱われる量的データとは数値で表現されるデータのことである（市川, 2001）。したがって数値を扱うのが量的研究といえるが，ここでは少し踏み込んだ理解をしてみよう。例えば「身長」という量的データを得るには，身長計で測定すればよい。しかしよく考えてみると，データを得ることが可能なのは，「身長は，身長計で測定できる」ということが，データが手に入るより前から分かっているからではないだろうか。物理的な量である長さや重さなどは，既にそれらを測る測りが確立されている。逆に言えば，その測りで測られるものがその物理量だと明確に定義されている。このことから量的研究とは目に見えないこころの性質が，目に見える何によって測られるのか，すなわちどのような行動や考え方としてこころの外側に表れるのかを，データを得る前から明確に定義している研究だといえる。

(1) 量的研究の基礎知識

以上から量的研究は，おおむね仮説の検証を目的としており，データの明確な定義が必要な量的データを用いる研究だといえる。ここでは量的研究に取り組む前に理解しておきたい基礎的な事柄を説明し

4）既存の仮説や新たな仮説について，データをとらず既存の法則から論理的に具体的な現象を説明・予測して仮説の真偽を検証する研究を理論研究（theoretical research）と呼ぶ。
5）用語を統一するため「生成型」と表現しているが市川（2001）は「探索型」と呼んでいる。
6）仮説検証型の研究は，普遍的な理論から具体的な現象を説明あるいは予測する。このようにトップダウンに推論する方法を「演繹」と呼ぶ。

1）変　　数

初めに理解すべき概念が変数（variable）[7]である。例えば身長は，ある人が161.2cm，別の人は175.7cmというように一人ひとり異なる。同様に，体重や趣味，職業，能力，性格もまた一人ひとり異なる。このようにその人ごとに異なる値を持ち，その値によってその人の特徴を表せるものを変数と呼ぶ[8]。人の特徴の一つである「身長」は「変数」であり，「161.2」のように人それぞれ異なるものが「値」である（図6-1）。量的研究は，これらの変数を調査や実験などにより測定することによって行われる。

2）測　　定

身長計や体重計で身体測定をしたり，歩数計で歩数を数えることも測定である。つまり測定とは何らかの性質を値と対応させて表現することである。

データ尺度の種類　測定によって，ある性質を値に置き換える方法にはいくつかの種類がある。人などの性質（性別，出生順，攻撃性の強さなど）に，値を割り当てる際の，その

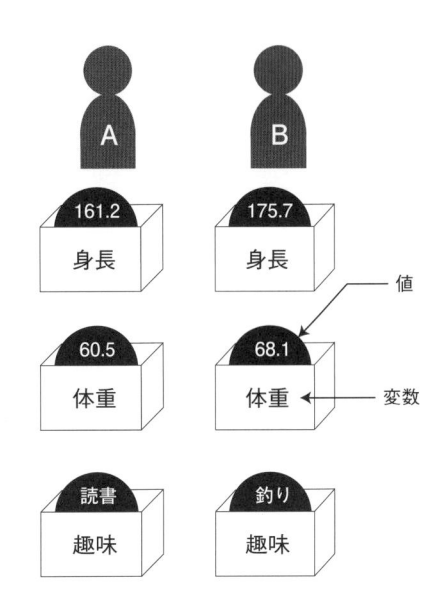

図6-1　変数と値の関係のイメージ図

変数は箱に例えられることが多い。一人が沢山の箱を持っていて，それぞれ「身長」，「体重」などと名前がついている。その箱の中身が値である。

人の属性（例えば出生順）と割り当てられる値（1や2）の対応規則（長子なら1，次子なら2）をデータ尺度と呼ぶ。データ尺度は，名義尺度，順序尺度，間隔尺度，比率尺度の四つに分類される（表6-1）。四つの尺度は，同一性，順序性，加算性，原点という四つの性質（後述）の有無で区別される。より多くの性質を持つほど水準の高い尺度とされ，高い水準の尺度は，低い水準の尺度の性質を全て備える。覚えておきたいのはデータ尺度の性質に応じて適用可能な統計的分析が異なることである。水準が高いほど適用可能な分析の種類が豊富になる。統計的な分析をする際には，常に自分が扱う変数がどのデータ尺度なのかを理解しなければならない。ここからは，各尺度の違いを説明していく。

名義尺度（nominal scale）　同じ性質，同種のものに同じ値を割り当てる尺度を名義尺度と呼ぶ。性別は「女」と「男」という値を持つ名義尺度の変数である[9]。他にも趣味，ゼッケン番号などは名義尺度である。同じ値を持つならば，同じ性質を持つことが保証されており，これを同一性と呼ぶ。名義尺度の値は単に区別を表すだけなので，女性に1，男性に2という値が割り当てられても，男性のほうが女

表6-1　データ尺度の4水準

水準	4分類	2分類	同一性	順序性	加算性	原点
低	名義尺度	質的変数	○	×	×	×
	順序尺度		○	○	×	×
	間隔尺度	量的変数	○	○	○	×
高	比率尺度		○	○	○	○

---

[7]「変わりうるもの」の意。「変数」という呼び方は，"常に一定であるもの"という意味の「定数」に対する呼び方。「定数」とは，円周率に代表される「変わらない値」のこと。

[8] 人だけでなく，製品，地域，状況，関係などあらゆるものは，それぞれの持つ様々な特徴の違いを様々な変数で表せる。

[9] 変数の値は数字である必要はなく「女」，「男」等の文字が割り当てられることもある。

例

[質問] あなたの出身地を教えてください。
1. 北海道，または東北地方
2. 中部地方，または関東地方
3. 関西地方，または中国地方
4. 四国地方

九州・沖縄地方出身者，また海外出身者がどのカテゴリにも含まれない。網羅性を満たすためには，四つ目の選択肢を「4. 四国地方，または九州・沖縄地方」と改め，その上で「5. その他」を設ければよい。

[質問] あなたの出身地を教えてください。
1. 北海道，または東北地方
2. 中部地方，または関東地方
3. 関東地方，関西地方，または中国地方
4. 四国地方，または九州・沖縄地方
5. その他

選択肢2と3に関東地方が入っている。そのため，関東出身者はどちらを選択したらよいかわからない。3に入っている関東地方を削除し，特定の性質（ここでは出身地）が複数の選択肢に含まれないようにする。

図6-2　網羅性と排反性が満たされない場合の例

性より大きい，強いという意味はない。つまり，名義尺度は値に数値が用いられていてもその数値の大きさは属性の大小関係を表すものではない。名義尺度の各値が表すまとまりはカテゴリと呼ばれる。同一性は名義尺度の特徴だが，名義尺度以外でも同一性を持つ尺度なら，研究対象となる全ての人や事物は必ずいずれかのカテゴリに含まれなければならない。この性質を網羅性という（図6-2左参照）。さらに一人の人が複数のカテゴリに含まれてはならない。これを排反性という（図6-2右参照）。

順序尺度（ordinal scale）　値に割り当てられた数値が，各値の大小関係を表す尺度を順序尺度という。値が大小関係を表す理由は，割り当てられた値が，1より2が大きく，2より3が大きければ1より3は大きいという推移律に従う，すなわち順序性を持つからである。この順序尺度の変数は値の加減演算ができない。その理由を説明するために図6-3のような徒競走の順位を考えてみたい。順位は1～6の値が割り振られ，1位よりも2位のほうが順位は下，すなわちタイムが遅いことを表す。図6-3から分かる通り1（位）と2（位）の差は数値上1であり，5（位）と6（位）の差も1である。しかし，1と2の間の差の1は，タイムで言えば0.02秒だが，5と6の差の1は10秒もある。順位の数値では確かに同じ1の差だが，値の持つ意味を考慮すると，値同士の差は同じ「1」とはいえない。このように値と値の等間隔性が保たれない場合には，足し算や引き算はできない。順位などの順序尺度の変数を，「1位と6位の平均順位は3.5位」と言わないのはこのためである。

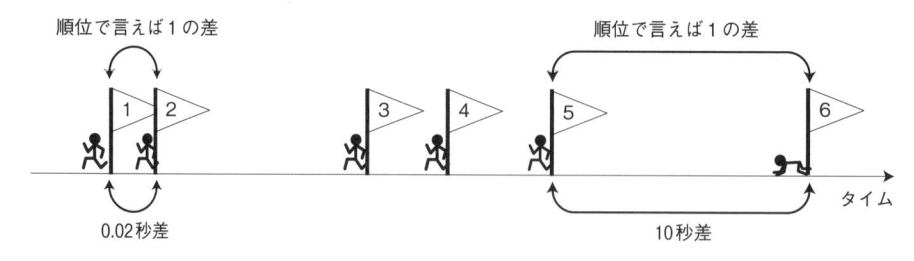

図6-3　順位とタイムの関係

間隔尺度（interval scale）　量の差の大きさを，数値の差の大きさとして表す尺度を間隔尺度という。摂氏温度，知能指数，偏差値は間隔尺度である。例えば気温10℃と20℃の差の10℃は，20℃と30℃の差の10℃と同じ10℃といえる。このことを等間隔性があるという。等間隔性があるということは，単位が一定に保たれていることを意味している。そのため加減演算が可能になり，間隔尺度の変数は平均

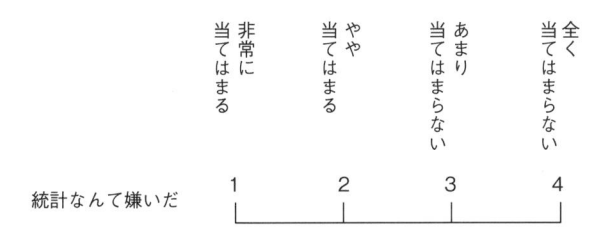

```
                    非       や       あ       全
                    常       や       ま       く
                    に       当       り       当
                    当       て       当       て
                    て       は       て       は
                    は       ま       は       ま
                    ま       る       ま       ら
                    る               ら       な
                                     な       い
                                     い
                    1        2        3        4
統計なんて嫌いだ     ├────────┼────────┼────────┤
```

図 6-4　間隔の一定性が考慮されている（間隔尺度と呼べる）アンケートの選択肢

や分散などが算出可能になる[10]。平均値を使えることで分析の幅が広くなり様々な分析が行える。ただし，間隔尺度はその属性がないことを意味する原点（0）が定義されていないため，乗除演算はできない[11]。心理学では図 6-4 に示すアンケートの選択肢も間隔尺度とみなすことが一般的だが，その際には，選択肢を表す言葉同士が同じ間隔になるよう選ばれていることが前提となる。

　比率尺度（ratio scale）　　間隔尺度の条件を満たすと同時に，原点が一義的に定義されている尺度を比率尺度と呼ぶ。重さ，長さ，年齢，タイムなどがあてはまる。この尺度は数値の倍数関係（比例関係）が成り立ち（例　80kg は 40kg の 2 倍），乗除演算ができる。ただし心理特性をこの比率尺度で定義することはほとんどなく，この尺度に適用できる分析法は間隔尺度にもほとんど適用できる。したがって心理特性を比率尺度で測定する必要はほとんどの場合ない[12]。

　以上の四尺度のうち，適用可能な分析がかなり重なることから名義尺度と順序尺度で表される変数は質的変数，同様に間隔尺度と比率尺度で表される変数は量的変数と呼ばれる。

　ここまで紹介してきたデータ尺度の違いは，明確に区別できるようにならなければならない。その理由は，データ尺度の種類に応じて適切な分析が異なるからである。誤った結論を導かないためにも，その違いをきちんと理解しておくことが求められる。

3）構成概念

　心理学が扱う欲求，性格，価値，認知傾向などの心理傾向は，直接観察することが困難なもの（小塩，2007）で，様々な行動の背後に仮定される抽象的な概念である（山田，2004）。これを構成概念と呼ぶ。例えば私たちは他者を手助けする人を見ると「優しいこころの持ち主だから親切な行動をした」と，直接観察してもいないこころの存在を前提として他者を理解する。このとき「こころ」と呼ばれるものは，「その存在を仮定することで他者の行動を効率的に説明・理解し，将来の行動予測を可能にするもの」であり，それを「こころ」と名付けているだけである。それは心理学的研究においても同様で，あくまでも「研究者が，どの現象や行動を説明・理解したいか」に依存して，存在すると仮定されたものを扱っているに過ぎない。

4）操作的定義

　こころの性質を測定するためには構成概念の他に，操作的定義を定める必要がある。操作的定義とは，例えば攻撃性を「攻撃行動を引き起こす心の性質である」というように抽象的な観念として定義するのではなく，測定する具体的な手続きによって定義することを指す（高野，2004）。一例を挙げて見てみよ

---

10) 平均や分散は第Ⅱ部 7 章を参考にされたい。
11) 例えば長さであれば，「長さが 0」は，長さが存在しないことを意味する。したがって長さは間隔尺度ではなく比率尺度である。
12)「知能指数が 0」は知能が存在しないことを意味しない。道端の石に知能は存在しないが，知能指数が 0 の人と石を同列に議論できるわけではない。
13) ここでいう質的変数は，質的研究で用いられる質的データとは異なる。

表6-2 日本版 Buss-Perry 攻撃性質問紙（全24項目中10項目を抜粋）

1	意見が対立したときは，議論しないと気がすまない
2	どんな場合でも，暴力に正当な理由があるとは思えない（●）
3	誰かに不愉快なことをされたら，不愉快だとはっきり言う
4	ちょっとした言い合いでも，声が大きくなる
5	相手が先に手をだしたとしても，やりかえさない（●）
6	かっとなることを抑えるのが難しいときがある
7	陰で人から笑われているように思うことがある
8	ばかにされると，すぐに頭に血がのぼる
9	友だちの意見に賛成できないときには，はっきり言う
10	私を苦しめようと思っている人はいない（●）

※ ●は逆転項目[14]。

う。表6-2に示す日本版 Buss-Perry 攻撃性質問紙（安藤・曽我・山崎・島井・嶋田・宇津木・大芦・坂井, 1999）では「意見が対立したときは，議論しないと気がすまない」，「誰かに不愉快なことをされたら，不愉快だとはっきり言う」などの攻撃性を持つ人がとると想定される行動や考え方が複数挙げられている。これらの記述について，自分にあてはまる程度を1～5などの目盛を示してそれぞれ評価させ，こうして得られた数値を合計あるいは平均した数値がその人の「攻撃性の程度」だと定めることが，操作的定義である。つまり「観察可能な，どの行動が現れればそのこころの性質を持つと考えるのか」を定義することである。

5）心理尺度

こころの性質を数値に置き換えることを心理測定（psychological measurement）と呼ぶ。

こころの性質は，上の攻撃性尺度のように特定の行動や考え方に関する複数の質問を使うなどの方法で把握される。こうした方法でこころの性質を測る「測り」は，心理尺度（psychological scale）と呼ばれる。物理量の測りとは異なり，心理尺度は複数の質問から構成される。その理由の一つは，例えば「あなたは攻撃性が高いですか」というように抽象的な概念を「攻撃性」という言葉を使って直接たずねた場合，「攻撃性」の意味することが不明確で，人によって解釈が異なる可能性があるためである（鎌原, 1998）。それよりも「ばかにされると，すぐに頭に血がのぼる」や，「かっとなることを抑えるのが難しいときがある」という具体的な行動などによって質問した方が，研究者が知りたい構成概念について，より正確な回答を得られるだろう。

もう一つの理由は，一項目しかない場合，回答が偶然によって左右される程度が大きくなってしまうからである。例えば回答時に勘違いをして，3と回答すべきところを5と回答してしまった場合，その人のこころの性質は誤って回答したその一項目の測定値で表されることになってしまう。それに対して項目が複数個あれば，それらの平均値や合計値を測定値とすることで，偶然の誤りによるズレの影響を相対的に小さくできる。さらに，この攻撃性尺度では「誰かに不愉快なことをされたら，不愉快だとはっきり言う」行動が，攻撃性のあらわれだと考えられているが，この行動は正義感からも引き起こされ得るだろう。このように特定の行動を引き起こすこころの性質は常に一つとは限らないため，たった一つの質問では特定のこころの性質を測定する物差しとしての精度が低くなってしまう。そこで，この精

14）逆転項目とは，その概念について逆の方向からたずねる項目のことである。こうした質問を入れる理由は，回答者が惰性で回答することを防ぐためや，質問の意図を読み取りにくくするためなどが挙げられる。さらに，でたらめな回答をした人がいた場合でも逆転項目があることにより，その効果が相殺される利点がある。

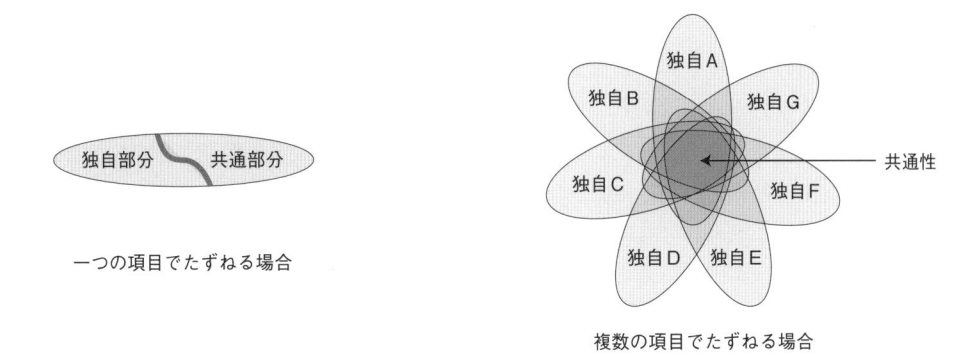

図 6-5　単一項目の質問と複数項目の質問のイメージ

度を高めるために複数の質問を使い，その平均を求めて得点化するのである。

なぜ複数項目の平均をとると尺度の精度が高まるのだろうか。その理由をきちんと考えておこう。一つの質問項目の中には，他の項目と共通のことをたずねる「共通部分」と，その項目だけがたずねる「独自部分」があると考える（図6-5左）と，沢山の項目があれば尺度中に含まれる各項目の独自部分は増えていく（図6-5右）。しかしその独自部分はあくまでも各項目独自の部分なので，「攻撃性」を表す複数の行動を挙げれば，尺度全体としては攻撃性を原因とする事柄，すなわち共通性が含まれる割合が増加する。得られた尺度の平均をとることはそうした共通部分を取り上げることを意味する[15]。複数の項目の共通部分を取り上げれば，攻撃性を測る測りの精度は高まると考えられる。

6）信頼性と妥当性

心理尺度でこころの性質を調べる際には，少なくとも「その尺度は正確か」という心理尺度の信頼性と，「その尺度は自分が調べたいこころの性質を本当に測っているか」という心理尺度の妥当性について考えなければならない。

信頼性　心理尺度をこころの性質を測る定規のようなものだと考えると，定規の目盛の正確さが信頼性である。例えば，もし正確な定規なら，同じ新品の消しゴムの高さを測れば，多少の誤差はあるとしても，どこで誰が測定しても結果はそれほど変わらないだろう。それと同様に心理尺度の正確さも，繰り返し測定した値が変わらない，時間を超えた一貫性があれば正確な尺度だと言える[16]。

それだけでなく，尺度が正確な目盛を持つならば，尺度内に含まれる各質問項目への回答が一貫して同じような値になる性質，すなわち項目を超えた一貫性があると考えられる。

信頼性を確かめる方法　この種の一貫性を確認する方法は，例えば尺度が十個の項目で構成される場合，奇数番号の項目と偶数番号の項目の五個ずつに分け，二つの異なる尺度として測定し，二つの尺度の関連の程度を検討する折半法などがある。しかし，複数の項目を二つに分ける方法は一通りではないため，本来は全ての分け方で分けた場合の関連の強さを検討しなければならない。とはいえ，実際にそれをするのは困難なので，全ての分け方で測定した場合の関連の強さの推定値が信頼性の指標として用いられる。この指標はクロンバックの α，または α 係数と呼ばれる。

妥当性　ところで，たとえ世界で一番正確な目盛を持つ身長計があっても，握力の測定には何の役

---

[15] この尺度得点は合計値で求められることもある。この場合も基本的な考え方は同じで，各項目の中に共通する部分が増えれば，その尺度の中で最も大きな影響を持つのはそれらの尺度に含まれる各項目の共通部分だということになる。

[16] このことを確認する方法としては，同じ尺度に一定期間をあけて複数回答えてもらい，複数回にわたる回答の関連（相関）の程度を検討する再検査法などがある。

にも立たない。なぜなら目盛りの正確さは，その測りが本当に測りたいものを測っている性質，すなわち妥当性があって初めて意味を持つからである。この妥当性にもいくつかの種類があるので紹介する。

その一つが，構成概念妥当性である。例えば「孤独感の高い人は不安感も高い」[17]というように二つの性質を持つ程度は互いに強く関連すると想定される場合，二つの尺度の関連が実際に強ければ，孤独感尺度の妥当性は高いといえる。このような妥当性を，構成概念妥当性の中でも収束妥当性と呼ぶ。一方で，一見関連しそうに思われても理論的には関連しない変数と，実際に関連しないことが確認されれば，その尺度の妥当性は高いといえる。このような妥当性を，構成概念妥当性の中でも「別の概念とは区別（弁別）できる」という意味で，弁別妥当性と呼ぶ。

また，例えば営業職の職業適性検査の妥当性が高ければ，実際に営業職に就いた人の得点は，営業職以外の人の得点より高くなるだろう。このようにある尺度とは別の基準，すなわち実際に営業職に就いているかという基準と関連することで確かめられる妥当性を基準関連妥当性と呼ぶ[18)][19)]。

(2) 量的研究法の考え方―実験的アプローチと相関的アプローチ―

ここまで，量的研究を行うために必要な変数，構成概念，心理測定の考え方を紹介してきた。ここからは量的研究の具体的な方法の背景にある考え方を説明する。量的研究は，その目的によって相関的アプローチと実験的アプローチの二つに分けられる。相関的アプローチでは，ある心理学的現象と関連の強い事柄を明らかにすることを目的に，質問紙調査などの方法が用いられる。実験的アプローチでは，ある心理学的現象の因果を特定することを目的として，実験が行われる。各アプローチの背景にある考え方を，実際に研究に取り組む前に理解しておいてもらいたい。

1) 質問紙調査

質問紙調査は多くの場合，紙に書かれた質問項目に対して，回答者本人が回答を記入する方式がとられる[20)]。この回答用紙を質問紙と呼ぶ。質問紙調査とは，「人間の意識や行動に関するデータを，回答者の自己報告によって，組織的に収集する方法」（山田，2004, p.186）である。例えば年齢，性別などの属性的な項目や，仮説に関連する心理尺度及び，認知，態度，人間関係の質など様々な質問への回答からそれらの関係を検討する目的で行われる。調査研究を実施するときは，調査対象者を誰にするかということが極めて重要な問題になる。詳しくは第Ⅱ部7章を参考にされたい。

この方法の長所は，大量のデータを比較的簡単に集められ，過去の事柄や，行動の観察だけでは把握しにくいことも扱える点である。一方短所は自己報告であるために，調査対象者本人が意識していない事柄は回答を得られないことや，社会的に望ましくない事柄に対しては，調査対象者が本心を回答しにくいことなどが挙げられる。それに加えて，質問紙調査の大きな限界は，因果関係の特定ができないことである。調査ではたとえ不安感の高さと攻撃性の高さに関連があっても，不安感の高さが原因で攻撃性が高まるのか，その逆で，攻撃性の高さが原因で不安感が高まるのか，あるいは相互に影響を与え合うのか，不安感と攻撃性に影響を与える第三の要因が存在するのかは特定不能である。原因を特定する

---

17) このような関係を「正の関係」と呼ぶ。
18) その職業に就いているか否かという客観的な基準だけでなく既に存在する確立された心理尺度との関連する程度も用いられる。
19) この妥当性には，併存的妥当性と予測妥当性の二種類がある。職業適性検査の例のように，検査の妥当性を確かめる別の基準が，その尺度と同時に存在しうる場合には，その基準によって測られる妥当性を併存的妥当性と呼ぶ。一方で，妥当性の高い適性検査で営業職に向いていると判断された人たちは，その後営業職に就く可能性が高いだろう。このように実施した適性検査の結果と，検査を受けた人たちの将来の職業が強く関連することが示された場合，その検査は予測妥当性があるとされる。
20) 質問の提示は紙で行われる必要はなく，コンピュータを介して画面上に質問項目が提示され，選択肢を選ぶといった方法がとられることもある。

ためには，ある要因のみが結果に影響を与えていることを確かめなければならない。それを可能にする方法の一つは実験である。

2）実　　験

仮説検証の際に因果関係の特定が必要なときは，多くの場合実験を行う。実験は「被験者[21)][22)]の置かれる場面・状況・刺激などの条件を人為的に制御して，その結果生ずる心的過程・行動についてデータを収集しようとする」（森正，2007, p.53）。中でも，因果に関する仮説の真偽を検証する目的で行われる実験を理論検証型実験と呼ぶ[23)]。例えば「テレビゲームをすること」が原因で「児童の攻撃性が高まる」という因果の特定を目的とした仮説を検証したい場合には実験が用いられる。

原因の特定に必要なことは，操作と統制，そして比較の三つである。攻撃性が高まる原因を特定するには，実際にテレビゲームをさせて，その児童の攻撃性が高まることを確かめればよい。ただし，攻撃性の高まりを示すだけではテレビゲームが原因だと結論付けられない。なぜなら，テレビゲーム以外の別の要因によって攻撃性が高まった可能性もあるからである。したがって，テレビゲームと攻撃性の関係を検証したい場合は，実験参加者をテレビゲームをするグループとしないグループに分けて，二群間の攻撃性の差を検討しなければならない。このうち前者を実験群，後者を統制群（またはコントロール群）と呼ぶ。

操　　作　実験群のみに，ある事柄を行わせたり，特定の状況で実験に参加してもらうことを操作と呼ぶ。研究者が操作を行う事柄，すなわち原因と考えられるもの（この例では「テレビゲームをすること」）を独立変数（independent variable），操作の結果として変化することが期待できるもの（この例では，攻撃性）を従属変数（dependent variable）と呼ぶ[24)]。このような「テレビゲームをしたか否か」という各群間の違いを条件と呼ぶ。

統　　制　実験群と統制群の間に，操作した事柄以外に一切違いのない実験状況を設定することを統制と呼ぶ。これにより二群の差異は独立変数の値の差以外にはない状態に限りなく近づく。このような状況のもとで実験群と統制群を比較し，実験群においてのみ仮説を支持する変化が認められれば，仮説が真であることが確かめられる。

統制が必要な理由は，例えば実験群がテレビゲームをしている間に統制群では歌を歌っていた場合，実験群と統制群の間に攻撃性の差が生じても，その差を生み出した原因がテレビゲームなのか，歌なのかを特定できないからである。このような仮説検証に関連しない，統制すべき全ての変数を剰余変数（extraneous variable）と呼ぶ。例えば，テレビゲームと攻撃性の関係を調べる場合は，それ以外の性別，身長，居住地域，血液型，社交性，幸福感，などのあらゆる変数が剰余変数となる。しかし実験群と統制群で，性別，身長，居住地域など全ての剰余変数を同じにすることはほぼ不可能だろう。そこでとられる方法は両群の参加者を決める際，ランダムに二群に振り分けるランダムアサインである。これにより剰余変数の影響を除ききれない場合でも，片方の条件に特定の剰余変数の特定の値を持つ参加者が偏

---

21) 実験を行う研究者のことを実験者と呼ぶのに対し，その実験に参加する人のことを参加者あるいは実験参加者と呼ぶ。
22) 参加者のこと。心理学では伝統的に，研究の対象となる人のことを対象者，あるいは被験者（subject）という呼び方をしていたが，彼／彼女らの人権を尊重する立場から，参加者（participant）と呼ばれるようになった。
23) このような実験のほかにも，現実に存在する特定の状況の模型（モデル）として，現実状況にできるだけ近い状況を実験室に作りだし，その状況下で人々がどう行動するかを調べることを目的とする風洞型の実験（山岸，2001）がある。大学構内の実験室に監獄を再現し，与えられた役割によって人が行動を変えることを示したジンバルド（Zimbardo, 1971）の監獄実験などは，風洞型の実験である。通常，現実状況を観察しただけでは，人が役割を与えられてから行動を変容させる過程を観察することはできないが，こうした状況を実験室に再現することによって，そのような観察が可能になる。
24) 結果の方を「従属」と呼ぶのは，独立変数の変化に伴って変わるためである。それに対して，原因が結果に応じて変化することはないので，「結果とは独立」という意味で「独立変数」と呼ばれる。

ることで結果が左右される可能性を最小限にできる。

このような様々な工夫によって剰余変数を統制して初めて，実験群と統制群の間に生じた従属変数の差は，操作した独立変数が原因で生じたと特定できる。

3）実験の外的妥当性（生態学的妥当性）と内的妥当性

実験室実験は，しばしば「人工的で，一般化できない」という批判にさらされる。これは「特殊な実験状況で認められた因果関係は日常世界の行動を適切に説明する役に立たない」という実験の外的妥当性に関する批判である。実験の外的妥当性は，実験で得られた知見が実験室以外の状況でもあてはまることで確認される妥当性であり，生態学的妥当性とも呼ばれる。例えば記憶実験で無意味なつづりを覚える課題は，買い物する食材を覚える課題に比べて生態学的妥当性が低い。日常生活で無意味なつづりの記憶が必要になる可能性はほぼ存在しないからである。

それでは，外的妥当性を高めるために実験室を日常世界に近づけたら何が起こるかを考えてみよう。普段ゲームをする自宅に近づけるため，実験室に家具をそろえ，母親も参加させ，一緒にゲームをすることが多い友人も……と，環境を整えたとしよう。この状況で先ほどと同様の実験をした場合「テレビゲームが原因で攻撃性が高まる」という仮説に，今度はどのような結論を下せるだろうか。残念ながら，たとえ実験群だけ攻撃性が高まっても，仮説が真だと結論付けることはできない。なぜなら日常に近づけようとするあまり，仮説と無関係な剰余変数が大量に混じり，独立変数の純粋な効果が不明確になるからである。母親や友人の存在は攻撃性を高める場合も，その逆もあるだろう。もちろん，剰余変数が従属変数に与える効果が実験条件と統制条件に同程度の効果（例えば，両方とも同じ程度に攻撃性を高めるなど）をもたらすなら，その効果を取り除く努力をする必要はあまりない。理論検証型実験において重要なのは，実験群と統制群の間の従属変数の差だからである。しかし，剰余変数の効果が一方の条件の従属変数にだけ影響を与える場合には仮説の検証を困難にする。例えば，母親がテレビゲームに否定的な場合，実験条件では母親の否定的な態度が児童に伝わって攻撃性を高めるが，統制条件ではそのようなことが起こらないとする。このような場合，剰余変数が統制されていないことは，攻撃性が高まる原因の特定を困難にしてしまう。したがって剰余変数が結果にどのような影響を及ぼし得るかわからない限り，理論検証型実験を行う場合には，可能な限り剰余変数を排除するべきだと言える。

そもそも理論検証型実験の目的は実験結果から直接現実世界に応用可能な知見を得ることではなく，理論の真偽について正確な検証を行うことにある。そのためには，上で見たように剰余変数の統制が不可欠である。現実社会には「独立変数以外の要因以外に差がない状況」は存在しない。だからこそ実験室にそのような状況を作り出す必要があるのである（山岸，2001）。それにもかかわらず実験状況が現実とかけ離れているという理由で，仮説検証に関係ない要因を加えれば，因果関係の特定という目的が果たせなくなる。このように考えると理論検証型の実験では，仮説検証のために必要な操作に成功していれば，単に「このような実験状況は現実に存在しない」という理由で実験の意義が損なわれることはないと考えられる。

内的妥当性　理論検証型の実験で重視されるのは，外的妥当性ではなくむしろ内的妥当性のほうである。社会心理学小辞典では内的妥当性は，「実験において，独立変数が，研究者が意図したものを操作しており，従属変数で観察される実験結果が独立変数の影響のみを受け，研究者が意図していない外性変数の影響を受けていない時に，この妥当性が高いと評価される」（岡，2002，p.182）と定義される。言い換えれば，適切に剰余変数が統制されており，独立変数と従属変数の間に因果関係があると推論してよい程度だといえる。例えば，不安と攻撃性の関係を調べるために実験群でのみ部屋を暗くした場合，期待通りに実験群の攻撃性が高まったとしても，すぐさま不安が攻撃性を高めるとは結論付けられない。

実験群では，部屋が暗いことへの不安に加えて，暗闇での実験は危険を伴うにもかかわらず実施をした実験者に対する怒りを感じるなど想定外の効果の混入による操作の失敗が起こっている可能性があるからである。それのみならず，部屋が明るい統制群でだけ，部屋にあった風景画が攻撃行動を抑制する効果を持っていたというような統制の失敗が起こった可能性もある。これらのことが起こっていた場合，期待通りの結果が得られたとしても独立変数が従属変数の原因だと推論するのは不適切である。このような実験の内的妥当性は低いといえる。逆に，二群の攻撃性に差が生じなかった場合も，すぐに不安と攻撃性に因果関係がないと結論付けることはできない。実験群の部屋が完全に真っ暗になっていなかったなどの操作の失敗や，統制群の実験者が不機嫌な表情を浮かべていたために実験群と同じくらい不安が喚起されたといった統制の失敗が生じた可能性があるからである。

　このように内的妥当性の低い実験からは，たとえ仮説通りの結果が得られたとしても，何らの結論も導くことはできない。適切な操作と統制ができており，操作の効果以外に従属変数の変化を説明できないかどうか，すなわち内的妥当性が高いといえるかが，原因の特定を目的とした理論検証型実験では特に重要になる。

3. 科学的な方法と追試の重要性

　最後に，追試の重要性について言及したい。科学的な方法で導かれた結論は，「絶対に正しい」のではなく「現在のところもっとも確からしい結論」に過ぎない。そのため，現時点では発見されていない要因が見つかり，新たな仮説が採択されれば，現在とは異なる結論が導かれる可能性を含んでいる。さらに心理学的現象を扱う量的研究全般に言えることは，その測定の精度が物理量の測定と比べてかなり低いことである。そのため，たった一つの研究で検証したい事柄の全てが正確に明らかになることはないと言ってよい。したがって，ある仮説が一定の確実性を持つためには，仮説の正しさが繰り返し様々な人の手で確かめられることが必要になる。そのための方法が追試であり，それを可能にするのが科学だといえる。したがって，既存の理論に対しても，結論に対する疑問を持ち，研究方法を精査した上で，疑わしい場合には追試が必要になる。既存研究と同じ方法で繰り返し研究を行っても，既存研究と同じ結果が得られない場合には，これまでの常識を覆すような新しい発見につながることもあるかもしれない。それが可能になるのは，まさに心理学が研究方法の科学性を重視しているからである。

文献
安藤 明人・曽我 祥子・山崎 勝之・島井 哲志・嶋田 洋徳・宇津木 成介・大芦 治・坂井 明子（1999）．日本版Buss-Perry 攻撃性質問紙（BAQ）の作成と妥当性，信頼性の検討　心理学研究, 70, 384-392.
荒川 歩（2007）．心理学と科学：その現状と展望　てんむすフォーラム, 2, 7-16.
市川 伸一（2001）．心理学研究とは何か　南風原 朝和・市川 伸一・下山 晴彦（編）　心理学研究法―調査・実験から実践まで（pp. 1-18）　東京大学出版会
鎌原 雅彦（1998）．心理尺度の作成　鎌原 雅彦・宮下 一博・大野木 裕明・中澤 潤（編）　心理学マニュアル 質問紙法（pp. 64-74）　北大路書房
森正 義彦（2007）．経験的方法の諸形態と分類軸　森正 義彦・篠原 弘章（編）　心理学研究法：科学の本質から考える（p. 53）　培風館
大渕 憲一（2002）．攻撃　古畑 和孝・岡 隆（編）　社会心理学小辞典（p. 67）　有斐閣
岡 隆（2002）．仮説　古畑 和孝・岡 隆（編）　社会心理学小辞典（p. 32）　有斐閣
岡 隆（2002）．内的妥当性　古畑 和孝・岡 隆（編）　社会心理学小辞典（p. 182）　有斐閣
小塩 真司（2007）．質問紙の基礎知識　小塩 真司・西口 利文（編）　心理学基礎演習Vol. 2 質問紙調査の手順（p. 6）　ナカニシヤ出版

Popper, K. R. (1959). *The logic of scientific discovery*. London: Hutichinson. (ポパー，K. R. 森 博・大内 儀一（訳）(1971). 科学的発見の論理（上・下） 恒星社厚生閣)

高野 陽太郎 (2004). 実証の手続き 高野 陽太郎・岡 隆（編） 心理学研究法―心を見つめる科学のまなざし (pp. 33-39) 有斐閣

山田 一成 (2004). 調査法 高野 陽太郎・岡 隆（編） 心理学研究法―心を見つめる科学のまなざし (p. 186, pp. 182-211) 有斐閣

山岸 俊男 (2001). 実験と現実 山岸俊男（編） 社会心理学キーワード (pp. 14-15) 有斐閣

Zimbardo, P. G., Haney, C., Banks, W. C., & Jaffe, D. (1977). The psychology of imprisonment: Privation power and pathology. In J. C. Brigham, & L. S. Wrightman (Eds.), *Contemporary issues in social psychology* (3rd ed.). California: Cole.

7章 量的データを分析する道具

　筆者は高校時代，数学が嫌いだった。恐れていたといってもよい。心理学を学ぶにあたり数学は必要ないと思っていたので，入学した大学で心理学統計法が必修だと知ったときはひどく落胆した。読者の中にも，共感してくれる人は多いかもしれない。しかし，この章で扱う統計は「人のこころを理解する」ために使う道具の一つである。したがって統計を恐れるのは「物を書く」ための道具である鉛筆や紙を恐れるのと同じようなことである。

　統計を学ぶ上で重要なのは，繰り返し学習し少しずつ理解することである。したがって何よりも重要なのは「理解するのを諦めない」ことである。この章では，筆者と同じように数学嫌いの人であっても最低限理解しておきたい用語と，統計がどのような背景で設計された道具なのかを説明する。最後まで諦めず，繰り返し読んでもらえれば幸いである。

1．なぜ統計を用いるのか―2種類の統計―

　統計は，その目的に応じていくつかの種類に分類できる。ここではそのうち，記述統計と推測統計について説明する。6章で紹介された調査や実験，9章の心理検査で得られたデータの中でも，性別，性格検査の得点，身長，クライエントの頷き回数などの量的データを分析する方法が統計である。心理学では，統計はこころの性質の一般的な傾向を知る目的で使われる。そのためには，できるだけ多くのデータを集めることが望ましいが，ただ集めただけではそのデータの全体像を把握することは困難である。例えば世論調査などの集計結果が棒グラフ・円グラフなどの図や表にまとめられるのを目にする機会は多いだろう。このように得られたデータを理解し易く整理する方法は，実は記述統計という統計の一種である。案外，私たちの身近なところにも統計は存在している。

　一方で，多くのデータを集めるのが望ましいとはいえ，物理的・経済的な限界はある。例えば，日本人全体の傾向を知りたくても，実際に全員を調査するのは不可能に近いため「ある大学の特定の授業の履修者」に限定して調査せざるを得ないことがある。当然その調査ではその人たちのデータしか得られないが，調査の目的は一部の人々のこころの性質を知ることではなく，その背景にいる「全体」の傾向を知ることである。実は，統計を使えば，このような一部のデータからでも全体の傾向を推測できる。この方法は推測統計と呼ばれる。この章では二種類の統計のそれぞれで重要なトピックを学んでいこう。

2．記述統計

　まずは得られたデータをわかりやすくまとめる方法，記述統計について説明する。例えばA大学の学生Aさん～Jさんの10人に「あなたはきっちりした性格ですか。当てはまる選択肢の番号を丸で囲

```
問1  あなたはきっちりした性格ですか。最も当てはまる選択肢の
    番号を丸で囲んでください。

    1. まったくきっちりしていない
    2. どちらかと言えばきっちりしていない
    3. どちらともいえない
    4. どちらかと言えばきっちりしている
    5. 非常にきっちりしている
```

図7-1 きっちり度調査

んでください。」という質問に対して，図7-1に示す選択肢「1.まったくきっちりしていない」〜「5.非常にきっちりしている」で回答させる「きっちり度調査」を行って几帳面さの程度をたずねたら，Aさん…1点，B…4点，C…4点，D…4点，E…3点，F…5点，G…5点，H…4点，I…4点，J…5点となったとしよう。このように単に調査結果を並べただけでは，全員の几帳面さの程度や，ずぼらな人ばかり，あるいは几帳面な人たちばかり，というような全体的な傾向を把握することは困難である。

(1) 分布の表し方

データの全体像は，ただの数値の羅列では理解しにくいが「分布として」捉えると分かり易い。分布とは，簡単にいえば「ある値をとる対象が，いくつあるか」である。ここでは度数分布と相対度数分布という二つの分布について説明する[1]。

度数分布　変数の各値（または範囲）をとる対象がいくつあるか（＝度数）で表現される分布を度数分布と呼ぶ。この度数分布を表にしたものを度数分布表と呼ぶ（表7-1）。

相対度数分布　変数の各値（または範囲）をとる対象の度数が全度数の中でどの程度の割合を占め

表7-1　A大学とB大学のきっちり度調査結果

きっちり度	A大学 度数	A大学 相対度数	B大学 度数	B大学 相対度数
1点	1	10.0%	8	9.4%
2点	0	0.0%	38	44.7%
3点	1	10.0%	24	28.2%
4点	5	50.0%	12	14.1%
5点	3	30.0%	3	3.5%
合計	10	100%	85	100%
	度数分布表	相対度数分布表		

※変数には，連続変数[2]と離散変数[3]があり，連続変数の場合には階級ごとの度数や相対度数が示される。

---

1) 分布には，度数分布と相対度数分布のほかに確率分布がある。確率分布は「分布の中から一つの対象を取り出した場合に，その対象がある値をとる確率」によって表される分布である。
2) 値と値の間に無限に値が存在する変数。例えば162cmと163cmという身長の間には162.1, 162.2……というように中間的な値が存在する。これを度数分布で表すためには値を範囲（＝階級）で区切り，その範囲内の度数で表す必要がある。
3) 値と値の間に中間的な値が存在しない変数。例えば1位と2位の間に1.5位という中間的な値は存在しないため順位は離散変数。

るかで表現される分布を相対度数と呼ぶ。表7-1のA大学とB大学のきっちり度を見ると，5点の度数は共に3だとわかる。しかし両大学は全体の人数が異なるため，几帳面な人が多いのはどちらの大学かを確かめたい場合，単純に度数を比較し「几帳面な人がいる程度は同じだ」とは言えない。ためしに相対度数分布表で表すと，A大学では5点が全体の30%もいるが，一方でB大学ではたった3.5%しかおらず，度数による比較が適切でないとわかる。このように相対度数で表すことで，全体の人数が異なる分布同士であっても，特定の値がその分布の内部で多いか少ないかを比較できるようになる。

(2) 分布を統計的測度によって表現する

分布の特徴は，中心がどこか（分布の中心性）や，狭い範囲にあるのか広い範囲に広がっているのか（ばらつき）などについて，統計的測度により数値で表すことができる[4]。ここからは分布の中心性を表す測度と，ばらつきを表す測度について見ていこう。

1) 分布の中心性（代表性）を表す測度　平均値

分布の中心性を表す測度には最頻値[5]や中央値[6]，平均値などがある。数学的な処理ができ，多様な分析が可能だという理由から，平均値が最も一般的に用いられている。

平均値は全ての観測値[7]を合計し，n（観測値の個数）で割ったものである。各観測値をxとすると，分布の平均値は$\bar{x}$（エックスバー）で表わされる。A大学のきっちり度の平均値は次のように算出される[8)9)]。

平均値の定義式　$\bar{x} = \dfrac{1}{n}\sum_{i=1}^{n} x_i$

$\bar{x} = \dfrac{1}{n}(x_1 + x_2 + x_3 + x_4 + \cdots\cdots x_{10})$

$= \dfrac{1}{10}(1+4+4+4+3+5+5+4+4+5)$

$= 3.9$

B大学についても同様に計算すると2.6点になり，平均値にするとA大学の方がきっちり傾向は高いとわかる。この平均値は数値の加算が可能な間隔尺度以上で算出可能である。

それでは次に，図7-2にA群とB群という架空の小学三年生10人に行った掛け算の抜き打ちテストの成績（10点満点）の分布を示す。横軸は点数，縦軸はその点数の人数を表わす。両群の平均値はどちらも5だが，学力は同じとみなして同じ方針で勉強を教えてよいだろうか。図7-2をよく見ると，A

---

4) 測度として集約することには，分布の全体像がより把握し易くなるという長所だけでなく，情報の大部分（個々のデータの違いなど）が失われるという短所もある。
5) 分布の中で最も度数や出現確率の多い値のこと。表7-1の左では4点が5人で最も多いため4点が最頻値となる。この最頻値は，名義・順序・間隔・比率尺度の全ての尺度において特定することが可能。
6) 各観測値を大きい順（あるいは小さい順）に並べて真ん中になる値である。全体の人数が偶数のときは真ん中が存在しないので，真ん中の二つの値の平均が中央値となる。中央値は大小比較が可能な順序尺度以上の尺度で特定することが可能である。
7) 調査対象者から得られた，データのこと。
8) Σという記号は，「シグマ」と読む。高校数学で習った総和を表す記号である。シグマの意味についてはこの章の後にあるコラム6を参照されたい。
9) 平均値の式の中にある「x_1」などのxの下についた数字は，得られたデータの中の観測対象の何人目であるかを示している。nはその調査で得られた人数を意味する。

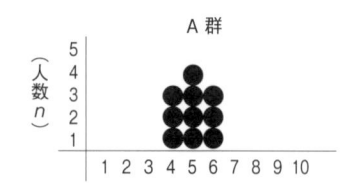

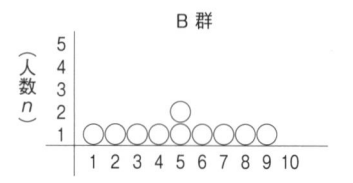

A群平均 = $\frac{1}{10}$ (4+4+4+5+5+5+5+6+6+6) = 5

B群平均 = $\frac{1}{10}$ (1+2+3+4+5+5+6+7+8+9) = 5

図7-2　A群とB群の掛け算テストの分布

群は点数が平均付近に集中し，B群はなだらかに広がっていることがわかる。ここから，B群は児童の能力に差があり，A群と同じ教え方をするとついて来られなくなる児童や，逆に「こんなことわかっているよ」と話を聞かない児童が出ることが予測できる。このように分布のばらつきも，分布の中心性と同様に分布の特徴を表すのに役に立つ。このばらつきの測度には，範囲[10]，分散や標準偏差などがある。中でも様々な分析の基礎となる分散と標準偏差について見て行こう。

2) 分布のばらつき（ひろがり）を表す測度

分散（variance）　分布のばらつきは，分布の中心性と比べると数値で表すのが難しいように思える。ポイントは，A群のようにばらつきが小さければほとんどのデータが平均の周辺に存在し，B群のようにばらつきが大きければ平均から遠く離れた観測値も存在することである。これを数値で表すには，各観測値と各群の平均の間の差をとればよいだろう。そうすればA群は小さな値ばかりに，B群は大きな値になると考えられる。この，各観測値と平均値との差を偏差，各偏差の合計を偏差和と呼ぶ。偏差和を求めれば各観測値が平均値から離れている程度を表せそうである。分布のばらつきを表す分散は，こうした考え方を用いて以下の式で表される。

分散の定義式　$S^2 = \frac{1}{n} \sum_{i=1}^{n} (x_i - \bar{x})^2$

$= \frac{1}{n} \{(x_1 - \bar{x})^2 + (x_2 - \bar{x})^2 + (x_3 - \bar{x})^2 + \cdots\cdots + (x_n - \bar{x})^2\}$

A群の分散

$= \frac{1}{10} \{(4-5)^2 + (4-5)^2 + (4-5)^2 + (5-5)^2 + (5-5)^2 + (5-5)^2 + (5-5)^2 + (6-5)^2 + (6-5)^2 + (6-5)^2\}$

$= \frac{1}{10} \{(-1)^2 + (-1)^2 + (-1)^2 + 0^2 + 0^2 + 0^2 + 0^2 + 1^2 + 1^2 + 1^2\}$

$= \frac{1}{10} \times 6 = 0.6$

---

10) 最大値と最小値の距離のこと。範囲＝最大値－最小値で求められる。A群の最大値は6，最小値は4なので，最大値と最小値の差である2がA群の範囲，同様にB群は8である。範囲を用いるとB群のほうがばらつきは大きいことを数値で表せる。

B群の分散

$$= \frac{1}{10}\{(1-5)^2+(2-5)^2+(3-5)^2+(4-5)^2+(5-5)^2+(5-5)^2+(6-5)^2+(7-5)^2+(8-5)^2+(9-5)^2\}$$

$$= \frac{1}{10}\{(-4)^2+(-3)^2+(-2)^2+(-1)^2+0^2+0^2+1^2+2^2+3^2+4^2\}$$

$$= \frac{1}{10}\times 60 = 6$$

　計算手順を追って考えよう。式の（　）内は偏差の計算である。注目して欲しいのは偏差を合計する前に二乗していることである。この理由は次の通りである。偏差を求めると，平均値[11]より観測値が大きな場合は＋（プラス）の値，小さな場合は－（マイナス）の値になる。実は，あらゆる分布の偏差和はこれらの＋（プラス）と－（マイナス）が相殺し必ず0になってしまうのである（実際にA群とB群の偏差和を求めて確かめてみよう）。相殺するのは，偏差が－（マイナス）になる項があるからである。これを回避するには加算する前に二乗すればよい。こうすると，たとえ偏差が－（マイナス）の値でも「－（マイナス）」×「－（マイナス）」で「＋（プラス）」になり，全ての項を＋（プラス）の値にできる。偏差の二乗を合計して求めたこの｛　｝の中の偏差平方和は，平均から離れた値が多いほど，つまり分布のばらつきが大きいほど大きな値になる。

　ただし偏差平方和は，分布のばらつきだけでなく人数の多さにも左右されてしまう。偏差の二乗は必ず＋（プラス）の値になるので，10人より1000人の合計の方が，項が増える分だけ大きな値になるのは当然である。このように，人数が増えることで値が大きくなってしまう分を偏差平方和から取り除くためにされているのが，｛　｝の前に$\frac{1}{n}$をかけることである。これは，偏差平方和を人数で割り，一人あたりのばらつきに換算していることになる。このように求められた分散を用いれば，たとえ標本の人数が何万人でも標本の人数が異なる分布同士でばらつきの比較が可能になる。

　標準偏差（Standard Deviation: SD）　分散はばらつきの測度としては適切だが，計算途中で偏差和が0になるのを回避するために偏差を二乗しており，値の大きさを解釈するのが難しい。そこで分散の途中で二乗した処理をもとに戻すために平方根をとって[12]単位を平均値と同じにそろえたものが標準偏差（s，あるいはSD）である。標準偏差は平均値から観測値の一人あたりの標準的なズレだと考えることができる。

　A群の標準偏差 = $\sqrt{0.6} = 0.8$　　B群の標準偏差 = $\sqrt{6} = 2.5$

　このように，分布の特徴を数値化することで複数の分布同士の比較が容易になる。抜き打ちテストの例では，標準偏差が1以内ならひたすらドリルに取り組ませ，標準偏差が2以上なら能力の差を考慮して個別指導する，といった基準を設けるなど，様々な集団に対して分布の特徴を効率的に見分けて対応できるようになるだろう。

---

11) 平均値は「平らに均す値」と書くように，例えば図7-2のような分布図の横軸が，ある値を支点としたシーソーのようなものだとすると，ちょうど左右を釣り合わせる支点となるのが平均値である。したがって，平均値とは偏差和を0にする値だとも言える。

12) 例えばあるクラスの身長の分散を求めた場合，身長の偏差の二乗は，いわば「長さ（cm）の二乗」であり「面積（cm²）」になってしまう。しかし，二乗したのは身長のばらつきを面積として求めるためではなく，ただ単に偏差和が0になるのを防ぐためである。この二乗処理を元に戻すために，平方根をとる。

3. 推測統計

記述統計はあくまでも調査対象者の全体的特徴を把握するための方法だが，推測統計は一部のデータをもとに，その一部の人たちの背景にいる本当に知りたい対象全体（母集団）を推測する方法である。この節では推測統計を用いる際の考え方について理解を深めたい。

(1) 母集団と標本

母集団とは，調査や研究対象の全体（全集合）を指し，研究者の関心に応じて決まる。日本人の成人全体の年間飲酒量を知りたい場合は「日本人の成人全体」が母集団であり，日本人の二十代男性全体の年間飲酒量なら「日本人の二十代男性全体」が母集団となる[13]。

母集団分布を調べる最も適切な方法は全数調査[14]だが，全ての対象者を調べるのは経済的，物理的に困難な場合がある。そこで行われるのが標本調査である。標本調査とは母集団分布の推測を目的に，母集団の一部である標本の特徴を調べることを指す。例えば日本の成人の飲酒傾向を知るために日本の成人全員を調査するのが全数調査，その中から例えば100人を選んで調査を行うのが標本調査である。標本調査の長所は全数調査に比べて実施コストが少ないことだが，一部しか調査しないため誤った結論を導く危険性がある。この危険性をコントロールする方法が推測統計である。母集団ではなく標本を対象に調査を行う場合には基本的に，推測統計を必要とする。

(2) どのような標本とるべきか

もちろん，どのような標本でも推測統計を用いれば母集団の特徴を推定できるわけではない。例えば日本の成人全体の一日当たりの飲酒量を知りたい場合，標本が新橋のサラリーマン100人であれば適切な推定が行えない。その標本は明らかに偏っているからである。したがって母集団の推定には，研究者が知りたい変数の分布が母集団の分布と同じ割合になっている標本を用いるべきである。このような標本を「偏りのない標本」と呼ぶ。

(3) どのように標本をとるべきか

偏りのない標本を取るための方法には母集団から無作為標本（ランダム・サンプル）を取るというものがある。無作為標本とは，母集団を構成する全ての個体が同じ抽出確率になるように，母集団から無作為（ランダム）に抽出された標本である。無作為標本をとる方法の一つに単純無作為抽出法がある。これは，例えば人数が100人の無作為標本を抽出する場合，母集団の全員にID番号をつけ，それに対応する番号を書いたくじを作って箱などに入れ，100回くじを引くという方法である[15]。全員分のくじを作るにはコストがかかるので，一般的には抽出する標本の数だけ表7-2のような乱数表から番号を選ぶ方法が使われる。乱数表は0〜9までの数字が無作為に並んだ表である。この方法では，まず乱数表の開始点を決める。例えばサイコロを二回振り，3と5が出た場合，乱数表の3行目の5列目の数字6を開始地点とする方法などがある。そこから3ケタのIDを選ぶ場合は673番が一人目，二人目は673の

---

[13] 母集団分布の特性は分布の平均「μ（ミュー）」，分散「σ^2（シグマ二乗）」や標準偏差の「σ（シグマ）」という指標で表わされる。これらの指標は$\bar{x}$，s^2やsなどの「標本統計量」に対して，「母数（パラメータ）」という。

[14] 母集団を構成する対象全てに対して調査を行うこと。

[15] 次のくじを引く前に，前回のくじを箱に戻して全ての調査対象者が標本として選ばれる確率を等しくする方法を復元抽出法，引いたくじを箱に戻さない方法を非復元抽出法と呼ぶ。理論的には復元抽出法が適切だが同じ人が複数回選ばれてしまう可能性があるため実際には非復元抽出法がとられることが多い。

表7-2　乱数表の例
(M.K. ジョンソン・R.M. リーバート　西平重喜・村上征勝　統計の基礎―考え方と使い方―より一部を引用)

03991	10461	93716	16894	66083	24653	84609	58232	88618	19161
38555	95554	32886	59780	08355	60860	29735	47762	71299	23853
17546	73704	92052	46215	55121	29281	59076	07936	27954	58909

3の次の7からいくつ目を開始点にするか再度サイコロを振って決め，新たに3ケタの番号を抽出する[16]。ただし，無作為抽出法は，正確には偏りのある標本をとる可能性を最小限にする方法に過ぎないので注意が必要である。

これ以降の推測統計の話は，標本は無作為抽出されていることを前提とする。

(4) 標本誤差

それでは，偏りが最小限に抑えられた標本は母集団と同じ分布なのだろうか。残念なことに，いくら無作為標本でも安易に母集団と同じ分布だとはみなせない。たまたま偏った標本をとってしまう確率はそれなりにあるからである。例えばS大学の男子学生の平均身長を知るために，学籍簿をもとに100名の無作為標本を繰り返し抽出しても，一回目の調査結果と二回目の結果は完全に一致することはほとんどない。さらに回数を重ねたところで各調査の平均値が近い値にはなっても，全く同じ値になることはほとんどない。その理由は，無作為標本も偶然によるばらつきを持つからである。したがって母集団分布が手元にある標本と全く同じ分布だと結論付けることはできない。このように無作為抽出をしたにもかかわらず，偶然生じる標本と母集団のズレを標本誤差（サンプリングエラー）と呼ぶ。

(5) どのように母集団を推定するのか　推測統計のロジック

すでに頭が混乱してきた読者もいるかもしれないが，これ以降はさらに抽象的な議論になる。この章のはじめに述べたように一度の学習だけではなかなか理解できないのが統計である。一回目はよくわからなくても，二回，三回と読むうちに少しずつ理解できることもあるので，諦めずに読んでほしい。

ここまでの議論から，標本誤差があるため，手元の標本から直接は母集団を推測することができないとわかった。しかし，実は推測統計では，この「無作為標本にも偶然のズレが生じる」ことを母集団分布の推定に利用する。ここからは，推測統計ではどのような考え方を使って母集団分布を推定するのかを説明していく。

1) 標本誤差が起こる確率

手元にあるのは，偏りが最小限に抑えられた，とはいえ母集団の平均値からは多少のズレを持つ無作為標本である。推測統計では，標本の平均と母集団平均の間に生じるズレの大きさと，その大きさのズレが起こる確率についての次のような関係性を利用する。それは，小さなズレならよく起こり（起こる確率が高い），大きなズレはめったに起こらない（起こる確率が低い）というものである。例えば，某国の成人男性の身長の母集団平均が（本来は知ることができないが）185cmだったと仮定する。このとき100名の無作為標本をとり，平均が標本誤差によって，母集団平均から0.5cm離れた184.5cmまでの範囲に入る確率と，20cmも離れた165cm以下になる確率の二つを比べた場合，どちらの起こる確率が高

---

[16] このときもしID番号が001〜200の200人分を抽出しようと考えていた場合673番は存在しないので，この番号は使わず次の開始位置から改めてID番号を選び直す。

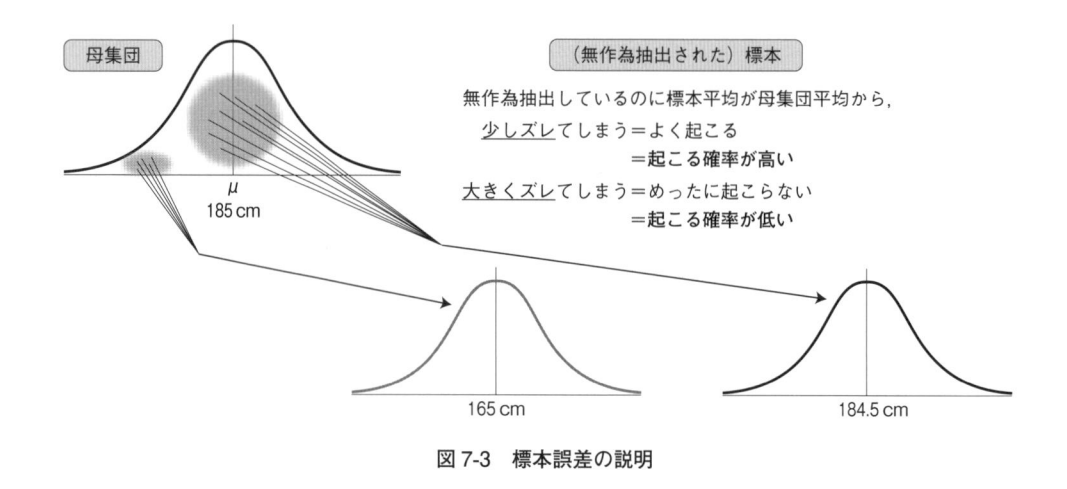

```
                    母集団                          （無作為抽出された）標本
                                         無作為抽出しているのに標本平均が母集団平均から，
                                              少しズレてしまう＝よく起こる
                                                      ＝起こる確率が高い
                          μ                   大きくズレてしまう＝めったに起こらない
                        185cm                        ＝起こる確率が低い


                              165cm                    184.5cm
                              図7-3 標本誤差の説明
```

いだろうか（図7-3）。標本は偏りを最小限に抑えた方法で選ぶので，小さいズレのほうがより起こり易い。詳しい方法は説明しないが，実は，この母集団の平均と無作為標本の平均とのズレの距離を明らかにできれば，「その距離のズレ」が起こる確率は計算で求められる。それぞれのズレの大きさに対応した確率を分布で表現したものを標本分布[17]と呼ぶ。

　しかし，そもそも母集団の分布を知るために標本調査を行うので，母集団平均と標本の平均のズレの大きさも，ひいてはそのようなズレが生じる確率も実際には知ることができない。ここで逆転の発想が必要になる。確かに母集団平均を知ることはできないが，図7-3の例で見たように「母集団平均は185cm」というように，母集団平均についての厳密な仮定を置きさえすれば，その仮定された母集団平均が正しい場合に，手元にある標本が標本誤差で得られる確率が高いか低いかを知ることは，できるのである。

2) 母集団分布についての仮定が正しいかを判断する

　そこでまず，母集団についての仮定を置き，上で述べた「母集団平均についてのある仮定を置いたときの，手元の標本の起こり易さ」を，その母集団分布の仮定が正しいかどうかを判断する道具として使うのである。やはり例で考えよう。A君が「某国には高身長の人が多い」という噂を聞いて「某国の成人の身長の母集団平均は185cm」という仮定を立てた。しかし実際に某国の様々な場所で人々の身長を記録したら，標本の平均が母集団平均185cmから20cmも離れた165cmだった，という場合を考えてみよう。このとき，「本当は『この国の人たちは高身長』だが，A君の会った人たちが偶然身長の高くない人たちだった」と，仮定の方を信じて標本平均は偶然大きくズレたと考えるべきか，それとも「『高身長』という噂に基づいた仮定の方が誤りで，本当は身長が高くない」と得られた標本の方を信じて，仮定が誤りだったと考えるべきだろうか。ためしに，この結果がどう解釈できるか考えてみよう。この調査は某国の様々な場所で行われたことから，手元の標本は偏りのない標本だと想定できる。しかし偶然による誤差でその平均値は母集団分布の平均とぴったり同じにはなっていない。したがって，母集団分布の仮定が正しいとすれば「手元にある標本の平均165cmは，母集団平均の仮定185cmとは20cmも離れているけれどこれは『標本誤差によるものだ』」ということになるが，果して，この解釈は正しいのだろうか。

---

[17] ある母集団を仮定した場合に，大きさnの標本を無限回ランダムサンプリングした場合に得られる標本統計量（例えば$\bar{x}$）の確率分布。$\bar{x}$の標本分布であれば平均μ，分散$\frac{\sigma^2}{n}$，標準偏差$\frac{\sigma}{\sqrt{n}}$で分布する。nが十分大きい場合は中心極限定理により，正規分布することが証明されている。ここでは紙面の都合上，詳しい説明は避けるが，この標本分布は標本統計量をもとに母集団分布の推定を可能にする重要な理論分布である。

これを判断するために用いるのが「無作為抽出された標本が，標本誤差によって母集団平均の185cmから20cmも離れた165cmになる」という現象が起こる確率である。手元にある標本が標本誤差のみで20cmもズレる確率はかなり小さい。したがって「母集団平均は185cmである」という仮定が本当に正しいとすれば，「めったに起こらない現象」が偶然起こった，ということになる。推測統計ではこのような場合，「無作為抽出したにもかかわらず，母集団平均の185cmから20cmも離れた標本が標本誤差で得られる，という『めったに起こらないこと』が今まさに起こっている」と考えるのではなく，「研究者によって"勝手に"立てられた『仮定』の方が間違っていた」と考える。したがってA君が信じた噂は誤りだと判断される。こうした方法を使えば，少なくとも母集団分布の仮定が間違っているかどうかは判断することができるだろう。

3）なぜ「正しいか」ではなく「誤っているか」を判断するのか

このように推測統計では「母集団分布の仮定が誤りであるかどうか」を判断することで，間接的にその仮定が正しいかどうかを判断する。「なんて回りくどい！」と思った読者も多いだろう。なぜ素直に「正しいかどうか」を確かめないのだろうか。これにもきちんと理由がある。例で考えてみよう。「某国の平均身長は185cm」という仮定のもと，抽出した無作為標本の平均が180cmだったとする。この場合，母集団分布についての仮定は「正しい」と言えるだろうか。「母集団の平均は185cmだが，標本誤差で180cmになってしまった」という現象が起こる確率はそれなりに高いと考えられる。では今度は同じ標本の平均（180cm）が得られたが，母集団平均は175cmと仮定していた場合はどうだろう。この時も「母集団の平均は175cmだが，標本誤差で180cmになった」と考えることができてしまう。このようにある標本の平均が180cmだった場合に，その母集団の平均は185cmである可能性も175cmである可能性も高く，一つの値に特定することはできない。つまり母集団平均の仮定からあまり離れていない標本平均が得られた場合，母集団平均の仮定には，理論上，いくつもの異なる候補が存在するため，特定の一つの値が正しいと結論づけられないのである。それに対して「『某国の平均身長は185cm』だった場合には，標本の平均が母集団の平均から20cmも離れた165cmになってしまう」現象が「めったに起こらない」とは言うことができ，少なくとも「『某国の平均身長は185cm』というのは，相当ありそうもないから誤りだ」と結論付けることはできるのである。このような制約から，推測統計においては母集団分布についての仮定を否定することしかできない。つまり推測統計では母集団分布についての仮定を立て，その仮定が正しい場合に手元にある標本が得られる確率を求め，その確率が極めて低い場合には，その仮定が間違っていたと判断するのである。

ここで問題となることが二つある。それは「どのような仮定を立てるべきか」という問題と，「母集団分布の平均についての仮定と，標本の仮定がどのくらい離れていたら『めったに起こらない』と判断できるのか」という問題である。

4）どのような仮定を立てるべきか―帰無仮説―

例えばA君は「某国の成人男性の平均身長が日本人男性の平均身長171cmより高い」と考えており，調査の結果，標本の平均は180cmだったとしよう。推測統計は「仮定が正しい」と言えない道具なのだから，A君は自分が主張したい「某国の成人男性の平均身長が日本の成人男性の平均171cmより高い」という仮定を立てられない。そこで推測統計では「本当に主張したいこととは逆の仮定」を立てるのである。すなわちこの場合には「某国の成人男性の平均身長が日本の平均171cmと同じ」という仮定を立てる。この本当に主張したい母集団分布についての仮定を「研究仮説」と呼ぶのに対し，研究仮説が正しいかを確かめるためだけに立てる，研究仮説とは逆の仮説を「帰無仮説」と呼ぶ。仮説が誤りかを確かめるためには，帰無仮説（「某国の成人男性の平均身長は日本と同じ」）が正しい場合に標本誤差によ

って標本の平均が180cmになる確率を求めることになる。この「ある帰無仮説が正しい場合に，手元にある標本が得られる確率」を p 値（p-value）と呼ぶ[18]。この p 値を求め，その値が極めて小さい場合，すなわち「『本当は某国の成人男性の平均身長は日本と同じだが，今回の調査では偶然背の高い人ばかりと出会った』という現象が起こることは，めったにない」とわかったら，『某国の平均身長は日本と同じ』と考えていたのが誤りで，『某国の平均身長は日本より高い』」と結論付けられる。このようにある仮説（この例では「某国の平均身長は日本と同じ」という帰無仮説のこと）を誤りだと判断することを「棄却する」と言い[19]，その反対に正しいと判断することを「採択する」と言う。研究仮説と帰無仮説はいわば表裏一体の関係にあり，帰無仮説が棄却されれば研究仮説が採択され，帰無仮説が棄却できない場合には，帰無仮説が採択されて研究仮説が棄却されることになる。逆に言えば，帰無仮説を立てる際は，「その帰無仮説が棄却されたときに，研究仮説が採択されたと言えるような仮説を立てる」のだと考えればよい。無に帰すために立てられるのが，帰無仮説である。

5）どのくらいの確率なら「めったに起こらない」と判断するのか　有意水準[20]

それでは，p 値がどのくらい小さければ「めったに起こらない」と判断できるのか。この帰無仮説を棄却するか否かの基準となる確率の値は，有意水準（α 値）と呼ばれており，非常に小さな値が用いられる。一般的には，0.05[21] や，0.01，0.001 という数値が用いられる。すなわち，仮定した帰無仮説が正しい場合に，手元にある標本の平均が得られる確率を計算によって求め，その確率（p 値）が 0.05 未満ならば「帰無仮説は誤りである」と判断する。帰無仮説の棄却は，研究仮説の採択を意味するため，この場合にはもともと立てていた研究仮説「某国の平均身長は日本より高い」が支持されたことになる。

6）推測統計の手順のまとめ

以上が，推測統計の考え方である。どのような手順で推測統計が行われるかをまとめておこう。

推測統計を行う前に，自分が調査したい母集団が何かを定め，研究仮説を立てる必要がある。そして全数調査が不可能な場合に，図7-4のような手順で推測統計を行う。

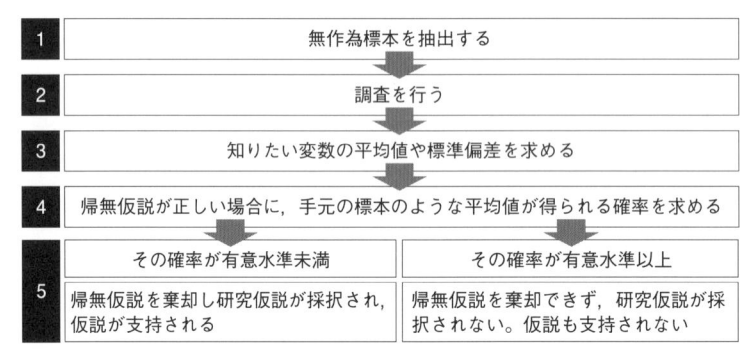

1	無作為標本を抽出する
2	調査を行う
3	知りたい変数の平均値や標準偏差を求める
4	帰無仮説が正しい場合に，手元の標本のような平均値が得られる確率を求める
5	その確率が有意水準未満 → 帰無仮説を棄却し研究仮説が採択され，仮説が支持される / その確率が有意水準以上 → 帰無仮説を棄却できず，研究仮説が採択されない。仮説も支持されない

図7-4　推測統計の手順

---

[18] p は確率（probability）の頭文字である。

[19] 研究仮説と逆方向の標本が得られたら「ある国と日本は平均身長が同じ」という帰無仮説のもとで，研究仮説とは逆の「日本より低い」という標本が得られ，p 値が極めて小さければ確かに帰無仮説は棄却されるが，「ある国の平均身長は日本より高い」ではなく，「日本より低い」という結論になる。

[20] 「有意」とは「意味の有る」ということである。標本の平均と母集団平均との間に生じた差が，標本誤差ならば「（偶然によって生じた）意味のない」差だといえるが，標本誤差ではないと判断できるならば，帰無仮説が誤りであることによって生じた，「意味のある差だ」ということになる。

[21] この 0.05 という値に理論的根拠はない。統計的な慣習としてよく用いられるというだけである。社会学では 0.10，医療分野では 0.01 などの値が採用される場合がある。有意水準が 0.05 ということは，本当は帰無仮説が正しい場合でも 100 回調査を行えば，5 回は手元の標本が得られることがあることになる。したがって，100 回に 5 回未満は「帰無仮説を棄却する」という間違いを犯す可能性があることに注意してほしい。

この章では，卒論やレポートを書くときに統計を使うなら最低限知っておきたい用語と，統計の背景にある考え方について述べてきた。紙面の都合上，統計という道具の詳細な使い方まで説明することはできないが，ここまで説明してきた平均値，分散，標準偏差，推測統計の考え方について理解し，その証拠として他の人に説明できる力を身に着けることができれば，計算が得意なだけで統計の考え方を理解していない人よりもはるかに統計を理解していると言える。繰り返しこの章を読み，さらに他の人と話し合い，自分自身の理解を深めてもらいたい。

文献

Johnson, M. K., & Liebert, R. M. (1997). *Statistics: Tools of the behavioral science.* Englewood cliffs, NJ: Prentice-Hall.（M. K. ジョンソン・R. M. リーバート　西平 重喜・村上 征勝 (訳) (1978). 統計の基礎―考え方と使い方　サイエンス社）

森 敏昭・吉田 寿夫 (1990). 心理学のためのデータ解析テクニカルブック　北大路書房

コラム6　算数でつまずいてしまった人でも統計を学ぶために

統計ではΣ（シグマ）記号がしばしば登場する。中にはΣを見るだけで考えたくなくなったり，Σを使うとかえってわかりにくいと思う人もいるだろう。しかしΣの意味は，しっかり聞けばそれほど難解ではない。ここでは，本文にも出てきた次の分散を求める式を例に，Σの意味を説明していこう。

$$S^2 = \frac{1}{n}\left\{(x_1-\bar{x})^2 + (x_2-\bar{x})^2 + (x_3-\bar{x})^2 + (x_4-\bar{x})^2 + (x_5-\bar{x})^2 + \cdots\cdots + (x_n-\bar{x})^2\right\} \quad \cdots\cdots 式1$$

この式1の｛　｝内を，計算の順に従い言葉で表すと次のようになる。「1番さんの観測値から平均を引いて，その値を二乗する，2番さんの観測値から平均を引いて，それを二乗する，3番さんの観測値から平均を引いて二乗する，4番さんの観測値から……n番さんの観測値から平均を引いて二乗する。そして，それらをすべて足し合わせる」。「……」で省略してあるが，このように全員（＝n人）について，一人ひとりの観測値に対して何をしてから足し合わせるか説明するのはとても面倒である。だから通常は次の①②のように
　①ある人の観測値から平均を引き，それを二乗する。
　②同様のことを全ての人に行い，それらを全て足し合わす。
全ての人に同じことをするのだから，一人分だけ説明して，「同様のことを全ての人たちに行う」と言うだけで，言われた人も分かってくれるだろう。
　だとすれば，式でも同様に省略してよいだろう。それがΣを使った式2である。

$$S^2 = \frac{1}{n}\sum_{i=1}^{n}(x_i-\bar{x})^2 \quad \cdots\cdots 式2$$

上の「①ある人の観測値から平均を引き，それを二乗する」を表すのが，Σの後ろに書かれている$(x_i-\bar{x})^2$である。ただし一人に対してではなく，人を替えながら同じことをするので，x_iで表している（iは1, 2, 3,……という順番の数字が入っていくときに使われる）。

そして，「②同様のことを全ての人に行い，それらを全て足し合わす」を表しているのがΣである。なぜΣなのかを考えてはいけない。その問いは，なぜ5を「5」という形で表すのかと同じくらい不毛である。誰かがそう決めて，皆それにならっているだけである。

Σの上と下の記号は，iが何から始まり何で終わるかを示している。すなわち「同様のことをどこからどこまでして，足し合わすのか」である。Σの下にある「$i=1$」は**始める観測値の番号**を示している。x_iのiが1なので始まりはx_1となる。それに対してΣの上には同様の処理をする最後の**観測値の番号**が示されている。そこがnなので最後はx_nとなる。これらにより，式2のΣは「$x_1, x_2, x_3, \ldots, x_n$について同様のこと（Σの後の式の処理）を行い，それらを足し合わす」ということを表す記号になっている。

このようにΣの意味について考えてみると，「見ただけで考えたくなくなる」と言うほど難解な記号でもない気がしないだろうか。Σは「面倒を減らすための」記号なので，使わない手はない。もしわからなくなってしまったら，またこのページに戻って確認すればよいので，理由もなくΣを嫌うのはここで止めてしまおう。

コラム 7　統計ソフトの使い方

　卒論などで数量的研究を実施するためには，統計学だけでなく，統計ソフトの使い方もしっかりと学んでおく必要がある。そのため多くの社会科学系の大学では，1，2年次で統計学を学んだ後，引き続き，SASやSPSSなど何かしらの統計ソフトの使い方を演習形式で学ぶことになる。しかし，統計学を嫌う学生の中には，統計ソフトの操作にも苦手意識を抱き，その結果，演習の途中で躓いてしまう者もいる。そこで本コラムでは，統計ソフトの使い方を少しでもスムーズに身に付けるためのコツをいくつか提案する。

　統計ソフトにも様々な種類がある。マウス操作で分析できるもの（例えば，SPSS）から，キーボードを使って分析プログラムを入力する必要があるもの（例えば，SAS）まである。演習において，後者のタイプのソフトを学ぶことになった場合，各プログラムがそれぞれどのような処理を命令するものなのか，一つひとつ丁寧にメモを付けよう[1]。メモを読み返せば，たとえプログラムの量が膨大になっても，各プログラムがどのような処理を命令するものか簡単に思い出せる。言葉を選び，丁寧なメモを書くように心がけることは，それ自体，自分が理解していることの整理となり，記憶の定着にも役立つはずである。卒論で数量的研究を実施している自分自身をサポートするつもりで，しっかりとメモを付けておこう。

　続いて，これはどの統計ソフトにも共通して言えることだが，その使い方を学ぶ際には，分析の下準備（例えば，データの入力，エラーチェックなど）から，統計検定（例えば，分散分析など），その結果の報告の仕方（例えば，統計情報の読み方など）といった，実践に沿った一連の流れを実際に体験しておこう。この流れをしっかりと理解しておかなければ，自分一人で分析を実施しようとしても，どうしたらいいのか分からず身動きが取れなくなる。演習中に，習っている内容が分からなくなってしまった場合には，放置せず，教員や友人に助けを求めよう。そして，授業後にしっかりと復習してから，次回の演習にのぞもう。

　最後に，統計ソフトの使い方を身につける最大のコツは，なんと言っても"使い方が分からなくても諦めず，その統計ソフトに触れ続ける"という心構えをもつことである。統計ソフトは，あくまでも人間の代わりに高度で複雑な統計処理を実施してくれる道具でしかない。道具は，使えば使うほど手に馴染み，その使い方が分かってくるものである。近年，無料でありながらも高度な分析が実施できる統計ソフトである"R"に注目が集まっている[2]。RはPC以外に，USBメモリにもインストールできるため，気軽に持ち歩くことができる。また，様々なサンプルデータが最初から備わっているため，手元に自分のデータがなくても分析の練習ができる[3]。Rの基本的な操作法を綴ったテキスト（村井，2013）だけでなく，Rを使って統計学を学ぶテキスト（山田・杉澤・村井，2008）などが，これまで数多く出版されている。演習以外にも，これらのテキストを使って，日頃から統計学と統計ソフトの使い方を一緒に学んでみるといった一石二鳥型の自習方法もオススメである。

 1) 例えば，SASにはプログラム中にメモを挿入できる機能が備わっている。
 2) 学習や非営利の学術調査目的のみ利用できるという制限はあるが，最近，無償版として提供されたSAS University Edition <http://www.sas.com/ja_jp/software/university-edition.html> も便利である。
 3) 詳しくは，Rの情報サイトであるRjpWiki <http://www.okadajp.org/RWiki/?RjpWiki> を参照されたい。

文献
山田 剛史・杉澤 武俊・村井 潤一郎（2008）．Rによるやさしい統計学　オーム社
村井 潤一郎（2013）．はじめてのR：ごく初歩の操作から統計解析の導入まで　北大路書房

8章 質的研究の考え方

　6章では，量的研究の考え方について検討してきたが，この章では，質的研究の考え方について考える。

　まずは，6章の復習をしてみよう。量的研究の特徴は大きく分けると，次の3点にある。その1つは，量的研究，その中でも実験研究は，実験者が独立変数を操作することで，独立変数と従属変数との因果関係を明らかにすることに特徴がある。2つ目に，量的研究は，大きな集団（母集団）からサンプル（標本）を取り出し，そこから集団の特徴を確率的に推測することに特徴がある。更に3つ目として，量的研究から明らかになることは，大きな集団に普遍的にあてはまる法則を明らかにすることにある。すなわち，量的データを分析する心理学の多くは，一般に，人間（ヒト）という種に共通してみられる普遍的な心的特徴とでも言うべき真実への接近を目指している。またその場合，個人は，集団の中での相対的な位置づけによって捉えられる。

　これに対し，質的研究は1つ目に，量的研究において分析される客観的な因果関係ではなく，人間がある出来事とほかの出来事との間に見出す主観的な因果関係，すなわち，解釈や物語としての因果関係を明らかにする。2つ目に，質的研究は，サンプルから集団の特徴を確率的に推測するのではなく，集団の特徴を典型や規範として描き出す。3つ目に，質的研究は，人間に関する普遍的な真実を明らかにすることより，むしろ，ローカルな状況や環境によって変化し得る心的特徴や人間の多様性を明らかにすることを志向している。したがって，個人は，ある状況や環境におけるその人に特有なふるまいや発話によって特徴づけられることになる。質的分析を行う研究者は，母集団のサンプルとして一般化される人間ではなく，目の前にいる，ある特定のその人に関心があるのであり，その人が世界の中でどのようにふるまい，どのように生きているかに注意を向ける。そして，その人のこころや行為を丹念に探究していくことで，研究者は，個々人のこころや行為に接近していく方法を体得していくのである。

　以下の節では，こうした質的研究の世界観や人間観の特徴について述べる（1節）とともに，質的研究の背景となる様々な考え方（2節）や質的分析における対話の重要性（3節）について検討する。なお，この章では，実習において質的データを実際に採ったり，採ったデータを分析する具体的方法については触れていない（質的データの具体的研究方法については，第Ⅲ部12章「質的研究の研究計画と方法」を参照して欲しい）。むしろ，ここでは，実際にデータを採り分析することが作業の中心となってしまう実習の時間内ではなかなかゆっくり話を聞いたり考えたりすることができない，質的データを採り分析する際の思考方法の特徴や背景となる考え方について触れることとする。

1. 質的研究の世界観・人間観

　質的研究といっても実に様々な研究があり，唯一これだと言える研究方法が存在するわけではない。

しかしながら，その世界観・人間観にはある程度共通した特徴がみられる。ここでは，そうした質的研究の世界観・人間観について量的研究の世界観・人間観と対比させながら概観する。

(1) 質的研究の世界観

量的研究では，普遍的・絶対的・一元的な世界観を前提にする場合が多い。これは，ニュートン物理学にみられるような，近代の自然科学的世界観と共通している。近代の科学は，普遍的・絶対的な自然の法則や真実を明らかにすることを目指してきた。

これに対し，質的研究では，私たちが生活する世界は唯一絶対なものとは必ずしも考えていない。世界に対し様々な見方が可能であり，多種多様な描き方が可能である。能智（2011）はこれを，世界を表す「地図」に例えている。三次元の球体である地球を二次元の地図上に表すために，私たちは様々な表し方を作り出してきた。例えば，16世紀にベルギー出身のメルカトルによって開発されたメルカトル図法では，緯度と経度が直行するよう世界は描き出され，一方，19世紀にドイツのモルワイデによって開発されたモルワイデ図法では，面積が正しく描き出されている（図8-1）。こうした地図は，メルカトルやモルワイデといった地図を作成した個々人の世界の捉え方に影響を受けているだけでなく，その地図が作られた当時の社会や文化によっても影響を受けている。例えば，メルカトル図法が開発された頃，西欧は大航海時代を迎え，羅針盤による航海の必要性が高まっていた。そのため，地球の全ての部分の角度が正しく表され，図上の2点を結ぶことによって船舶の航路を決定することが可能なメルカトル図法は，まさにそうした社会の要請に応える地図であった。一方，モルワイデ図法は，植民地の広さや資源分布を正確に表す必要性と関係している。更に，20世紀に入ると航空機による移動が可能となり，最短の飛行経路（大圏コース）を直線で表すことができる正距方位図法が使われるようになった。この図法それ自体は16世紀に既に開発されていたが，社会や技術の変化に伴い，最短経路を直線で表すことができるこの図法が役立つこととなった。このように，世界は様々な形で表すことが可能であり，そこには，正解／不正解というものはなく，その描写の仕方は社会や文化のあり方と密接に関わっている。

世界が多様な地図として描かれるように，私たちが生活する世界も多様に描き出すことが可能である。ただし，多様な描き方が可能と言っても，私たちが生活する世界は必ずしも無秩序ではない。そこにはある種の秩序がある。上述したそれぞれの地図は，世界の中にある秩序を見出し，その秩序をもとに世界を描き出している。そして，そうした秩序は，普遍的・絶対的なものというより，むしろ私たちが生活する社会や文化に密接に関連した秩序といえる。先ほどの地図による世界の描き方で言えば，社会や文化のあり方と利用される地図との間には密接な関連性がある。地図による地球の描き方と同じように，

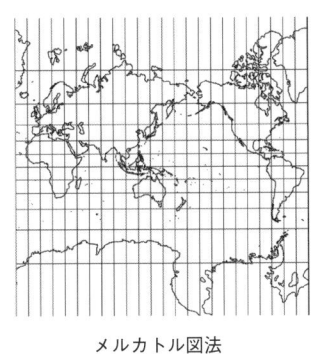

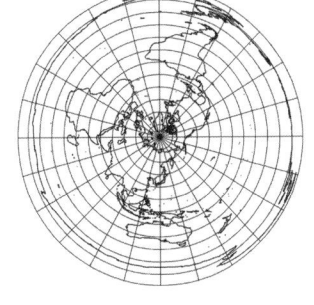

メルカトル図法　　　　モルワイデ図法　　　　正距方位図法

図 8-1　世界の多様な描き方

質的研究では，ある行為がなされる際の文脈（コンテキスト）や，私たちが生活する社会や文化，更にはそうした社会や文化が作られてきた歴史に注目し，世界を描き出すことを目指している。

(2) 研究する人自身を含めた人間観

　仮説検証型の量的研究としての実験や調査において，仮説が検証されるか否かは，あくまでも実際に行われた実験や調査の結果によって決定される。その点において，研究者は，実験や調査の結果が仮説を支持することになるか否かについてあらかじめ知らない。したがって，正しい手続きが採られていれば，研究者の恣意性は排除されることになる。しかしながら，この点を除けば，実験や調査を実施する研究者は，一種の"神"のような役割を果たしている。

　研究者は，実験や調査全体を俯瞰して眺め，それら全体をコントロールする監督や指揮者のような役割を果たしている。実験者は，独立変数をコントロールし，その他の剰余変数が従属変数としての測定値を歪めることがないよう，十分に配慮する。変数間の関係が明らかになるよう実験計画を立てるのは実験者であり，結果の分析方法や手順についても，実験者はあらかじめ知っている。その意味において，実験者は，実験という事態における"神"のような存在である。例えば，記憶実験において，彼らは，実験状況を設定し，記銘されるべきものが何かを知っており，どのように再生・再認すると正しいか，その正解を知っている。また質問紙を作成する研究者は，質問文を吟味し，研究者が意図しない応え方を調査対象者がしないよう十分な配慮をあらかじめ行っている。例えば，「はい」「いいえ」の二択の場合，回答者にはそれ以外の回答は許されない。調査対象者は，研究者の想定する範囲内で応えることが要求される。このように，量的研究では，研究者によってあらかじめ定められた思考の枠組みに従って，研究が進められることになる。

　これに対し，質的研究では，研究者の思考の枠組みに従ってあらかじめ立てられた仮説が分析によって検証される研究スタイルはとらない。むしろ，研究者が先入観を持つことなく，探索的にデータを分析していくことで，そのデータ自体が持つ特徴が浮かび上がってくる研究スタイルをとる。量的研究では，研究者による期待が結果を歪めてしまう危険性を避けるもしくは防ぐ仕組みが，厳密な実験・調査手続きや追試・再実験といったやり方で巧みに作られているのに対し，質的研究では，その危険性を避ける仕組みが備わっておらず，研究者がいかに自身の思考の枠組みに囚われることを防ぐかが重要な課題となる。

　自らの思考の枠組みに囚われることなく分析を行うことは，実際にはかなり難しい作業になる。と言うのは，私たちは，中立的で透明な"神"のような存在には容易になり得ないからである。例えば，この文章を書いている私は，20世紀後半から21世紀にかけての日本文化の中で暮らしながら西欧文化に強い影響を受けてきた中年の男性大学教員である。日頃の生活の中では自覚はあまりないが，私の思考は，こうした私のあり方と密接に関連しているはずであり，分析の際には，意図せぬ内に固定した思考の枠組みから私の思考を意識的に解放するよう心がけることが重要である。そこでは，私自身も1つの偏った見方で現象を見ている存在に過ぎないことを常に自覚する必要がある。

　また，あらかじめ定められた研究者の思考の枠組みに従わないよう心がけることによって，研究する人は，研究対象とされる人たち，すなわち，研究協力者と時に対等な立場に立つことになる。質的研究では，研究者は研究の枠組みを支配する特権的な立場には立たない。その意味においても，研究する人は，"神"の位置から引きずりおろされることになる。研究者も含め，誰も唯一絶対の正解をあらかじめ知っているわけではない。

　それでは，研究者が自分自身の思考の枠組みから解放されるためには，どのようにすればよいのだろ

うか。それには，いくつかの方法が考えられる。1つの方法は，質的研究の背景となる様々な考え方に関する知識を身につけ，特に，量的研究の背景となるモダン（近代的）な知を越えるものとしてのポスト・モダンな知について学び，その考え方を体得するやり方である。次節（2節）では，主にこの点について検討する。もう1つの方法は，データを分析しながら，研究者本人が自分自身の無知や思考の偏りに自覚的になるやり方である。これは後述するリフレクシビティ（reflexivity）といった考え方と関連してくる。3節では，このやり方について，特に対話（ダイアローグ：dialogue）という視点から検討する。

2. 質的研究の背景となる考え方

　前節では質的研究の世界観や人間観について触れたが，こうした世界観や人間観には学問的な背景があり，そうした背景を理解することで，質的研究とは何かという問いを更に深めていくことができる。しかしながら，残念なことに，時間や回数が限られた実習においては，実際にデータを採り，採ったデータを具体的に分析することに，どうしても多くの時間が割かれることになる。そのため，分析や考察の背景となる考え方について十分な説明を受け，そうした説明を十分に理解した上で，じっくり時間をかけて考えながら分析・考察する余裕はないのが実状である。したがって，実習内でのデータ分析・考察は，どうしても直観的・主観的・独善的な分析・考察に止まりがちである。

　そこで，本節では，実習の事前学習・事後学習の手助けとなるよう，質的研究の背景となる主たる考え方について紹介することとする。ただし，質的研究には実に多様な考え方があり，以下に挙げるいくつかの考え方もそれらのうちの代表的なものを，しかも手短に挙げているに過ぎないことを常に心に留めておく必要がある。また，質的研究全般について更に詳しく知りたい方は，質的研究の概説書（能智, 2005; Flick, 2011 小田監訳 2011）や本節において引用される文献を直接手に取って読まれることを是非お薦めする。

　最初に挙げる考え方は，研究者が自らの思考や認識の枠組みに囚われないための方法に関する理論である。この代表的な考え方に現象学（phenomenology）がある。現象学とは，「事象そのものへ」と立ち返り，そこから当事者にとっての経験（現れ）の構造や意味を探究し直す営みを指す（西村, 2013）。

(1) 現象学的なものの見方

　悲しみについて研究する場合，量的研究では，悲しみの程度を5段階や7段階の尺度を用い測定したり，悲しみに関わる複数からなる質問項目を作成し，それがどのような因子から構成されているか，その構造を明らかにしようとする。これに対し，一人ひとり悲しみは異なり，また，同じ人であっても，時と場合によって様々な悲しみがあると考えることもできる。その人にとっての悲しみについて明らかにするためには，その場におけるその人にとっての悲しみとは何か，丹念に探究していく姿勢が大切である。現象学的な見方では，研究者は自身がもっている先入観を排し，事象そのものへと立ち返り，そこから当事者にとっての経験の構造や意味を探究し直すことを目指している。したがって，現象学は，研究の技法ではなく，研究における思考のスタイル，言い換えれば，研究対象に向かう態度の学ということができる。

　主観的な意味の世界を探究する現象学の創始者は，哲学者のフッサール（Husserl, 1913 渡辺訳 1979; Husserl, 1973 浜渦・山口訳 2012）とされる（なお，フッサールの師は，作用心理学を提唱したブレンターノである）。彼によれば，量的研究を中心とする心理学は，世界内部的な人間の意識を問題にする

事実学である。これに対し，現象学は，純粋意識に立ち還っての普遍的反省であり，意識が志向しうる全ての志向的対象の意味を記述解明するのが仕事である。したがって，現象学では，心理学が用いる基本的概念，例えば知覚や想像，情動といった諸概念を常識から借りてきたままの粗雑で曖昧な意味で使うべきでなく，現象学的反省によって検討し直し，その一義的な意味を確定することが必要となる（木田，1970）。特に，フッサールは，その初期において，意識は全て，何ものかについての意識であるという意識の基本的性格を志向性という概念で捉え，これを主題的に問い，深めることによって，認識作用の主観性と認識内容の客観性を橋渡ししようと試みた（なお，後期においては，この問いを更に発展させ，間主観性（intersubjectivity）の問題を主に扱った）。

　1節において述べたように，質的研究では，一人ひとりによる世界の描き方は異なっていると考える。したがって，その人にとって世界がどのように立ち現れるかを明らかにすることが求められる。そこで明らかにされる世界とは，現象学が探究しようとしてきた，主観的な意味の世界といえる。その人にとっての主観的な世界を明らかにすることは，世界の中でその人がどのようにふるまうかを明らかにする。そして，主観的な世界を明らかにするには，探究する事象を外側からではなく，その事象が生み出される内側から探究することが必要となる。

　現象学の考え方に興味をもった方は，現象学の研究者が書いた著作を読まれることをお薦めする。ただし，フッサールやハイデガー（Heidegger, 1927 原・渡邊訳 2003）といった哲学者の本からいきなり読み始めると難解な内容や文体のために挫折してしまう可能性が高い。そこでまずは，現象学の入門書や概説書から読むことがよいだろう（例えば，木田，1991）。また，心理学が扱ってきた現象や対象を現象学の立場から探究した研究としては，メルロ＝ポンティ（Merleau-Ponty, 1967 竹内・小木訳，1967）の現象学やジオルジ（Georgi, 2009 吉田訳 2013）の現象学的心理学などがある。

　さて，現象学においては，実在的なものは記述されるべきであって，構築されたり構成されたりしてはならないと考える。これを反対方向から見るならば，私たちは日頃ものごとを構築したり構成したりしながら生きていることになる。私たちの社会的な営みにおいては，現実は構築されたものとしてあるともいえる。この点に注目した考え方が，次に挙げる言語による世界／現実の構築に注目した考え方である。

(2) 言語による世界／現実の構築に注目した考え方

　人は，言葉を用いて意味の世界を構築している。世界を意味づけるためには言葉が必要であり，言語なくして心理学は成り立たない。しかしながら，量的研究では，現象学的なものの見方の項で触れたように，しばしば言語に対し然したる根拠のない信頼を置き，それを自明なものとして扱い，例えば，言語がどのような場においてどのように用いられるかといった，言語の用いられ方についてはあまり目が向けられてこなかった。先ほど挙げた悲しみという言葉を例にすれば，質問紙において5段階評定で悲しみについて尋ねる場合と，相手が自分の言ったことを理解してくれないと感じた時に発する「悲しい」という言葉や，実際にはそれほど悲しくはないが恋人の関心を引くために舌足らずにつぶやく「悲しい」という言葉はそれぞれ意味づけが異なるはずである。

　言語による世界の構築の仕方に焦点をあてた研究には様々なものがあるが，ここでは，会話やディスコース（談話），物語りの分析に関わる研究を紹介する。

　会話を分析する研究法の一つに会話分析（conversation analysis）がある。例えば，朝，「おはよう」と友だちから言われたら，「おはよう」と返すだろう。「おはよう」と言ったのに，友だちが応えてくれなかったら，調子が悪いのかなと心配したり，あるいは，不快に感じたりするだろう。あるいは，「おは

よう」と言うと，友だちから「おはようってどういう意味？」と尋ねられたら，面食らってしまうだろう。ここには，「おはよう」と言われたら「おはよう」と答えるという暗黙のルールが働いていることが分かる。こうした人々が実際に行っている会話のやりとりにおける暗黙の規則やルールを明らかにする研究法が会話分析である（鈴木, 2007）。会話分析は，日常生活の中で人々が用いる，見たり聞いたりすることができるのに，気づいていない（seen but unnoticed）方法を明らかにする研究法の一つである。この研究法は，人々（"ethno"）が日常生活の中で気づかずに用いている方法（"method"）を探究する学（"logy"）として，エスノメソドロジー（ethnomethodology）と呼ばれている。また，会話分析を始めたサックスは，エスノメソドロジーを創始した社会学者のガーフィンケルから強い影響を受けるとともに，世界をありのままに捉える手段として言語を捉えるのではなく，世界のあり方を言語行為として捉える「言語ゲーム」の考え方を提唱した哲学者のウィトゲンシュタインの影響も受けたとされる。

会話分析は，社会学の一分野であり，社会に存在する暗黙のルールとしての会話の特徴に関心がある。これに対し，ディスコース心理学（discursive psychology）は，そうした暗黙のルールやディスコースの特徴がどのように人々によって用いられているか，特に，「分かる」「悲しい」「覚えている」といった，認知・感情・記憶等の心理学に関わる言葉がどのように用いられているかを明らかにする。1節で述べたように，私たちが世界を描き出す描き方は無数にあるが，その中から，私たちはそれほど意識せずに，ある1つの描き方を選び取り，世界を描写している。ディスコース心理学は，量的研究に代表される従来の心理学が自明なものとしてきた心理学上の問題を，言語やそのやりとりの問題として捉え直す試みでもある。こうしたディスコースを分析する心理学は，社会心理学や認知心理学にとどまらず，臨床心理学の分野などにも発展している（鈴木・大橋・能智, 2015）。

言語に関わる行為は，会話やディスコースにおけるやりとりといった比較的ミクロな単位で分析することも可能だが，より大きな単位での分析も可能である。その1つに物語るという行為がある。物語行為とは，時間的に離れた複数の出来事を時間的秩序に沿って筋立てる行為のことを指す（渡辺, 2013）。例えば，私たちは自らの人生を語るとき，自分の人生を一種の物語として語ることがある。また，現在抱える悩みをカウンセラーに語る時，相談者は自らの悩みをある種の物語として語ることが多い。これまでの人生について多様に物語ることが可能であるにもかかわらず，私たちは，聞き手に対し，ある特定の自己物語として自分の人生を語っている。臨床分野におけるナラティブ・アプローチでは，悩みを生み出す物語の構造や語り方を明らかにしたり，そうした物語を語り直すことで悩みを解消するといった関わりがなされている（森岡, 2015）。

(3) 社会や文化に注目した考え方

従来の心理学では，個体内部に心理学的な現象の原因を求め，その原因を明らかにするために，研究者はできるだけ客観的な立ち位置をとり，外部から内部を見るやり方をとってきた。これに対し，質的研究では，研究者は研究協力者である他者との相互作用を厭わず，むしろ，参与観察（participant observation）やインタビュー（interview），アクション・リサーチ（action research）といった他者と積極的に関わる研究法を採るようになった（やまだ, 2013）。そこでは，聞き手と語り手の相互作用が重要な意味をもち，研究者は，聞き手や語り手が生きる社会や歴史，文化に目を向けるようになった。人と人との関わりは，特定の社会，歴史，文化的文脈の中で生じるのである。

人々の相互作用によって作られる意味に目を向けたのは，社会学におけるシカゴ学派のブルーマー（Blumer, 1969 後藤訳 1991）である。彼が提唱したシンボリック相互作用論では，人は，具体的な他者との相互作用のもとで自分や自分の置かれている状況を意味づけ，そうした意味づけに応じて行為する

と考える。意味は，人々の相互作用のプロセスで生じるものであり，したがって，ものごとの意味は，社会的相互作用の文脈の中で形成され，人々によってその文脈から引き出されることになる。

心理学においては，意味の相互作用に注目し，多様な現実が社会的に構成される際の言語に代表される記号を関係性の機能として捉えた，ガーゲン（Gergen, 1984 永田・深尾訳 2004）の社会構成主義がある。言語に代表される記号は，社会・歴史の所産であり，記号の意味も絶対的な意味は存在せず，関係性における機能として理解される。この意味では，世界の描き方は社会的に構成されたものであり，その構成の様式を吟味することが社会構成主義における心理学となる。先ほど挙げたアクション・リサーチは，ローカルな現場のベターメント（改善，改革）を目指して，その現場の当事者と研究者とが展開する協同的な社会実践であり（永田, 2013），まさに社会構成主義的な研究といえる。

人間の高次精神機能の起源を歴史や社会に求めるヴィゴツキーのアプローチも心理学においては重要である。彼は，心や意識を，言語を中心的な媒介とする社会的プロセスと捉えた。この考え方は，彼の同僚であり弟子であったレオンチェフの活動理論へと発展するとともに，コールやワーチによる社会文化的理論（sociocultural theory）へと更に展開していった。彼らによれば，活動とは，文化の刻印を帯びた物質的道具と（シンボルや記号，特に言語といった）心理的道具を媒介として遂行される人と人，人とモノの目的的な相互作用を意味している（Wertsch, 1991 田島・佐藤・茂呂・上村訳 2004）。

以上，質的研究の背景となる考え方について簡単に紹介した。質的研究とは何か，また，質的研究では何を明らかにすればよいかといった問いに対し，ここで紹介した書籍や論文は重要な示唆を与えてくれるだろう。

それでは，最後に，質的研究を行うにあたっての研究者の姿勢や心構えについて，「対話」という言葉をキーワードに検討していく。

3. 質的研究における対話の重要性

質的研究を実際に行うにあたってのポイントは，研究を行う人が自分自身の偏ったものの見方からいかに脱し，研究対象者のものの見方にどれだけ接近できるかにある。私たちは通常は，自分が見ているように他者も見ていると考えたり，自分が聞いているように他者も聞いていると考える傾向がある。そうした一種の自己中心主義を乗り越えていくことが質的研究では必要とされる。

最も行ってはいけない質的研究（正しくは質的研究とは言えないが）は，研究や分析をする人が結論をあらかじめ先に持っていて，その結論を導き出すために研究や分析を行う場合である。こうした場合，研究する人は研究対象にある種の先入観を持ち，その先入観に気づかぬままに研究を進め，データをその先入観に基づき分類・分析し，その結果，当初自分がもっていた先入観通りの結論を得ることになる。極めて安易で，誤った研究といえる。

量的研究の場合は，仮説検証という枠組みが予め厳密に設定されており，仮説が採用されるか棄却されるかによって論証がなされるが，質的研究の場合は，そうした検証の仕組みがあらかじめ備わっていないために，研究を実施する前に研究者が結論を先に立て，その結論に合うように分析を行ってしまっても，それを検証することが難しい。こうした悪しき質的研究は，実施が容易で，且つ，出てきた結論が一見するともっともらしいため，しばしば行われることになる。

悪しき質的研究に陥らないためには，前節で挙げた質的研究を背後から支える哲学や思想について，しっかり学んでいくことが1つの有効な手立てとなる。そして，実際に質的研究を実施していく際の，

もう1つの有効な手立てとして，以下に述べるような，様々な対話を行いながら，研究を進めていくやり方がある（能智, 2011）。

(1) 自己との対話

これまで述べてきたように，私たちは，知らぬ間に自分の視点からものごとを捉えがちである。例えば，ある女子学生が，大学生と親との関係，特に，父親との関係について明らかにするため，女子学生へのインタビューを行い，インタビュー結果をまとめたところ，自分自身と父親との関係を反映したような結論に至ったとする。こうしたケースでは，研究協力者から話を聞く際に，自分がこれまで体験したことと類似した感情やエピソードに対し過度に共感的になり，そうした感情やエピソードについては更に話を深めていくといったことが生じている場合がある。また，逆に，親子関係に関係する自らの体験や感情と異なっている内容については，あまり関心を示さず，話を深めることもなかったかもしれない。更に，インタビュー記録をデータとして起こしたり，内容を要約する際にも同様の傾向が生じていたかもしれない。観察や面接においては，このように観察者や面接者が自分自身のものの見方からつい他者を見てしまったり，自分自身が持つ枠組みからデータを見てしまうことがある。

そこで，質的研究では，前節で紹介した現象学に代表されるような対象への姿勢をとり，自分自身の視点から対象を捉えてしまうものの見方を越えることが求められる。こうした主観を超越するものの見方は，対象を見ている自分自身を更に見つめる内省の力，すなわち，リフレクシビティ（reflexivity）と言われている。このリフレクシビティには，自分が今どうふるまっており，周りの人がそれをどう見ているのかといった行動のレベル，自分は今何を感じているのかといった感情・認知のレベル，自分の理論的な立場や信念，関心などより高次な思考のレベルなどがある（能智, 2011）。

しかしながら，反省的・内省的にデータや研究を見ることは，必ずしも容易なことではない。また，反省的・内省的なものの見方を行うことによって，これまで自分自身では気づいていなかった，あるいは，意識化することを敢えて避けてきた，自己が抱える問題に直面せざるを得なくなる場合もある。例えば，先ほどの女子学生は，内省的にデータを見ることによって，自身と父親との関係性の問題に気づくことになるかもしれない。

それでは，内省を深めるにはどのようにすればよいだろうか。能智（2011）は，内省を促すためのツールとして，覚え書き（メモ）と図表（ダイアグラム）の利用を勧めている。覚え書き（メモ）は，分析の過程で気づいたことや疑問に思えることを自由に書き留めた文章のことで，長さは数行から時に数ページにわたることもある。一方，図表（ダイアグラム）は，分析途中で自身の思考を整理するため，あるいは，分析結果を他者に伝えるために作られる。こうしたツールを用いることによって，自身が考えたことが可視化・意識化されることで，自らの思考を客観的・反省的に受け止めることが促進される。

(2) 他者との対話

上のようなツールを用い自己との対話を続けていっても，一人で分析を行っていた場合，あるところまで行くと，ぐるぐると同じところに思考が戻ってきてしまい，それ以上思考が進まず，行き詰まってしまうことがしばしば生じる。そうした場合に，自己の固定的なものの見方から脱する方法の一つとして，他者の視点を取り入れることが有効である。他者の見方を取り入れることで，自分ひとりで考えることで飽和した思考を切り替えることや，一人では気づかなかった視点を得ることができる。実習においても，他のメンバーとデータを共有し，データから気づいたことを自由に話し合うことが大切である。実習の他のメンバー以外でも，友だちや先輩，後輩などに対して，自分自身が行った分析結果を示

し，様々な意見をうかがうことも有効な場合がある。

　こうした他者の視点を取り入れたり，他者との対話を通して分析を深めていく方法は，質的研究においては，データ・セッションとして実際に行われている。そこでは，参加者がもち寄ったデータをもとに，そのデータについて自由に意見を言ったり，新たな分析の視点を出し合ったりする。そのことによって，一人では行き詰まっていた分析に，他者の視点が加わることで分析が再び活性化し，新たな分析が可能になる（鈴木・大橋・能智, 2015）。更には，様々な意見や励ましを受ける中で，分析の終着点を見出すことができることもある。

　周りに適当な仲間がいない場合には，先行研究を読み込み，他の研究者の視点から，自分自身が採ったデータや行っている研究を眺めてみるというやり方もある。あるいは，ほかの研究者が行ってきた研究を批判的に検討してみる中から，新たな分析の視点を見出していくことができるかもしれない。

　自己との対話のみに終始すると，質的研究における分析は，とても孤独な作業となってしまう。そのためにも，分析を行う際には，是非，他者との対話を取り入れ，他者との協同的な営みとして，分析作業を楽しんでもらいたい。

(3) データとの対話

　量的研究では，研究者が仮説やモデルをあらかじめ立て，データを分析することによって，その仮説やモデルを検証していくトップ・ダウンの研究法がとられる。これに対し，質的研究では，むしろ，データから事実・知見（findings）を立ち上げ，データの分析を通して，初めてモデルや理論が浮かび上がってくるボトム・アップな研究法がとられることに特徴がある。言い換えれば，質的研究は，データの外部からデータの見方を押し付けるのではなく（外在的分析），データの内部からデータの見方を立ち上げていく研究法と言える（内在的分析）。

　データから何かを新たに立ち上げていくには，データと対話を続けていくことが重要である。データをじっくり繰り返し眺め，先ほど挙げた覚え書き（メモ）や図表（ダイアグラム）を作成することを繰り返しながら，何度ももとのデータに立ち戻り，らせん階段を上るかのように，分析は進んでいく。データは多様な見方が可能であり，繰り返し読み返していくことで，しばしば読みは変化していく。

　こうしたデータとの対話において，しばしば役に立つのは，何かと何かを比較するというやり方である（能智, 2011）。例えば，第Ⅲ部において紹介するGTA（グラウンデッド・セオリー・アプローチ）では，見出しとデータ，カテゴリーと見出し，カテゴリーとカテゴリーなど，様々なレベルにおいて継続的に比較作業が行われていく。また，今回得られたデータを，自分自身がこれまでに行ったほかのデータや，他の研究者が分析してきたデータやそこから得られた理論やモデルと比較することも有効である。更には，心理学の研究として行われたデータを，人類学や社会学，言語学といったほかの学問分野におけるデータや分析結果と比較することも，データとの対話を深めるあるいは展開する際に役立つことがある。

　また，データを分析していくと，複数のデータ間に共通点が見出される場合がある。これにより，1つのデータから得られた知見をほかのデータにおいて検証することが可能となる。逆に，複数のデータ間に食い違いが生じる場合がある。これも大切な視点を提供してくれることがある。先ほど挙げたように，これは一種の比較作業となり，食い違いがどのような点に生じているか，なぜ食い違いが生じているかを考察していくと，分析や考察が深まっていく。

(4) 社会との対話

　質的研究では，フィールドにおいて得られたデータから研究を進めていくことが大切であると述べてきたが，質的研究の中には，こうして得られた知見を，今度は研究対象となったフィールドに戻していく作業を行っていく場合がある。そして，得られた知見がフィールドに戻されることで，フィールドが変化していく。こうした研究法は，アクション・リサーチと呼ばれている（矢守，2010）。アクション・リサーチは，もともとレヴィンによって考案された研究法である。彼は，社会状況に働きかけることで，社会の変化や改善を目指して行われる研究をアクション・リサーチと呼んだ。ただし，現在では，社会の中に多様な価値観や異なる立場の人たちがいることが分かっていることから，その改善の方向を研究者があらかじめ簡単に決められるほど問題を単純化することはできない。したがって，フィールドに関係する様々な人たちの多様な価値観が錯綜する中で，研究者は，アクションの方向を探っていくことになる。

　また，データを分析することを通し，データに潜むイデオロギーや権力を明らかにし，今度は，そうした得られた知見を，社会における人種差別，性差別，少数者差別や抑圧，搾取といった問題への批判として社会に提起していく研究もある。フェミニズムやフーコー派の批判的ディスコース分析（critical discourse analysis），批判的心理学（critical psychology）などがそれにあたる。社会的な立ち位置を明確に表明し，研究をある種の社会的・政治的実践として捉える立場である。質的研究者の中にはこうした研究の政治性に批判的な見方もあるが，社会との対話という点では興味深い研究法といえる。

　以上，大変急ぎ足ではあったが，質的研究の研究法の特徴と，その背後にある考え方について述べてきた。最後に，筆者が考える「よい質的研究」とはどのようなものか，以下に，その特徴を挙げることとする。

　①研究の中に研究者自身がもつものの見方や思考に対する反省的な態度や姿勢が感じられる研究。こうした研究を行うには，前節に挙げた自己や他者との対話が大切となる。研究者自身のものの見方に反省がみられず，あらかじめ見たいように見ている研究は望ましくない。

　②データを記述していく際に過度に簡略化したり，薄い記述にとどまらないぶ厚い記述，記述されたデータから重要な知見が浮かび上がってくる生き生きとした記述がなされた研究。こうした研究を行うには，前節において挙げたデータとの対話を繰り返し行っていくことが大切である。結論へと至るプロセスが見えない，あるいは，結論の根拠が希薄な研究は望ましくない。

　③その研究を行うことが学問的もしくは実践的に意味があることが感じとれる研究。学問的に意味がある研究を行うには，2節で挙げた質的研究の背景となる考え方について学ぶとともに，そうした考え方を自家薬籠中のものとすることが大切である。また，実践的に意味がある研究を行うには，前節において挙げた社会との対話を実践していくことも有効である。

　④その研究が当該の分野における研究者のみにとどまらずほかの分野における研究者のイマジネーションをも喚起するような研究。そうした他者の想像力を喚起する研究を行うには，データを分析する際に，早急に答えを求めず，絶えざる問いを立てながら，繰り返しデータに立ち戻り，データから新たな視点を立ち上げていくことが大切である。

文献

Blumer, H. (1969). *Symbolic interactionism*. Englewood Cliffs, NJ: Prentice-Hall.（ブルーマー，H.　後藤 将行（訳）(1991)．シンボリック相互作用論―パースペクティブと方法―　勁草書房）

Flick, U. (2007). *Qualitative Sozialforschung*. Hamburg: Rowohlt Verlag.（フリック，U. 小田 博志（監訳）(2011). 新版 質的研究入門―〈人間の科学〉のための方法論― 春秋社）

Gergen, K. J. (1984). *Realities and relationships: Soundings in social construction*. Cambridge, MA: Harvard University Press.（ガーゲン，K. J. 永田 素彦・深尾 誠（訳）(2004). 社会構成主義の理論と実践―関係性が現実をつくる― ナカニシヤ出版）

Giorgi, A. (2009). *The descriptive phenomenological method in psychology: A modified Husserlian approach*. Pittsburgh, PA: Duquesne University Press.（ジオルジ，A. 吉田 章宏（訳）(2013). 心理学における現象学的アプローチ―理論・歴史・方法・実践― 新曜社）

Heidegger, M. (1927). *Sein und Zeit*. Halle a.d.S.: M. Niemeyer.（ハイデガー，M. 原 佑・渡邉 二郎（訳）(2003). 存在と時間Ⅰ・Ⅱ・Ⅲ 中央公論新社）

Husserl, E. (1913). *Ideen zu einer reinen Phaenomenologie und phaenomenologischen Philosophie*. Hall a. d. S.: Niemeyer.（フッサール，E. 渡辺 二郎（訳）(1979). イデーンⅠ-Ⅰ みすず書房）

Husserl, E. (1973). *Zur Phanomenologie der Intersubjektivitat: Texte aus dem Nachlass*. Den Haag: M. Nijhoff.（フッサール，E. 浜渦 辰二・山口 一郎（監訳）(2012). 間主観性の現象学―その方法― 筑摩書房）

木田 元 (1970). 現象学 岩波書店

木田 元 (1991). 現代の哲学 講談社

Merleau-Ponty, M. (1945). *Phenomenologie de la perception*. Paris: Gallimard.（竹内 芳郎・小木 貞孝（訳）(1967). 知覚の現象学1 みすず書房）

森岡 正芳（編）(2015). 臨床ナラティブアプローチ ミネルヴァ書房

永田 素彦 (2013). コミュニティと産業・組織におけるアクションリサーチ やまだ ようこ・麻生 武・サトウ タツヤ・能智 正博・秋田 喜代美・矢守 克也（編） 質的心理学ハンドブック (pp. 363-380) 新曜社

西村 ユミ (2013). 現象学的な理論とその展開 やまだ ようこ・麻生 武・サトウ タツヤ・能智 正博・秋田 喜代美・矢守 克也（編） 質的心理学ハンドブック (pp.115-135) 新曜社

能智 正博 (2005). 質的研究法 東京大学出版会

鈴木 聡志 (2007). 会話分析・ディスコース分析―ことばの織りなす世界を読み解く― 新曜社

鈴木 聡志・大橋 靖史・能智 正博（編）(2015). ディスコースの心理学―質的研究の新たな可能性のために― ミネルヴァ書房

渡辺 恒夫 (2013). 質的研究の認識論 やまだ ようこ・麻生 武・サトウ タツヤ・能智 正博・秋田 喜代美・矢守 克也（編） 質的心理学ハンドブック (pp. 54-70) 新曜社

Wertsch, J. V. (1991). *Voices of the mind: Sociocultural approach to mediated action*. Cambridge, MA: Harvard University Press.（田島 信元・佐藤 公治・茂呂 雄二・上村 佳世子（訳）(2004). 心の声―媒介された行為への社会文化的アプローチ― 福村出版）

やまだ ようこ (2013). 質的心理学の核心 やまだ ようこ・麻生 武・サトウ タツヤ・能智 正博・秋田 喜代美・矢守 克也（編） 質的心理学ハンドブック (pp. 4-23) 新曜社

矢守 克也 (2010). アクションリサーチ―実践する人間科学― 新曜社

9章 心理検査の考え方

　授業の中で学生たちに"心理検査（テスト）"のイメージを聞いてみたことがある。その時は，「自分がわかる」「人の心がよめる」「占いみたい」などの答えが返ってきた。それらはいわゆる"心理検査（テスト）"であり，それらの多くは，雑誌やインターネットに掲載されているものであった。しかしながら，心理学の実習において行われる心理検査は，そうした巷に広がっているいわゆる"心理検査（テスト）"とは異なるものである。

　この章では，心理学で用いられる「心理検査」とは何か，その背景にある考え方や使い方などについて紹介する。なお，個々の心理検査の具体的な実施方法や所見の書き方については触れない。そうしたことは，実習において実際に心理検査を行っていく中で学んでいってもらいたい。ここでは，実習の前提となる心理検査の考え方を紹介していることから，この章は実習の事前・事後に繰り返し読むことが望ましい。そうすることで，心理検査の学びがより一層深まるだろう。

1. 心理アセスメントとは

　心理検査の方法について語る前に，心理検査を実施する意味や目的についてまずは考えてみたい。そのためには，心理アセスメントとは何かということを考える必要がある。なぜなら，心理検査は，心理アセスメントの一環として行われるものであり，心理アセスメントの一部をなす。したがって，心理アセスメントをどのような目的で行うか，また，その目的を達成するために，どの側面から心を査定するかによって，用いられる心理検査は異なってくるし，また，そこから得られる心理検査の結果も大きく異なってくる。そうしたことから，心理検査について理解するには，その前に，心理アセスメントとは何かについて考えることが必要となる。

　アセスメントを日本語に訳すと査定となるが，この査定の意味について，『広辞苑』では「（金額・等級などを）とりしらべて決定すること」と記されている。私たちは，日常生活においても，"素朴"なかたちではあるが心理的な査定（とりしらべて決定すること）を行っている。例えば，初めて出会った人に対し，「この人はどういった人であろうか」と考えたり，機嫌の良い（悪い）家族や友人に対し，「どうしたのだろうか」「この場ではどうしたらいいだろうか」などと思いをめぐらすことがある。初対面の場面において，多くの人は，相手の性別や年齢，服装，話し方，表情，また"人となり"を，今までの経験に当てはめ考えてみたりする。このようにして，その人に関するさまざまな情報を集め，日常の事象に当たっている。これが，"素朴"なかたちでのアセスメントである。

　これに対し，心理学では，アセスメントにおいても，人間の心を明らかにするためにこれまで開発されてきた心理学の（研究）方法を用いている。6章に示した量的な心の捉え方や8章に示した質的な心の捉え方がそれにあたる。前者の量的研究の考え方に基づけば，ある人間は母集団のなかでの位置づけ

によって特徴づけられ，集団の中における個の特徴として，その人の心は査定されることになる。後述する心理測定論に基づく心理検査によるアセスメントなどがこれにあたる。一方，後者の質的研究の考え方によれば，ある人間の特徴は，例えば，その人独自のあり方を統合的に捉えたり，その人が存在する状況との関係の中で捉えることで査定されることになる。心理力動論に基づく心理検査によるアセスメントなどはこれにあたるだろう。

また，どのような水準で人間の行動や行為と他者や社会との関係を捉えるかによっても，アセスメントの方法は異なってくる。1つは，その人個人に焦点をあて，その人の心理的な特徴を，他者や社会と切り離して捉える捉え方である。脳の機能を客観的にアセスメントしたい場合などは，こうした水準で人間を見ることは有効である（神経心理学に基づく各種の検査など）。もう1つは，脳の機能に障害があり，そのことが家族関係の中でどのようなトラブルを生じているか，あるいは，学校や職場においてどのような問題が生じているかを明らかにしたい場合には，家庭や学校・職場といった対人場面や組織の中におけるその人の振る舞いの特徴をアセスメントすることが必要になってくる。個に焦点をあてるか，他者との関係に焦点をあてるかによって，アセスメントの方法もおのずと変わってくることになる。更には，脳機能障がい者が生活する家庭における家族関係や学校や職場における人間関係・組織のもつ構造的・機能的特徴といった，よりマクロな観点からのアセスメントが有効な場合もある。

更に，臨床心理学においては，アセスメントを独立した方法として捉えるのではなく，アセスメントをもとに適切な心理的援助方法を考えたり，実施した心理的援助方法が適切であったかどうかを評価するためにアセスメントを利用することが一般的である。例えば，岡堂（1993）は「（臨床）心理査定は，（臨床）心理専門家がクライエント（client）の心理的援助に関する方針を決定するために必要な情報を収集する過程である」と定義している。したがって，心理アセスメントは，その心理専門家がどのような心理的援助方法を用いることができるのかといったこととも密接に関連している。心理的援助方法には，認知行動療法，クライエント中心療法，精神分析，家族療法，コミュニティ心理学など，さまざまな方法があるが，それぞれの考え方に適した心理アセスメントが存在することになる。またこれらの方法を織り交ぜて用いるならば，適切な心理アセスメントもおのずと複数の心理検査などを織り交ぜたものになるだろう。

さて，以下の節では，心理アセスメントの一環としての心理検査について，次のような流れで検討を加えていく。まず2節では，量的な考えに基づく心理検査の考え方について検討する。ここでは，信頼性・妥当性・標準化といったことばがキーワードとなってくる。これらのキーワードについて正確に理解しておくことは，心理測定論に基づく心理検査を実習において実践的に学ぶ際の前提となる。言い換えれば，実習を通してマニュアル通りに検査を実施することがたとえできるようになったとしても，検査実施の前提となるこれらの概念に関する理解が不十分であれば，正確には心理検査を習得できたとは言えない。続く3節では，量的な考えに基づく心理検査を，測定されるパフォーマンスの違いによって分類してみる。更に，脳科学や神経科学の発展とともに，近年急速に開発が進んできた神経心理学に基づく心理検査についても検討する。次の4節では，質的な考えに基づく心理検査である投映法の考え方について検討する。量的な考えに基づく信頼性の定義からすれば，投映法の多くは信頼性を十分備えた検査とは言えないかもしれない。しかしその一方で，臨床心理の現場では，量的な考えに基づく心理検査よりも，投映法のような質的な考えに基づく心理検査の方が重視される場合もある。この節では，投映法における信頼性と妥当性の問題についても検討してみたい。最後に5節では，本節（1節）でふれた心理アセスメントの問題に再び戻り，実際に心理検査をアセスメントにおいて利用する際のポイントについて検討する。臨床現場において，一つの心理検査が単独で用いられることは稀である。複数の心

理検査を組み合わせたテストバッテリーが組まれることが多い。クライエントやその人が抱える問題に応じ適切なテストバッテリーを組むことはアセスメントにおいて大切なことである。また，心理アセスメントでは，心理検査のみでアセスメントが行われることは稀であり，面接や行動観察などと組み合わせて用いられるが，その際のポイントについても検討する。

2. 量的な考えに基づく心理検査

　本節では，量的な考えに基づく心理検査について考えてみる。知能検査や性格検査の多くは，検査対象者の知能や性格の特徴が母集団の得点分布のどこに位置づけられるか，すなわち，その相対的位置を明らかにすることで，その特徴を描き出す。したがって，心理検査を作成するにあたっては，母集団を代表する多くの検査対象者（代表的標本）に心理検査を実施し，その人たちの粗得点の分布がどのようになっているかを知ることがとても大切になる（渡部，1993）。そして，代表的標本の粗得点の分布を利用して，その粗得点の分布を正規分布に変換してから標準得点を算出したり，この正規標準得点からパーセンタイルを求めたりする。例えば，知能検査の偏差 IQ とは，知能検査で用いられる標準得点であり，平均が 100，標準偏差が 15 となっている。

　心理検査においては，検査対象者に対し実施された検査によって得られた得点が重要な意味を持つが，その得点が本当にその検査対象者の特徴を表しているか否かという問題がある。この問題は次の 2 種類に分けることができる。

　①信頼性の問題：これは，同一の検査対象者に対し，その検査を繰り返し実施したとしても，同一の得点が得られるか否かという問題である。検査結果が検査のつどに大きく異なっていれば，すなわち，得点のばらつきが大きければ，得られた得点にはあまり意味がないかもしれない。この問題は心理検査の「信頼性」理論としてこれまで検討されてきた。よい心理検査とは，十分に高い信頼性を備えた検査と言うことができる。

　②妥当性の問題：これは，検査対象者に対し検査を実施し得られた得点が，本当に検査者が知りたいと考える検査対象者の心理的特徴を表しているか否かという問題である。この問題は，心理検査の「妥当性」理論においてこれまで扱われてきた。

　本節では，この信頼性と妥当性の問題について検討した上で，上述の規準集団が定められ，標準得点が定義され，且つ，信頼性や妥当性を備えた検査としての「標準化」された心理検査について述べることとする（なお，測定における信頼性と妥当性については，第Ⅱ部 6 章を参照のこと）。

(1) 信頼性

　上に述べたように，信頼性とは，同一の心理検査を同一の検査対象者に繰り返し実施した場合，同一の得点が得られる程度を指す。古典的テスト理論（classical test theory）では，観測得点を表す変数 X は，真の得点を示す変数 T と誤差得点を示す変数 E の和として，すなわち，

$$X = T + E$$

として表される（渡部，1993）。また，信頼性の程度を表す信頼性係数（reliability coefficient; r_{xy}）は，真の得点の分散（s_t^2）や観測得点の分散（s_x^2），誤差得点の分散（s_e^2）を用いれば，

$$r_{xy} = s_t^2 \diagup s_x^2 = 1 - (s_e^2 \diagup s_x^2)$$

と表される。ただし，このモデルにおける真の得点（true score）とは，絶対的真実を示す得点ではなく，仮に同一の検査対象者による測定を無限に繰り返した場合に得られる無数の得点の平均点を意味しており，実際には測定することが出来ない理論上の構成概念である。したがって，真の得点そのものは測定が不可能であり，また，真の得点や誤差得点の分散も観測が不可能である。そのため，信頼性の程度を示す信頼性係数は何らかの方法で推定することが必要となる。その主な方法として，再検査法，代理検査法，折半法，内的整合法がある（渡部，1993）。このうち，再検査法では，同一検査を一定期間において同一検査対象者に2度実施し，得られた得点間の相関係数をもって信頼性係数の推定値とする。また，代理検査法では，対象の検査と観測得点の平均と分散が等しく，他の検査等における測定値との相関も等しいもう1つの検査を代理検査とよび，これら2つの検査から得られた観測得点間の相関係数をもって信頼性係数の推定値とする。折半法では，1つの検査を2つに分割することによって，2つの下位検査とみなし，2種類の観測得点を得て，その得点間の相関係数を求め，更にその値をスピアマン・ブラウンの公式により修正した値が信頼性係数となる。最後に，内的整合法では，検査に含まれるすべての質問項目に対する検査対象者の反応の一貫性を示すα係数をもって，信頼性係数の推定値とする。検査作成過程においては，因子分析を行った後，因子ごとにその因子に関わるすべての質問項目に対するα係数を算出し，内的整合性を確認することがしばしば行われる（なお，再検査法や折半法については第II部6章も参照するとよい）。

(2) 妥当性

妥当性とは，心理検査が，それが測定しようとしているものを本当に測定しているか否か，すなわち，その検査からなされた推論がどの程度適切で，有意味で且つ有益であるかを指している。心理検査における妥当性は，内容妥当性，基準連関妥当性，構成概念妥当性の3つに大別される。以下，それぞれの妥当性について概説する（渡部，1993）。

内容妥当性とは，心理検査の内容が妥当なものか否かを評価することであり，更に，表面的妥当性（face validity）と論理的妥当性（logical validity）に分類される。表面的妥当性とは，心理検査の内容を見ることによって一般的に判断される妥当性を指す。論理的妥当性は，測定されるべき領域があらかじめ明確に定められている場合に，検査の質問項目や課題内容がその領域を十分に代表しているか否かの程度を指す。学力検査等では特に重視される。次に，基準連関妥当性は，一般に心理検査の得点と基準における測定値（基準値）との間の相関係数で表され，また，この妥当性は，併存的妥当性（concurrent validity）と予測的妥当性（predictive validity）に分類される。併存的妥当性は，基準値が心理検査の得点とほぼ同時期に得られる場合に，基準値と得点との間の相関係数を妥当性係数として表す。予測的妥当性は，心理検査の得点が得られた後，ある程度の期間をおいて，基準値が得られる場合の得点と基準値の間の相関係数を指す。最後に，構成概念妥当性とは，ある心理検査が心理学的な構成概念や特性をどれだけよく測定しているかを示すものである（構成概念妥当性についての詳しい説明については，第II部6章を参照すること）。

心理検査は，妥当性を十分に満たしている必要があるが，実際にはこれを満たすことはなかなか難しいことである。例えば，ある心理検査において"日本人の優しさ"を測ろうとしたとする。そのために，"優しさが測れる"と謳われている心理検査を用いるのは，当たり前のことかもしれない。しかしながら，その検査が本当に"優しさを測っている"と言えるだろうか。そもそも私たちは，"優しさ"をきちんと

説明できるだろうか。その心理検査が測っている"優しさ"は，私たちの思う"優しさ"とは違っているかもしれない。"優しさ"を測る心理検査は，優しさを明確に定義し，その定義に沿った複数の項目から構成されている必要がある。こうした妥当性を十分に備えているからこそ，その心理検査は，"優しさを測れる心理検査"と言えるし，私たちはそれを"優しさ"を測定するために利用することができる。

(3) 標準化

標準化された心理検査とは，先ほど述べたように，規準（ノルム）集団が定められ，標準得点が定義されるという意味での標準化がなされた検査であるばかりでなく，更に，質問の仕方や実施方法が一定で標準化されており，できうる限り採点者の主観的判断が抑制されていることが示唆されている（渡部，1993）。このことは，標準化された心理検査とは，手続き的にも信頼性や妥当性を備えた検査であることを指している。

知能検査を例に，この標準化の問題について考えてみよう。代表的な知能検査に，ウェクスラー式知能検査がある。この知能検査では，ほぼ同一の年齢集団の知能指数（IQ）の平均値を100とし，標準偏差を15として検査対象者のIQを算出している。IQの分布は，同一年齢集団では，100をピークに正規分布していると仮定している。そのため，この知能検査を受けた検査対象者が標準的な対象集団の中でどのような位置づけにあるかを測定および推測することが可能となる。平均より優れているか，劣っているか，平均程度であるかなどを知ることができる。平均値とのズレを知ることは，心理検査を実施する一つの目的でもある。"集団の中における個人"を捉えることができるとも言える。

先に述べたように，標準化の手続きをふんだ心理検査であるウェクスラー式知能検査では，用いる道具や方法，教示の方法などが明確に定まっている。そうしたことを含む全体が標準化された心理検査として統制されているのであり，標準化の過程で決められたとおり（検査実施マニュアルどおり）に心理検査を実施して初めてしっかりとした測定が可能となる。したがって，心理検査を実施する際には，検査者は自分がやりやすいように自己流で検査を実施することは避けなければならず，定められた手続きに従って心理検査を適切に実施しなくてはならない。一旦自己流でやり方を身につけてしまった場合，そのやり方を矯正するにはかなりの努力が必要となる。そこで実習などで心理検査の実施方法について学ぶ際には，面倒に思うかもしれないが，最初から定められたやり方を守り，できるだけ正確な手続きに則り，心理検査の実施方法を実際的に学ぶことが望ましい。

3. 量的な考えに基づく心理検査の分類

ここまで量的な考えに基づく心理検査がどのようなものであるかについて述べてきた。本節では，量的な考えに基づく心理検査にはどのようなものがあるかについて検討する。心理検査には，発達検査，知能検査，人格検査など，さまざまなものがあるが，これらはいかなるパフォーマンスを測定するかによって2つに大別される。1つは，最大のパフォーマンス（maximum performance）を測定する心理検査である。発達検査や知能検査がその代表として挙げられる。もう1つは，典型的なパフォーマンス（typical performance）を測定する心理検査である。人格検査がその代表として挙げられる。心理検査といった場合，以前は発達検査・知能検査・人格検査が中心であったが，近年の神経科学や認知科学の発展に伴い，神経心理学に基づく心理検査の重要性が高まってきた。例えば，統合失調症患者に対しては知能検査や人格検査が実施されることが以前は多かったが，最近では，統合失調症者に対する精神科リハビリテーションが注目されるにつれ，彼らの認知機能に焦点をあてた心理検査が実施されるように

なってきた。以下，それぞれの心理検査の特徴について概観する。

(1) 最大量のパフォーマンスを測定する心理検査

　発達検査，知能検査，職業特性検査など，いわゆる能力を測定する心理検査がこれにあたる。これらの検査では，検査対象者の特定のパフォーマンスを測定する。代表的なものに，先ほど例として挙げたウェクスラー式知能検査のほかに，田中ビネー知能検査などがある。ウェクスラー式知能検査においては，言語的能力，処理速度，計算能力，抽象的思考など，知能のさまざまな側面を測定することができる。検査対象者の得意，不得意など，対象者の能力のバランスをみることで，検査後に実施する具体的介入や支援に役立てることができるし，検査で終わることなくそのことが期待されてもいる。また数値化できることにより，その人を捉える際に，偏見やあいまいさがなくなり，その人の心理的特徴を捉えやすくもなる。更に，統計的にその後を予測したり，介入や治療の効果を客観的に測定することが可能となる。こうした心理検査は，検査対象者の人数によって更に2つに分類される。

　①個別式（ウェクスラー式知能検査など）：検査者1人と検査対象者1人で実施するもの。検査の内容によっては1対1でないとできないものがある。個別で行うときには特にラポール（信頼関係）の形成が必要になる。信頼関係がないと，過度に緊張したり，またその人に知られたくないなど，検査に対する構えが生じてしまう可能性がある。そして，ラポールが不十分な結果として，検査対象者が十分に心理検査に向かうことができず，最大のパフォーマンスを遂行することができなくなる。1対1で実施する個別式の心理検査では，個々の検査対象者に合った配慮ができたり，詳細な観察が可能となる。

　②集団式（職業適性検査や集団式知能検査など）：検査者1人と複数の検査対象者で実施するもの。集団式心理検査は，比較的簡単に実施が可能であり，また一斉に実施することで，時間の短縮化や労力の省力化などを図ることができ，個別式に比べ，コストパフォーマンスに優れていると言える。しかしながら，個々の検査対象者が検査に取り組んでいる様子を詳細に見るのは限界があるし，気配りもできない。また，検査対象者の側から見れば，他人の目が気になる，内容が漏れてしまうのではないか不安である，落ち着かないといった問題が生じやすい。

(2) 典型的なパフォーマンスを測定する心理検査

　この種の心理検査としては，人格検査が代表的である。人格（パーソナリティ）とは，個人の統一的・持続的な特性の総体を意味し，この種の心理検査では，質問紙を用い，その人に典型的なそうした特性の有り様を明らかにする。質問紙を用いた人格検査としては，YG性格検査，ミネソタ多面人格目録（MMPI）などが有名であり，一定の基準で採択された質問項目に対し，検査対象者に回答してもらう方法がとられる。例えば，気分が落ち込んで困っている人がいたとする。そうした気分の落ち込みを感じている人に対して，気分の落ち込みを測定すると考えられる複数の質問項目を提示し，回答してもらう。この種の心理検査では，検査対象者自身の意見や感情など，自身の気づきに基づいた報告（自己報告）の結果を頼りにしている。長所は，検査の実施が比較的容易であり，集団での実施が可能であること，質問紙といった印刷された用紙を用いるため，標準化の手続きにしたがって一度作成してしまえば，その後は比較的安価に大量生産が可能であることから，コストが低いといった点が挙げられる。また，測定された結果は統計的な処理が比較的容易である。一方，短所としては，自己報告に依ることから，検査対象者自身が気づいていない特徴は測定することが難しい，回答を自身が操作することができる（よく見せようとしたりして，ありのままに回答しないことを自身で選択できる）といったことがある。一般に，本人の意識にのぼるもののみが測定可能となる。

（3）神経心理学に基づく心理検査

　神経心理学は，心の働きを，大脳をはじめとする中枢神経系と関係づけて解明する領域を指す（杉下，2001）。検査対象者の脳損傷の程度といった脳の機能を測定することが主な目的である。代表的なものに，ベントン視覚記銘検査，標準失語症検査，ウィスコンシン・カードソーティングテスト（WCST），ベンダーゲシュタルトテスト，WMS-R などがある。知能検査，発達検査や人格検査に比べ，聞き慣れない人も多いかもしれないが，先述したように，脳科学，神経科学や認知科学の発展によって近年注目されている分野である。例えば，決められた図版を記憶したのちに描画したり，カードと簡単な道具を用い聞く，話す，読むなどの能力を調べたりする。脳の損傷部分の特定や程度がわかることで，その後のリハビリテーションなどの選定が効率的になる。

4. 質的な考えに基づく心理検査

　ここまで主に量的な考えに基づく心理検査について検討してきた。こうした心理検査の背景となる考え方は，6章及び7章において扱った量的研究の考え方や方法と軌を一にしていると言えよう。心理的特徴は，あらかじめ心理検査作成者や検査者によって明確に定義され，定められた手続きにしたがってデータは収集される。そして，個々人の心理的特徴は，個々人のデータを母集団の中で位置づけることによって描き出されることになる。

　これに対し，本節では，8章において扱った質的研究の考え方や方法と共通した基盤を持つ心理検査について検討していきたい。質的研究では，研究者自身が持つものの見方や考え方の枠組みによる制約を出来るだけ抑えながら，研究協力者の思考や行為の心理的特徴を探索的に描き出すことに，研究の特色がある。同様に，質的な考えに基づく心理検査では，心理検査作成者や検査者の思考の枠組みによる制約を出来るだけ抑えながら，検査対象者のものの見方や考え方の特徴を探索的に描き出すことに，検査の特色がある。

　そうした検査を行うには，量的な考えに基づく心理検査とは対照的に，心理検査作成者や検査者の思考の枠組みを出来るだけ反映させることがないよう，あいまいな刺激やあいまいな課題を，あいまいな教示のもとに検査を実施することが考えられる。この代表的な検査法が投映法（projective technique）である。以下においては，この投映法の背景となる考え方について検討する。

（1）投映法の背景となる考え方

　投映（projection）という概念は，精神分析などの精神力動論に基づいている。精神力動論では，無意識・前意識・意識といった精神領域を想定しているが，投映とは，本人も意識していない無意識の世界が意識レベルにおけるものの見方などに気づかぬうちに映し出されることを指す。この投映という現象は，構造化された明確な課題や刺激に対しては生じにくいことが考えられる。なぜなら，構造化された明確な課題や刺激に対しては，意識によって対処や反応が可能だからである。これに対し，あいまいな刺激や課題に対しては，自由度の高い反応が可能となり，反応に対し無意識に存在するものが影響を及ぼしやすいと考えられる。

　ただし，投映という概念に対しては十分な注意を払う必要がある。と言うのは，投映という概念には，必ず，投映される元になるものと，投映されたものが映し出される対象という2つの存在が前提とされているからである。すなわち，投映される元となる無意識が実在すること，且つ，それが映し出される前の純粋な対象が実在することを前提にしないと，投映という概念は成り立たない。例えば，プロジェ

クター（投映器）を使ってスライドをスクリーンに映し出す場合，投映される元となるのがスライドで，スクリーンが，スライドが映し出される前の対象となる。一見すると，この考え方には特に問題がないように思われるが，8章において検討した質的な考えとは相容れないところがある。1つは，投映がなされる前の何も映されていないスクリーンといった純粋な対象の存在，すなわち，歪められていない「正しいもの」の存在を前提としている点，もう1つは，投映される元となるスライドの「実在」を前提としている点である。質的な考えによれば，世界の描写には正解／不正解はなく，世界はさまざまな形で描写が可能である。歪められていない正しいもの＝まっさらなスクリーンはそもそも存在しない。また，投映される元となるスライドはあくまでも仮説構成体であり，いくら元をたどっていってもおそらく実在には到達し得ないものである。

　それでは，質的な考えに基づけば，投映法とはいかなる技法と言えるのだろうか。上述したように，「世界の描写には正解／不正解はなく，世界はさまざまな形で描写が可能である」とするならば，検査対象者一人ひとりによって，ものがどのように見えるかは異なり，見えが異なれば，自ずとその描写の仕方は異なることになる。例えば，代表的な投映法の1つであるロールシャッハ・テストでは，インクのしみ（インクブロット）がどのように見えたかによって，すなわち，あいまいな図形に対するその人の知覚の特徴と人格の特徴との関係を基本にして分析が行われる。このテストを開発したヘルマン・ロールシャッハは，ロールシャッハ図版の中に何を見るかよりも，どのように見るかに目を向け，このテストを知覚もしくは統覚の検査と位置づけていた。世界は，誰が見るかによって，多様な見えを持つのであり，その見えによって，その人の行為は変わり得る。したがって，その人の見えの特徴を明らかにすることは，その人の行為の特徴を明らかにすることと言える。投映法とは，正しいものの見方を見つけることではなく，その人独自のものの見方の特徴を見いだす技法である。

(2) 投映法における探索の重要性

　投映法には，上述のロールシャッハ・テストをはじめ，TAT（Thematic Apperception Test；主題統覚検査），バウム・テスト，風景構成法，SCT（文章構成法），P-Fスタディなど，さまざまな検査があり，それぞれの検査には，決められた実施方法や解釈手法が存在する（検査によっては複数の分析方法が存在する）。また，精神力動論の立場をとるのか，それとも，クライエント中心療法的な立場をとるのかによっても，解釈は異なるところがある。

　しかしながら，さまざまな投映法の解釈方法間の差異ではなく，共通点に注目するならば，次のようなことが言える。それは，量的な考えに基づく心理検査とは異なり，標準化された分析・解釈は存在しないという点である。投映法における分析・解釈においては，仮説を構築し，反応や描写の特徴に基づきその仮説を評価する作業を繰り返し行っていくことに特徴がある。すなわち，仮説構築→データに基づく評価→新たな仮説の構築（仮説の修正）→さらなるデーに基づく評価→仮説の修正……を繰り返していくのである。この分析・解釈手法は，8章において述べた質的研究の分析手法とも共通している。

(3) 投映法における信頼性と妥当性

　投映法の問題点として，心理検査としての信頼性と妥当性を十分には備えていないことがしばしば挙げられる。ただし，ここで言う信頼性と妥当性とは，2節の量的な考えに基づく心理検査における信頼性や妥当性のことを指す。確かに，その点においては投映法の多くは信頼性や妥当性において不十分なものが多い。投映法に対して，量的な考えに基づく心理検査と同様の手法を用いても高い信頼性や妥当性が得られることは少なく，また，標準化を行うことも難しい場合が多い。

しかしながら，質的な考えに基づけば，量的な考えに基づく心理検査とは，信頼性や妥当性の定義や測定方法も自ずと異なったものとなる。特に，質的な考えに基づく場合，個々の特徴に注目するよりも，全体性に着目することが重要になる。しかしながら，全体性を捉えることは初心者にとってはとても難しいことであり，投映法においては検査者や解釈を行う者の技量が大きく影響する。ロールシャッハ・テストやTATといった投映法は，熟達者であれば，テスト結果以外に検査対象者に関する情報がなくてもブラインド・アナリシスが可能とされている。彼らは，多くの場合，テスト結果から検査対象者のパーソナリティの特徴や精神病理について的確な指摘を行うことができる。その点において，熟達者が実施・解釈したロールシャッハ・テストやTATは，信頼性や妥当性が備わっていると見なすことができる（なお，バウム・テスト等の描画法は一般にブラインド・アナリシスが難しいと言われている）。

本書の読者の多くは，心理検査の初心者であると思われるが，臨床心理の分野に進むことを志しているならば，是非投映法の熟達者になることを目指して欲しいと思う。熟達者になるには，投映法の正しい実施方法やスコアリング等の採点法を習得した上で，探索的な解釈方法について実践的に学ぶことが必要である。その際，熟達者が講師となった講習会に参加したり，熟達者が中心となり行われているケース検討会や勉強会に参加することは，技術習得の上で有効な方法である。

なお，投映法は，探索的な手法と言うことができるが，探索的な手法は心理検査のみにあてはまるものではない。1節において述べたように，心理検査は，心理アセスメントの一環であり，心理アセスメントにも探索的手法はあてはまるものがあるし，更には，心理アセスメントを行う本来の目的である心理的援助方法にもあてはまる。逆に，探索的な手法をもとにした心理的援助方法を用いる際には，探索的な心理アセスメントが有効であり，その場合には，探索的な心理検査を用いることが望ましいと言い換えてもよい。探索的な手法を用いた心理援助方法としては，先に述べた精神分析等の精神力動論やクライエント中心療法等の人間性心理学（humanistic psychology）の流れがある（津川, 2009）。これらの援助方法をとる場合には，心理検査においても探索的な手法が有効である。

5. 実践的な心理アセスメント

1節において述べたように，心理検査＝心理アセスメントではない。個々の心理検査の結果のみでは，アセスメントとは言えない。心理アセスメントとは，臨床心理学的援助を行うために必要な方針を立てていくための一連の過程を指し，対象の心理学的特徴を多角的に捉えて援助戦略につなげることである（津川, 2009）。このように考えると，心理検査を心理アセスメントに利用するには，検査対象者の心理的特徴を多角的に捉えることが必要であり，且つ，臨床心理学的援助へとつながるものでなければならないことが分かる。そのためには，1つの心理検査のみを実施するのではなく，心理アセスメントにつながるよう，心理検査を適切に組み合わせて検査を実施し，総合的な解釈を行うことが必要である。

例えば，表9-1に精神科臨床における心理アセスメントの6つの視点を挙げた（津川, 2009）。精神科領域において臨床を行う場合に，クライエントの心理アセスメントに多角的な視点が必要なことは，この表を見ても明らかである。表に示された項目には，面接等によって得なければならない項目もあるが，これまで挙げた心理検査を用いたアセスメントが可能な項目が多い。こうした多様な側面についてアセスメントを行うには，上に述べたように複数の心理検査を組み合わせて実施することが必要である。

したがって，実際の臨床現場で心理検査を実施する際には，心理的援助の目的と方法に沿った，適当な心理検査を組み合わせたテストバッテリーを組み，個々の心理検査について分析・解釈を行った上で，全体をまとめ総合的な解釈を行い，所見を作成することが求められる。臨床現場において心理士として

表 9-1　精神科臨床における心理アセスメントの 6 つの視点 (津川, 2009, p. 197)

Ⅰ　トリアージ（心理的危機状態による対処優先性）
　A．自傷他害の程度
　B．急性ストレス（悪化しているか）なのか慢性ストレスか
　C．トラウマの有無（含む complex PTSD）
　D．援助への動機や期待の程度
　E．いま自分が提供できる援助リソース

Ⅱ　病態水準
　A．病態水準と防衛機制
　B．適応水準
　C．水準の変化
　D．知的水準と知的な特徴（とくに，動作性能力）
　E．言葉と感情のつながり具合

Ⅲ　疾患にまつわる要素
　A．器質性障害・身体疾患の再検討
　B．身体状況の再検討
　C．薬物や環境因（大気など）による影響の可能性
　D．精神障害概念の再検討
　E．症状をどのように体験しているのか

Ⅳ　パーソナリティ
　A．パーソナリティ特徴（とくによい資質）
　B．自己概念・他者認知を含む認知の特徴
　C．ストレス・コーピング
　D．内省力の程度
　E．感情状態

Ⅴ　発達
　A．平均的な発達
　B．思春期や青年期の特徴をはじめとする年代ごとの心理的な悩み
　C．年代に特有の症状の現れ方
　D．発達障害傾向の有無とその程度（発達の偏り）
　E．ライフ・プラン

Ⅵ　生活の実際
　A．地域的な特徴
　B．経済的な面
　C．物理的な面（地理，家屋など）
　D．生活リズム
　E．家族関係を含む対人関係

心理検査等を用い，心理アセスメント業務を遂行するには，総合的な力が必要となる。

　学部の心理検査実習では，その基礎となる力を養って欲しい。具体的には，量的および質的な考えに基づく代表的な心理検査を実際に行い，各心理検査の特徴と試行方法や解釈方法のやり方について，その基本を体験的に学んで欲しい。また，大学院における実習では，学部段階で習得した個々の心理検査を組み合わせ，テストバッテリーを組んだり，複数の検査結果から総合的な所見を作成する力を身につけて欲しい。更に，熟達までに時間を要する投映法についてはまずは正確な実施やスコアリング方法について習得して欲しい。

　その後は，実際の臨床場面においてさまざまなクライエントに対し心理検査を実施し研鑽を積み，その技術を向上させるとともに，講習会・ケース検討会・勉強会・研究会などさまざまな会に積極的に参加し，よりよい心理アセスメントが行えるよう努力してもらいたい。

文献

上里 一郎（監修）(2001). 心理アセスメントハンドブック第2版　西村書店
皆藤 章（編）(2007). よくわかる心理臨床　ミネルヴァ書房
懸田 克躬・高橋 義孝（訳）(1976). フロイト著作集1　精神分析入門（正・続）　人文書院
古谷野 亘・長田 久雄 (1992). 実証研究の手引き―調査と実験の進め方・まとめ方―　ワールドプランニング
中村 淳子・大川 一郎・野原 理恵・芹澤 奈菜美（編著）(2003). 田中ビネー知能検査Ⅴ　理論マニュアル　田研出版
中野 光子 (2002). 高次脳機能診断法　山王出版
日本版WAIS-Ⅲ刊行委員会（訳編）(2006). 日本版WAIS-Ⅲ成人知能検査法　実施・採点マニュアル　日本文化科学社
野島 一彦（編著）(1995). 臨床心理学への招待　ミネルヴァ書房
大井 清吉・山本 良典・津田 敬子（訳）(1977). ビネー知能検査法の原典　日本文化科学社
岡堂 哲夫（編）(1993). 増補新版　心理検査学―臨床心理査定の基本―　垣内出版
岡堂 哲夫（編）(1998). 現代のエスプリ別冊　心理査定プラクティス　至文堂
岡堂 哲夫（編）(2003). 臨床心理学全集第2巻　臨床心理査定学　誠信書房
下山 晴彦（編）(2009). 改訂新版　よくわかる臨床心理学　ミネルヴァ書房
高橋 順一・渡辺 文夫・大渕 憲一（編著）(1998). 人間科学　研究法ハンドブック　ナカニシヤ出版
辰野 千寿 (1996). 系統看護学講座　基礎分野　心理学　医学書院
津川 律子 (2009). 精神科臨床における心理アセスメント入門　金剛出版
氏原 寛 (1974). 臨床心理学入門　カウンセラーを志す人のために　創元社
氏原 寛・亀口 憲治・成田 善弘・東山 紘久・山中 康裕（編）(2004). 心理臨床大事典【改訂版】　培風館
渡部 洋（編）(1993). 心理検査法入門―正確な診断と評価のために―　福村出版

第Ⅲ部
自らテーマを選び自分の力で研究する

　第Ⅱ部では，量的な研究方法，質的な研究方法，それから心理検査の背景にある考え方について学んできた。またそれと同時に，実際に実習において実験を行ったり，調査用紙を作成したり，心理検査を行い，また，レポートを書く中で，心理学の研究手続きについて，その基本を実践的に学んできた。ただし，これまで行ってきた実習の多くは，教員の側から与えられた課題であり，その実施の手続きについてもすでに決められており，定められた手順通りに進めていけば，考察やまとめに苦労したものの，曲がりなりにもレポートや報告書を仕上げることができたと思われる。

　しかしながら，教員の側から与えられた課題をこなすことでは満足できない人も多かったのではないだろうか。あるいは，与えられた課題が自分の興味とは異なる課題で，十分興味をもてなかった人もいるのではないだろうか。第Ⅲ部では，自分自身で問題を見つけ，そこから研究のテーマを絞り込み，更に，そのテーマについてリサーチ・クエスチョンを立て，その問いに対し適切な研究計画を立てていくやり方について学ぶ。また，これまでのレポートでは考察のポイント等も教員の側から与えられていたが，今度はそうしたポイントも自ら考え，それを自分自身の力で，レポートや論文という形にまとめあげることを目指す。この作業を自分の力で達成することができれば，大学において心理学を学んだことが，実質的・能動的な力となることだろう。

　第Ⅲ部は，以下の4つの章から構成されている。

　10章では，研究テーマの選び方について学ぶ。これまで教員から与えられた課題をこなしてきた人たちは，いざ自分が興味ある研究テーマを考えるようにといわれると，ハタと困ることが多い。まったく研究のイメージが浮かばなかったり，あるいは，興味あるテーマをもっていても，それを研究にしようとすると，どのように研究すればよいか，かいもく見当がつかないことになる。ここでは，どのようにすれば，研究テーマを考えたり，絞り込んだりすることができるか，その具体的な手立てについて紹介する。

　11章は，仮説検証型研究の研究計画の立て方と研究方法について書かれている。仮説検証型研究は，科学的な量的研究の最もオーソドックスな研究方法である。仮説検証型の研究では，先行研究をふまえた上で，いかに適切で魅力的なリサーチ・クエスチョンを立て，そこから導き出された仮説をどれだけエレガントに実証するかがポイントとなる。ここで大切なことは，常に批判的な視点をもつことと，時間配分を含め研究計画を適切に立てることにある。

　12章では，質的研究の研究計画の立て方と研究方法について考える。第Ⅱ部8章で検

討したように，質的研究は仮説検証型の量的研究とは，研究の方法論が大きく異なっている。仮説検証型研究では，データをとる前に仮説をしっくり組み立てておくことが大切なことであったが，質的研究では，データをとりながら，あるいは，データを分析しながら，新たな仮説を生成していったり，分析プロセスの中で仮説を立て直していく作業が重要になる。すなわち，質的研究では，豊かなデータをもとに，そうしたデータに埋もれて身動きがとれなくなってしまうことなく，データを様々な視点から見つめていくことが重要になる。したがって，質的研究では，データをとった後の書き起こしや分析の作業に大きなエネルギーが費やされることになる。書き起こしや分析作業は，苦しいが，ここが質的研究の醍醐味でもある。

　13章では，レポートや論文にまとめる，まとめ方について考える。いくら画期的な研究を行ったとしても，それをほかの人に理解してもらわなければ本当の意味で研究という営みは終わったとはいえない。研究によって得られた新たな知見を他者に理解してもらって，あるいは，他者から批判され，初めて研究は次のステップへと進むことができる。実は科学とは，過去の研究によって明らかになった知見をもとに新たな研究を行い，その研究成果を公表し，他の研究者がそれをもとに更に新たな研究を行うという継続的な営みを指すのである。

　第Ⅲ部に書かれていることを実践することができるようになれば，表題にある「自らテーマを選び自分の力で研究する」ことができるようになるはずである。また，こうしたことができるようになることは，第Ⅳ部のテーマである「心理学をこれからの人生に活かしていく」際に大きな手助けとなるはずである。

10章 研究テーマを選ぶ

　研究とは何だろうか。非常に難しい問いであるが，本書の読者の立場に立って考えるならば，「研究という営みの意味」と「研究を行うことの意味」という2つの視点から考えていくことが有用であると考える。

　第一に「研究という営みの意味」という視点でみれば，研究とは，分かっていないことを分かる状態にする，物事の真理を追求する，といった表現で説明することができるであろうか。ただし，同じように「分かっていないことを分かるようにする」行為であっても，そのやり方（研究方法）については非常にたくさんのバリエーションがある。例えば化学や物理学といった，理系の学問領域においては，実験や観察といった，より客観性と再現性を重視した研究手法によって，これまでにまだ分かっていないことを分かろうとするのが主である。一方で，文学や哲学といった文系の学問領域においては，文献の収集や構成を通じて，新たな解釈や論理の提唱が行われることが多い。このような見方に立って「心理学の研究」という営みを説明しようとすると，実は非常に難しい立場に置かれることになる。本書のこれまでの章でみてきたように，心理学には，行動の科学としてより客観的な手法によって人間理解を進めようとする立場と，事象の生じている環境を壊さないような手法によって現実を理解しようとする立場が存在する。どのような立場でどのような手法を用いるにしても，「分かっていないことを分かろうとする」という，その行為自体は共通のものである。したがって，研究とは，何が分かっていて何が分かっていないかを明確にすることと，それを踏まえて新たな発見を行うことの，2点がセットになっているのである。

　第二に「研究を行うことの意味」という視点でみれば，それは読者が自分にとっての意味として考えることができるであろう。なぜ研究を行うのか，行わなければならないのか，という問いに対する答えのひとつは，それが大学を卒業するために課せられた必要な作業であるというものである。最近は必修でないところも多いが，基本的には大学を卒業するときには集大成として卒業論文を提出する。これは評価する側からすれば，大学生活で得た知識がただ頭に入っているだけでなく，得た知識を自らの研究に応用できているか，ということをみている。すなわち，ある学問を修めるということは，その領域についての適切な知識を習得することと，その知識を応用して自ら新しい発見を行うことの両方が含まれているといえる。実は大学で学問を修めるという行為は，社会（全人類）がまだ知らないことを知るようにするという行為（卒業研究）が含まれているという意味で，その学問の発展に寄与するということなのである。読者がこれから取り組もうとしている卒業研究は，心理学そして社会の発展につながるものである。これはノーベル賞を取るような研究であっても，日本の隅っこで細々と行われた卒業研究であっても，社会的なインパクトには差があるが，科学を一歩進めるという意味では同じくらい重要な意味をもつのである。

　このように，研究とは何か，という問いについて，社会的にみたときの研究の意味と，読者一人ひと

りそれぞれの行為としての研究の意味について別々のスタート地点から考えてみたが，単位取得のための義務が，学問や社会の発展に重要な意味をもつということが理解できたかと思う。これまでの大学生活の多くの時間を占めたかもしれない，教室に座って先生の話を聞くという行為が大学で学問を修めるということだと，どうか誤解をしないで欲しい。先生の話を聞いて「なるほど」と思ったような知見を，今度は自ら発見する必要がある。私たちは学校を卒業して社会に出れば，必ず何かしらの生産活動に従事することになる。知識の習得は，自ら生産を行うための準備でしかない。卒業研究という行為を，社会的に意味のある生産行動の第一歩として，活かして欲しいと思う。

1. テーマの選び方

(1) 先輩たちはどのようにテーマを決めたのか？

　これまで受けてきた講義の中で，心理学という学問はさまざまな専門領域から成り立っていることを知り，学問の発展のための研究活動においても，いろいろな研究手法が用いられていることについて学んできただろう。学んできたからといって，すぐに自分も研究を始められるかと言えば，全員がそうとは言えない。自ら研究を行うという行為は，それほど簡単なことではない。心理学で扱われるテーマがどのようなものかを知り，心理学で用いられる研究手法にどのようなものがあるのかということが分かったとしても，実際に自分が研究を始めることには，またもう一つの壁がある。それが，「研究テーマを選ぶ（決める）」ということである。

　このような大きな「壁」を乗り越えるにあたって，先人の知恵を借りることは有効な手段である。しかし，先人といっても，フロイトやピアジェがどのように研究テーマを決めたのかという話を聞いたとしても，それは読者にとってあまり身近に感じられないかもしれない。ここでは，そのような偉大な先人ではなく，実際に卒論を進めている大学4年生という，みなさんから見ると先人にあたる人たちに，自分が研究テーマを決めたときのエピソードを聞き，それを参考にしながら，研究テーマを決める際のヒントを得てみたいと思う。

(2) 大学の講義からのテーマの決定

　現在大学の心理学科4年生のAさんは，家から近いという理由で大学を選び，その中でも「なんとなくおもしろそう」という漠然とした理由で，心理学科に入学をしてきた。特に何かに強い関心があるわけでもなく，大学3年生になって具体的に卒論のテーマを決める段階においても，なかなか詳細を決められずにいた。そのため，これまで受けてきたさまざまな講義のことを思い出してみた。すると，一番心に残っていた内容は，2年生のときに受講した臨床心理学の中で見た，箱庭療法に関するビデオであった。不登校状態にある子どもが作った箱庭を再現してあるもので，小さい動物たちを大きなゾウやトラが全て食べ尽くすという衝撃的なストーリーが展開されていた。解説の中では，そこに子どものアグレッションをみることができると解釈されており，人間の怒りのすごさを垣間見た気がした。そのことを思い出したAさんは，人間の怒りがどのような役割を持つのかという点が気になった。私たちが生活する社会場面において，怒りの表出は決して良いものだとは考えられていない。しかし，箱庭療法のビデオの中では，子どもが怒りの表出をきちんとできたことが，その後の不登校の解消につながったとの解説がされていた。怒り自体は人間に生じる感情として普通のものであるため，それを溜め込んでしまうことはいいことではなく，適切な場所で適切な方法で表出することが重要なのだろう。どのような場所で，どのような方法であれば，怒りの表出を行うことが本人にとって不利にならないのか，という

ことが明らかになれば，自分の生活にも役に立つかもしれない。このことから，Aさんは「怒りの表出場面とその方法の違いによって，他者への影響がどのように変わってくるのか」という仮のテーマで研究を進めることとした。

　Bさんの大学では，1年生のときの情報処理の授業で，パソコンの使い方について学ぶことができる。Word, Excel, PowerPointといった主要なソフトの使い方や，大学のアカウントによるメールの使用方法など，さまざまなことを習った。また，それと同時に，SNS（Social Networking Service）などのツールを使う際の注意点についても講義が行われた。最近は，就職活動でもSNSが活用されていることや，SNSをきっかけとする事件なども起きているということを聞いた。自分でもFacebookやTwitterなど，色々なSNSを使って友人と連絡を取っているが，就職活動での使用や，SNSがきっかけで事件に発展するというのは，あまり想像がつかない。しかし，よくよく考えてみると，確かにTwitterでつぶやくときの自分と，現実世界での友達の中での振る舞い方は，少し違うような気もする。現実世界で友だち同士集まっているときは言えないようなことが，Twitterだと言えたりする。それはTwitterが，「つぶやく」ということだからかもしれない。別に特定の誰かに言っているのではないですよ，私はただつぶやいているだけですよ，といった感じの言い訳がなんとなくあるような気がする。しかし，このような感覚が，実はSNSを発端とする事件などとも関係がありそうな気がする。このことから，Bさんは「他者が発言をどのように受け取るのか，現実世界とSNSでの比較を行う」というテーマで研究を行うこととした。

　これらは，大学の講義をきっかけに研究テーマを決めた例である。心理学の研究だからといって，必ずしも心理学の講義だけが研究のヒントとなるわけではない。心理学が，人間そのもの，社会における人間の行動を研究対象としていることを考えれば，大学で行われる全ての講義にそのヒントがあるとも考えられる。大学の講義から研究テーマを決めることには，色々な点でメリットがある。講義の中で配られた資料が研究のための資料になるし，その専門家である先生に話を聞きにいくこともできる。その意味では，研究テーマを決める段階において，過去に自分が受けた講義のテキストや資料を読み返してみたりすることで，自身の関心が明確になっていくことも期待できるだろう。

(3) 日常生活からのテーマの決定

　Cさんは大学に入った頃からドラッグストアでアルバイトをしていた。いろいろな人がお客として来店し，さまざまな商品を購入していく。その様子を3年ほど見ている中で，どうしても不思議に感じることがあった。それは，お客の服装とその人が買っていく商品に，どうも関連がありそうだということであった。性別や年齢による購買商品の特徴はもちろん分かるが，服装の感じによっても，差がありそうだと感じた。実際，Cさんは，お店に入ってきたお客の服装を一目見た段階で，「あぁこの人はあの商品買いそうだなぁ」という予測が立つようになり，その予測が結構当たるのである。この不思議な現象を友人に話したところ，ある人は同意してくれたが，ある人は気のせいだと言って取り合ってくれなかった。そこで，Cさんなりにこの関連について考えてみた。確かに，服装というのはその人の性格や置かれている環境を表すものとしても考えられる。そして，同じ性格や環境を持つ人が同様の商品を買うということは充分に考えられることだろう。しかし，今の段階では，気のせいだと友人に言われても，反論することができない。そのため，しっかりと研究結果として明らかにすることで，自分が感じている不思議な現象を証明することができると考えた。Cさんは，「被服行動と購買行動の関連に関する検討」という仮のテーマを立てて研究を始めた。

　Dさんには，付き合って1年になる彼がいた。しかし，最近どうもうまくいっていないように感じて

いる。例えば，待ち合わせに遅刻してきたときの彼の態度や，食事の際のマナーなど，さまざまなところで自分との違いが目に付くようになってきた。彼と話をする中で特に自分との違いを感じるところは，小さい頃に受けてきた親からの躾や，現在の家族との関係性についてである。もちろん，男性と女性の差があるため，自分が今も母親と買い物に行くからといって，彼も同じような行動をしていると聞いたら，それはそれで驚いてしまう。そのような表面的な行動レベルではなく，Dさんが感じたのは，小さい頃からの親とのやりとりのパターンのようなものがあり，それが現在の親との関係性につながっているのではないかということであった。そして，そのような親とのやりとりのパターンが，現在の友人や恋人に対する振る舞いとも，どこか似ているように感じた。そう言えば，臨床心理学の授業で精神分析の話を聞いたときに，「転移」という概念について学んだことがある。幼い頃の親との関係が，心理療法の場面でも繰り返されるという内容であった。このことから，自分が親からどのような躾を受けてきたかという体験と，恋愛で相手に求めるものには，何か関連がありそうな気がすると考えた。そのため，Dさんは「親から受けた養育についての認識と恋愛行動の関連」という仮のテーマを設定して研究を始めた。

　これらは，日常生活から研究テーマを設定した例である。アルバイトや恋愛などは，大学生活でも多くの人が経験しやすいものである。その中で疑問に感じたことや，詳しく知りたいと思ったことについて研究テーマを決めている。このように日常生活から研究テーマを決めることのメリットは，自身の体験に根ざしたテーマの設定であることから，比較的モチベーションを維持しながら取り組みやすいということである。純粋に自分が「知りたい」と思った内容であり，どのような結果が出るか，楽しみながら進めることができる。一方で，自身の体験から出てきたテーマであることには危険性もある。自分の体験に引っ張られて，主観が入ってしまい，得られた結果から客観的に考察をすることの妨げになってしまうことも考えられる。そのため，知的好奇心をうまく活用しながら，心理学の立場から客観的にデータを見つめる姿勢を保持することが重要である。

(4) 将来設計からのテーマの決定

　Eさんは中学時代に半年間不登校を経験した。そのときに頼りになったのが，スクールカウンセラー (SC) であった。全く学校に行けない時期を経て，保健室に登校できるようになったときに，自分の話を聞いてくれたのがSCの先生だった。先生は，自分が学校に行けない状況を，「Eさんにとって必要な休息」といって，他愛もない話で相手をしてくれた。いざ教室に戻ろうとしたときには，自分の机の場所や授業の進度などについても担任の先生と打ち合わせをしてくれて，スムーズにクラスに戻ることができた。このような体験から，いつかは自分もSCになりたいと思い，大学受験をがんばって，心理学科に入学した。Eさんは臨床心理士を目指しているため，大学院を受験する予定である。そのため，将来的には修士論文も書く必要がある。どうせやるならば，卒論の内容を発展させた形で修士論文を書きたいし，大学院受験のことを考えても，その方が面接の受け答えが適切にできそうな気がする。なにより，不登校の経験を持ち，SCになりたい自分であることを考えると，現在不登校状態にある子どもと，支援をするSCの役に少しでも立つような研究をしてみたい。具体的には，自分が不登校時代に受けた支援が，どのような意味を持つものなのか，被支援者の気持ちなども考慮した上で明らかにできれば，将来の自分にも役立つと思う。そのため，Eさんは「不登校のステージに応じた支援の可能性」という仮テーマで研究を始めることとした。

　Fさんは小さい頃から研究者になりたいと思っていた。自分の研究で科学が進歩することは，とても素晴らしいことだと思っている。特に，人間そのものを理解するような研究の方が成果を実感できるよ

うな気がして，心理学科に入学をした。心理学科に入ってさまざまな講義を受ける中で，特に認知心理学や神経心理学は，最近の流行とも関連が大きいような気がした。テレビや雑誌でも脳科学に関する特集が組まれており，人間の行動と脳の関連について多くのことが分かるようになってきている。自分で調べたところ，特に外国では心理学者が脳科学に関する研究を行っていることも多く，自分も将来的には脳科学を勉強して，研究者になりたいと思っている。しかし，卒論の段階でそのような実験や調査を行うことにはやや無理がある。むしろ今の段階では，心理学の基本をきちんと押さえること，実験や調査のスキルを習得することの方が重要だと考えている。そのため，卒論では，神経心理学の手法を用いた実験研究を行い，修士課程においては学会発表や論文としてその成果を報告することで，より高度な研究を進めていけると思った。Fさんは「ワーキングメモリの発達的変化に関する検討」という仮テーマを設定し，研究を始めた。

　これらは，将来設計に基づいて研究テーマを設定した例である。大学や学部を選択する時点で将来の進路についての希望があればそれに越したことはないが，なかなかそうもいかない。しかし，大学3年生の後半くらいになってくれば，就職活動も徐々に始まり，なんとなくでも進路について考えざるを得ない。一般企業に就職をするか，心理学を活かした行政関連の公務員を受験するか，大学院に行くか，それくらいの希望についてはこの時点で考慮しておいた方が望ましい。将来設計から研究テーマを設定することのメリットは，研究へのモチベーションを高めやすいということであろう。日常生活からテーマを設定する際のモチベーションとはやや性質が異なるものの，目標がある方が辛い作業の際にも自分を鼓舞することができる。デメリットとしては，将来設計が途中で変わってしまったときには，モチベーションを維持することが困難になるということである。SCになりたいから，研究者になりたいから，という理由で始めた研究であれば，その夢がなくなってしまった場合に，純粋にそのテーマへの関心で進めていかなければならない。もちろん，単位の問題があり，卒業するために必要な作業だと割り切ってしまうこともできるが，自分がおもしろいと思っていないことを1年以上掛けて取り組むのは大変なことである。そのため，将来設計からテーマを考える際にも，本当にこのテーマは自分が長い期間関心を持ち続けられるテーマであるかどうかについては，吟味しておく必要があるだろう。

2. 資料の集め方

(1) テーマについての一般書，概論書を手に入れる

　上記のようにある程度研究したいことが具体的になってくれば，それに関連した文献を集めることになる。しかし，まだ具体的な論文を集める手前の段階，例えば，「怒りについて関心がある」，「SCについて研究したい」のように，自分の関心がぼんやりとしている段階では，雑誌論文などについてもどれを読めばいいか分からないことが多い。そこで，まずは自分が関心を持った大枠のテーマについての，一般的な理解を行うことで，そのテーマについての研究の方向性が見えてくるかもしれない。

　そのようなときに役に立つ文献のひとつが新書である。新書を検索するときは，もちろん書籍を扱うサイトや大学の図書館検索などもあるが，新書マップというおもしろいサイトもある（新書マップ：http://shinshomap.info）。このサイトに入ったら，真ん中の部分に自分の関心のあるテーマを入れて検索ボタンを押す。すると，図10-1のように，そのテーマと関連のあるさまざまなテーマが円となって現れる。円の中のものを選ぶと，最初に自分の設定したテーマと選んだテーマとの掛け合わせによる検索結果（ここでは怒りと人間関係）が出てきて，図10-2のような画面になる。この中から，自分の関心に近いと思える書籍を選んで読んでみるといい。新書は，学術論文などのような書かれ方とは異なるので，

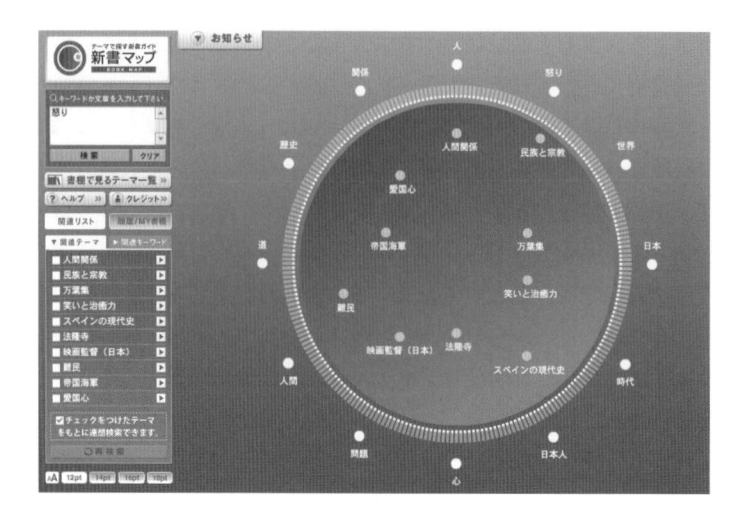

図 10-1　新書マップのキーワード画面

図 10-2　新書マップの検索結果画面

図10-3　図書館 web サイトの検索画面

　場合によっては知識内容が偏ってしまうこともある。しかし，比較的平易な文章で書かれており，専門家でない人が読んでも分かりやすいため，大枠のテーマについての一般的な理解をし，その後の研究へのヒントを得るという点ではメリットがある。また，選んだ新書そのものだけでなく，そこで用いられている引用文献などを見ることによって，自分の関心に近いより詳しい文献にあたることができるという点でも意義がある。

　新書のような一般書から，自分の関心に近い専門書にたどり着くことができればその専門書を読み進めることになる。うまくたどりつけないときには，大学の図書館のサイトを利用する。図書館の検索画面に行くと図10-3のような画面が出るので，例えばここで「怒り　心理学」（間はスペース）と入力して，検索ボタンを押す。すると，図10-4のような画面が出てくるので，自分の関心に近いと思われる文献を選んで借りるとよい。

(2) 論文を集める

　一般書や概論書を手に入れることができたら，それを読み進めていく。特に専門的な概論書を読み進めていけば，自分が関心を持っているテーマについての全体像をつかむことができる。概論書の中に文献の引用があれば，その情報から論文を検索して読むことができる。また，論文の中には，「レビュー論文」や「展望論文」と言われるものがあり，その分野のこれまでの研究をまとめた上で，今後必要となるであろう研究内容についての提言等が行われているものがある。ある程度関心が絞れてくれば，このようなレビュー論文を先に探しておくと，自分のテーマの全体像が分かりやすくなる。

　このように，なんとなくでも自分の関心テーマが絞れてくれば，論文の検索をすることができる。論文の検索のサイトはさまざまなものがあるが，日本語の論文を検索するのに便利なサイトとして CiNii

図10-4　図書館 web サイトの検索結果画面

(http://ci.nii.ac.jp) がある。CiNii の使用方法についての詳細はコラム 9 を参照して欲しい。他にも，Google Scholar (http://scholar.google.co.jp) は，Google と同様の検索方法で文献を検索することができ，心理学に特化した英語論文であれば，PsycINFO (http://www.apa.org/psycinfo/) などを用いて検索することができる。

　よく，「文献はどれくらい集めればいいのですか」と質問をする学生がいるが，基本的には自分の研究テーマに関連のあるものであれば全て読んでおく必要がある。しかし，大学が所蔵していない論文であれば費用が掛かるし，膨大な文献を読むだけで実際の研究活動ができないというのであればそれは問題である。自分が研究をするテーマに関しての先行研究をきちんと押さえて，それを踏まえた問題設定をするためにも，一般書や概論書で自分の関心を絞っておき，論文の検索段階ではある程度具体的なテーマに基づいた検索を行う必要がある。

(3) その他の資料を集める

　概論書や論文以外の資料としては，新聞記事や各行政機関が出している白書などがある。新聞記事については，大学が契約をしている新聞社であれば，大学の図書館にある専用の端末機器を使って検索することができる。また，各種の白書についても，インターネットを利用して入手することができる。例えば「犯罪の発生件数のデータが必要」ということであれば，法務省のサイトに犯罪白書のデータがある。「精神障害の内訳が知りたい」ということであれば，内閣府のサイトには障害者白書のデータがある。研究の問題設定の際などに利用するとよいだろう。

(4) 文献の管理

　集めた文献を読んだら，必要に応じて利用できるように整理しておくことも重要である。文献の管理の仕方は人それぞれであるが，最もオーソドックスな方法は，ファイルに綴じて管理をすることである。その際，内容に応じてファイルの色を分けたり，メモとして書誌情報や簡単なサマリーを貼っておくと，後で利用するときに便利である。蛍光ペンでマークをするといった程度であればパソコン上でもできるが，自分の字で色々と書き加えるということであれば，やはり紙の方が使いやすい。ただし，卒論の時期などは毎回大学に行く度に膨大なファイルを持ち運ぶ必要があるため，以下に記すような文献管理の方法と組み合わせるのがいいだろう。

　パソコンを利用した文献管理については専用のソフトがあり，有名なものでいうと，Endnote (http://endnote.com) がある。非常に高機能であるが，それなりの価格がするので，今後も研究を続けていくのであればいいが，卒論のためだけに購入するのはややハードルが高い。同様の機能をもつものとして，Mendeley (http://www.mendeley.com) がある。こちらはフリーソフトなので導入しやすい。どちらもクラウド型の文献管理であるため，好きなときに必要に応じて文献を参照できるというメリットがある。家のパソコンで保存したものを，大学のパソコンで呼び出したり，電車に乗っているときにスマートフォンやタブレットでも読めるというのは，大きな利点である。また，文献管理に特化したソフトなので，インターネット経由で書誌情報を入手して文献に付加することができ，Word などのワープロソフトと連携して引用文献情報を自動で挿入してくれることも便利な機能である。

　これらの文献管理ソフトは非常に便利であるが，英語のソフトであることもあり，卒論の段階では使い方を学ぶことに時間を取られてしまう可能性もある。そこでもう少し身近で使いやすい管理の方法としては，Dropbox (https://www.dropbox.com) や Evernote (http://evernote.com/intl/jp/) を使うという手もある。Dropbox はオンラインストレージのひとつで，USB メモリのような使い方ができる。内容ごとにフォルダを作って，その中に文献の PDF ファイルを入れておけば，インターネットにつながるところであればどこからでも取り出すことができる。また，Evernote もオンラインストレージではあるが，こちらはもう少しメモ管理的な意味合いが強い。Evernote の便利なところは，ノートブックという名前でフォルダの管理をするだけでなく，タグを付けてまとめることができる点である。ひとつの文献であっても複数のタグを付けておけば，いろいろなまとめ方から呼び出すことができる。また，ノートにメモを書いた上で PDF ファイルを貼り付けることができるので，書誌情報やサマリーと一緒に管理することもできる。Dropbox も Evernote もスマートフォンアプリがあり，空いた時間に文献を読むことができる。

　文献はきちんとまとめておけば，後から利用するときに便利である。ただし，文献の整理はあくまで研究をスムーズに遂行するための手段であるので，そのことを目的として余計な時間を取られないように気をつけなければならない。

3. 資料の読み方

(1) 一般書，概論書の読み方

　上記に書いたような方法で新書などの一般書を手に入れることができたら，それを読んでいく。一般書については，自分が関心を持っているテーマについて，何か研究のヒントになるような内容がないだろうか，というような視点で読むとよいだろう。もし，ヒントになるような箇所で，他の文献からの引用や参考の部分があれば，それをメモしておく。このときには，できれば専門書や論文からの引用や参

考の部分に絞ってメモを取った方がよい。でなければ、ひたすら一般書だけを読み進めることになってしまい、なかなか研究のレベルにテーマを持っていくことができなくなってしまう。

また、テーマに関する専門的な概論書を見つけることができれば、今度はそのテーマの全体像についてつかむことを目的として読んでいく。例えば「怒り」というテーマであれば、心理学の中でもさまざまな領域で扱われている。個人内の感情という部分に着目すれば、感情心理学や認知心理学でテーマとなるし、対人や社会場面ということを重視すれば、社会心理学でもテーマとなる。怒りのコントロールということになれば、臨床心理学でも重要なテーマとなるだろう。概論書を読んでおさえておくことは、そのテーマの心理学全体での立ち位置（どの領域で扱われうるテーマか）と、その領域でどのような研究の知見が報告されてきたか、という二点である。加えて、一般書のときのように、自分の研究テーマに落とし込むためのヒントや、引用や参考となっている文献についてもメモをしながら読んでいく必要がある。

(2) 論文の読み方

自分が読むべき論文の検索の仕方については、一般書や概論書からの引用情報を利用する、論文検索のためのサイトを利用する、といった方法があることを述べた。そのようにして手に入れた論文については、二つの役割から読んでいく必要がある。ひとつは、自分の研究テーマを絞るための役割である。その分野でどのような研究が行われており、今後どのような研究が必要なのか、という点を意識しながら、自分の研究テーマを絞り込んでいく。もうひとつは、論文執筆に使用するための役割である。自分の論文の問題設定や考察に使うために、必要な箇所を引用する。しかし、実際にはこのようにきれいに役割を分けて読むというよりも、それらの役割を同時に抱えながら読んでいくことも多い。以下では、それらふたつの役割を踏まえながら、論文の構成に従って、読み進め方について説明していく。

自分が読んだ論文は、これから行う研究の「先行研究」の部分になってくるものである。研究を行う際には必ず先行研究のレビューをする必要があり、自分が執筆する論文の中にそのレビューの成果を記載しなければならない。それは、自分が行っている研究が、これまでに行われてきた研究成果を踏まえて実施されたものであり、オリジナリティを持つものであるということの証明になる。逆に言えば、きちんと先行研究のレビューが行われていない研究論文だと、これまでに幾度となく実施されていてそれなりの答えが出ている研究かもしれないし、心理学の発展に全く寄与しないような研究だと判断されてしまっても反論することができない。

自分の研究が、先行研究をきちんとおさえたオリジナリティのあるものであり、研究の問題設定が妥当で必要なものであるということを示すためにも、関連のある論文は一通り読んでおく必要がある。その上で、論文の構成に応じて、自分の研究に重要だと考えられる部分については、チェックをしながら読んでいく必要がある。例えば心理学の場合、ひとつの用語に対してさまざまな定義が用いられることがある。論文ごとに定義がさまざまであれば、自分の研究でもきちんと定義をした上で研究を進める必要があるし、ある程度研究者の間で定義が定まっていれば、それを引用して研究を進める必要がある。この辺りの部分は、先行研究の中の「問題」や「背景」「はじめに」といった部分の記載が有用である。

心理学の通常の論文の構成であれば、次の部分には「目的」が載っている。研究というものが「分かっていないことを分かろうとする」という基本的な性質を持つものであることを考えるならば、これまでにどのようなことがどこまで分かっていて、今後はどの部分を明らかにする必要があるのか、という部分についての記述が重要であり、論文の「目的」は、この内容にあたるものである。目的の内容は、自分がこれから研究を行う際のヒントにもなるので、しっかりと頭に入れた上で論文を読み進めていく必

要がある。

　次の「方法」の部分には，ヒトを対象とした研究であれば対象者についての内容（人数や属性），研究デザイン（実施の手順や分析の手法）等が記載されている。この方法の部分を批判的な視点で読むことで，自分の研究で用いるべき方法のヒントを得ることができる。目的の部分で設定された問いに答えるための方法として，例えば，サンプル数は充分な数で属性に偏りはないか，実施の手順に結果の妥当性を歪めるような点はないか，得られるデータに対する分析手法が妥当なものであるか，といった点について，吟味する必要がある。量的な分析手法を用いている場合に，データ数が多すぎて困ることはないが，極端に少ないデータ数であれば，統計的分析に耐えうるものであるかどうかは検討しなければならない。また，年代毎の差を検討するような研究目的であるにもかかわらず，ある年代のサンプル数だけが多く，他の年代がわずかなサンプル数ということであれば，結果の妥当性が問題になってくるだろう。実験群と対照群を用いるような実験研究であれば，最初から二群に大きな差がある場合には，処遇の効果の差に疑問が出てくる。インタビューによるデータ収集と質的な分析手法を用いているにもかかわらず，「はい」か「いいえ」で答えられるような質問項目ばかりで実施されていれば，それでは質的研究の分析手法を用いる理由がなくなってしまう。このように批判的に読むことで，自分が研究で用いるべき方法が明らかになってくる。問題のない方法であれば援用すればいいし，手法として適切でない部分については修正をすればよい。もちろん，心理学の研究は完全に要因を統制することが難しいものであり，全てを修正して自分の研究デザインを組むというのは現実的には無理である。しかし，先行研究を読む際には，理想的な研究デザインを頭に置いて批判的に読んでいくことで，自分の研究方法をより良いものに近づけることができる。また，具体的な分析の手法について，心理学の中でよく用いられる手法のうちどの分析方法を使っているのか，理解する必要がある。統計的な分析であれば，t検定や分散分析を用いて差の検定が行われていたり，相関分析や重回帰分析によって要因どうしの関連について分析が行われていたり，最近の論文であれば効果量が示してあることも多い。質的な分析であれば，グラウンデッド・セオリー・アプローチや，会話分析，KJ法などが用いられている。重要なことは，どのような目的のときにどのような分析を用いることで答えが得られるのか，という点を理解することであり，自分の研究計画の参考にすることができる。

　「結果」と「考察」の部分は，自分の研究テーマを設定する際に特にヒントとなる部分である。設定された問題と目的に対して，どのような答えが得られたかを理解する。加えて，例えばA要因とB要因の関連性がみられたならば，その関連性がどのような意味をもつのか，といった点についての，研究者の考えが記載してある。その研究者の考えが，問題の設定と得られた結果から考えて妥当なものであるかどうかについて批判的に読む必要がある。それによって，「自分だったらこの関連性から○○のような考察をする」といった考えや，「ここの記述まではこの研究では言えないと思うので，ここを明らかにすることを自分の研究テーマとしよう」といったヒントが得られる。また，結果の示し方として，どのような図表を使っているかといった点などは，自分が執筆をする際の参考にもなるだろう。

(3) 英語論文について

　英語論文を読む必要があるかと聞かれれば，それはもちろんそうである。日本ではやられていなくても，どこかの国で誰かが既にやっている研究の可能性は充分にある。しかし，それを言ってしまうと，じゃあドイツ語や中国語で書かれた論文はどうするのかということになり，文献の検索と読み込みだけで大学生活が終わってしまう。そのため，これについては，自身の英語力と相談しながら進めていくのがいいだろう。もちろん，英語で書かれた文献も先行研究として示してあり，世界的にみてその研究テ

ーマがどのように扱われているのか，ということが記載してあれば，それはより一層に自分の研究のオリジナリティを高めることになるし，卒業論文としての評価も高くなる。日本語の論文にも頻繁に引用されていて重要な知見を提供しているような論文であれば，目を通しておくに越したことはない。

英語論文を読む際には，まずはアブストラクトをしっかりと読むことが大事である。自分の研究に大きく関係しそうかどうかは，アブストラクトを読めばだいたい分かるものである。その上で，自分の研究に有用だということが分かれば，方法や結果についても詳しく読んでいき，自分の研究へのヒントとすることができる。

（4）自分の関心を研究ベースに落としこむ

ここまで，資料の集め方と集めた資料の読み方について解説してきた。このような手順を踏めば，ある程度は自分の関心が絞られてくるのではないかと思う。漠然としたままで研究を進めることはできないため，心理学の研究手法で分析可能なように，研究のテーマを設定する必要がある。

心理学の研究論文を読んでいると分かるように，基本的には何かひとつの要因だけを取り上げて検討するということはあまりない。オーソドックスに言えば，刺激と反応の関係をみるのが心理学の研究であり，いわゆる独立変数と従属変数を設定して（第Ⅱ部6章参照），因果関係や相関関係をみたり，ある処遇の効果を判定したりする。そのため，最初に自分が関心を持ったテーマと関連がある要因を想定したり，ある要因とある要因の間にある変数を仮定したりするといった作業を，先行研究のレビューから説得的に進めなければならない。もちろん，最初は思いつきでもいいのだが（1節3項のCさんのように），それを読み手が納得するような論旨で仮説設定として呈示する必要がある。例えば，「大学で『怒り』についての質問紙調査を実施したところ，1年生の怒りの点数は50点，4年生は30点だった」というのはただの報告であり，心理学の研究というにはやや寂しい。せめて，「年齢と怒りの関連性を検討する」程度の分析は加えるべきであり，その関連にどのような意味が想定できるのか，先行研究などを用いながら考察すべきである。

たいていの場合，最初に思いつく問題意識は，例えば「犯罪心理学について研究をしたい」「親子関係について検討したい」といったように，非常に漠然としたものである。そこから少し絞れて，「親子関係の中でも，母子関係を中心にして，それと性格の関連を検討したい」のような，テーマになってくる。しかし，「母子関係」にしても，「性格」にしても，それらは非常に多くの要因を含んだ概念であり，そのまま研究の土台に乗せることはできないのである。研究のテーマとして設定するには，大枠としての概念のレベルから，心理学的にひとつのものとして想定できる「要因」のレベルまで絞り込んでいく必要がある。「母子関係」から，「母と子の接触時間」や，「子から見た母親の養育態度」のように，非常に狭い部分にまで，関心を絞り込んでいく。その意味では，「自分は母子関係について研究したかったのに，母と子の接触時間についての検討では，得られる結果についても僅かなものにしかならない」と感じられるかもしれない。しかし，科学というのはそういう小さな一歩を積み重ねていくものであり，心理学の研究もそのような手法に則って行うべきものである。多様で複雑な要因が含まれている現象を対象にしてしまうと，結果の解釈も多様になり過ぎてしまい，本当に自分が言いたいことに対する妥当性が失われてしまう。出来る限り要因を統制することで，不要な要因を排除できれば，それだけ結果の解釈に対する説得力が増すのである。

第Ⅱ部に記載してあるように，心理学の研究手法には量的研究と質的研究がある。下山（2000）はこれらの違いについて，「単なるデータの種類の違いというレベルではなく，研究の手続きや研究を評価する妥当性（よい研究であること）の基準という根本的なレベル，つまり研究のパラダイムからして異な

っている」と述べており，人間のこころというものに対するアプローチの違いを反映した，研究者のスタンスの中から生まれてくる違いともいえる。しかし，卒業論文を書く段階では，研究者としてのアイデンティティというところまでは考慮できないので，自分が行う研究の内容に応じて，必要な研究手法を選ぶことになる。ごく単純化するならば，仮説の生成の段階にある研究であれば質的な分析方法が適しているし，仮説の検証の段階にある研究であれば量的な分析方法が適している。研究の「問い」のレベルによる研究手法の違いについては，戈木クレイグヒル（2006）を参照されたい。

　まとめとして，自分の関心を研究テーマに落とし込むときの作業としては，まず，自分の関心のあることが，どこまで分かっていて，どこからが分かっていないのかを知る。次に，自分の関心のあること（例えば怒り）を，どのようなこと（例えば自尊感情）との，どのような関連（例えば相関関係なのか，因果関係なのか，比較なのか）で明らかにしたいのかをはっきりさせる。その関連性を仮定することに至ったさまざまな先行研究を整理して，仮説として呈示する。関心のテーマが，仮説を呈示できないようなテーマであったり，質的なデータによるデータ収集である場合（例えば怒り状態時の発話の特徴のような）には，質的な方法によるデータ分析を検討する，といった手順を踏むとよいだろう。

文献
CiNii Retrieved from http://ci.nii.ac.jp
Dropbox Retrieved from https://www.dropbox.com
Endnote Retrieved from http://endnote.com
Evernote Retrieved from http://evernote.com/intl/jp/
Google Scholar Retrieved from http://scholar.google.co.jp
Mendeley Retrieved from http://www.mendeley.com
PsycINFO Retrieved from http://www.apa.org/psycinfo/
戈木 クレイグヒル 滋子（2006）．グラウンデッド・セオリー・アプローチ：理論を生み出すまで　新曜社
下山 晴彦（2000）．研究の方法論　下山晴彦（編著）　臨床心理学研究の技法（pp. 22-23）　福村出版
新書マップ Retrieved from http://shinshomap.info

コラム8　図書館を活用する

　論文を書くためには，図書館を活用することが必要である。本文の中でも触れたが，文献を集める際うまく学内の図書館を活用すれば，そのための労力を少なくして，データの収集や分析に多くの時間を使うことができる。では，具体的にはどのように図書館を活用すればよいのだろうか。

　最初に行うべきことは，自分の所属する大学の図書館の活用の仕方自体を，図書館で教えてもらうということである。多くの大学において，文献検索のためのワークショップのような催しを行っている。ゼミ単位であったり，個人単位であったり，参加の形態はさまざまであるが，まずはそこに参加することによって，自分の大学の図書館における効率的な文献検索の仕方を知ることができる。

　二つ目の大学の図書館の活用方法は，文献の検索を家のパソコンではなく，図書館のパソコンで行うということである。大学の LAN につながっていれば，学内の計算機室などのパソコンを使ってもよいだろう。本文でも触れたように，近年は学術雑誌も電子化が進んでおり，インターネットを通じてダウンロードできるものも多くなっているが，ほとんどの雑誌は有料であるため，家のパソコンからダウンロードすることはできない。しかし，大学がその雑誌やサイトと契約をしていれば，大学のパソコンからであればそのまま無料でダウンロードできる。読みたいと思った書誌情報をメモして大学に行って再度検索をする，というような手間が省けるのである。

　三つ目の大学の図書館の活用方法は，複写依頼を出すということである。自分が読みたいと思った論文がインターネット経由で入手することができず，学内にもその雑誌が置いていないということであれば，その雑誌を保有する他の大学の図書館からコピーを送ってもらうことができる。この場合，送料と複写の手数料等は実費となる。複写依頼は，大学図書館の検索ページからそのまま依頼を出せるような大学もあれば，窓口で必要書類を記載して申し込むところもあるので，最初に述べた図書館主催のワークショップで確認しておくとよいだろう。

　四つ目の図書館の活用方法は，図書館を自分の書斎として利用するということである。多くの大学にはパソコンの設備が整っており，作業場として使うことができる。また，論文を書き進める中では，問題設定に必要な文献を探す，統計ソフトの使い方を知る，考察に必要な文献を探すといった作業が必要になってくる。事前に全て準備しておければよいが，卒論というものが初めての論文執筆作業であることを考えると，それも難しい。であれば，図書館はいつでも必要な情報が手に入る理想的な場所である。特に，データの分析なども終わり，執筆段階になってくれば，誘惑の多い家よりも，集中して取り組むことができる場所となる。

　最後の図書館の活用方法は，図書館にいるスタッフを活用するということである。人を活用するというと言葉が悪いように聞こえるが，図書館のスタッフはその道のプロであり，活用しない手はない。何より重要なことは，貸し出し中の本はいつ返ってくるかというような，大学の図書館の人にしか分からない情報も聞くことができるということである。実は大学の図書館は，来館者を増やすことを目標の1つとしており，非常に親身になって対応してくれる。毎日顔を出していれば，スタッフとも顔見知りになることができるので，分からないことがあればすぐにスタッフに尋ねるとよいだろう。

コラム 9　データベース・検索ツールを活用する

　10 章で述べたように，自分の関心がある程度固まってきたら，そのテーマに関連のある論文を検索することになる。はじめは日本語の論文を検索して，そのテーマに関する概要を整理していくとよいだろう。ここでは，日本語の論文検索サイトの CiNii の使用方法について解説をする。

　CiNii のサイトを開いたら，はじめに検索画面に自分の関心テーマを入力する（図 1）。すると，図 2 のような検索結果画面になる。この中で，インターネット経由ですぐに手に入れることができる文献と，そうでない文献を見分けることができる。例えば図 2 の中においては，「① CiNii PDF - オープンアクセス」と書いてある項目があり，その場でダウンロードすることができる。また，「② CiNii PDF - 定額アクセス可能」や，「③医中誌 Web」のように書いてあれば，大学の図書館の契約によっては無料でダウンロードすることができる。何も書いていない文献の場合には，直接ダウンロードができないことが多いので，その雑誌が大学の図書館にあれば必要な手続きを取って複写をすることができる（コラム 8 参照）。

　よく，「該当する文献がありませんでした」という声を耳にする。しかし，自分が思いついた研究について，これまでに誰も考えつかなかったという可能性は低い。もちろん，全く同じものというわけにはいかないが，関連する研究が行われているのが普通である。例えば，要因 A と要因 B の関連を検討したいと思ったときに，二つの要因を検索ワードに指定したからと言って，そのままの研究が見つかるということは難しい。逆に言えば，これまでにたくさんやられている研究であれば，それは自分の研究のアイデアがオリジナリティに欠けるということになる（もちろん，追試という形で研究を進めることには大きな意義がある）。したがって，要因 A と要因 B の関連を検討する場合においても，まずは要因 A と B がそれぞれ別個に扱われた文献を読むことから始めればよい。そうすることで，自分の立てた仮説が妥当なものであるかどうかについても考えることができる。

　そのように要因を絞った（検索の範囲を広げた）としても，適当な文献が見つからないとすれば，それは検索システムをうまく利用できていないのかもしれない。その場合，色々な角度から検索を掛けてみることで，該当の文献が見つかることがある。例えば，自分が調べたい要因のことを研究している研究者の名前が分かれば，その研究者名で検索を掛けることによって，関連する一連の論文を見つけられることがある。また，同じ用語でも英語での呼び方がある程度定着していれば，カタカナ表記で検索を掛けてみることも必要である（例：心理療法とサイコセラピー）。加えて，検索時のキーワード自体の設定についても考慮をしてみる必要がある。特に自身の関心の領域が漠然としている場合には，その研究テーマに含まれる専門用語を抽出するのが難しい場合がある。そのため，自身が

図 1　CiNii の検索画面　　　　　　　　　　　図 2　CiNii の検索結果画面

用いているキーワードが本当に自分の関心のあるテーマに重要な学術用語なのか，という点については，指導教員とも相談をしたほうがよい。

　また，検索後に出てきた論文が莫大な数であれば，その論文の出所についても着目をしてみるとよい。一般的に，雑誌に掲載されている論文の方が，紀要論文や学会の発表論文集などよりも厳しい査読を経たものであることが多い。そのため，なるべく雑誌論文を優先的に読んでいき，補足的に，紀要論文，発表論文集，の順で参考にしていくのがよいだろう。

11章　量的研究の計画と方法

　大学では様々なレポートを書く。それらのほとんどは，長くても1ヶ月程度の準備期間と執筆期間を経て完成に至る。一方で，卒業論文や修士論文等の研究は，半年から1年以上かけて一歩一歩進められる。このタイムスケールの違いはその目的の違いによる。卒論や修論といった研究は，新しい知識を創造することを目指している。創造された知識が信頼に足ることを保証するため，取り組むべきことが多岐に渡るのである。また研究は計画通りに進むとは限らない。想定外の事態が生じ，先が見えなくなることもある。そのような時は，知力を振り絞って解決策を探らざるをえない。それでも駄目な場合は，当初の方針から一旦撤退し，別ルートを模索しなければならなくなる。着実に研究を進めるには，事前に準備しておくべきことは何か，途中でいかなる問題が生じるのか，その時の対応方法はどのようなものか等を把握しておく必要がある。

　そこでこの章では，心理学の研究として広く採用されている量的研究について，研究を行うにはどのような準備が必要なのか，いかなる事態に直面するのかを紹介する。量的研究では，科学や心理学の歴史を通して発展してきた科学的方法が用いられる。科学的方法は，客観的根拠に裏打ちされた信頼に足る知識を創造するにはどのようにすればいいのかを示してくれる。科学的方法がなければ，そもそも信頼に足る知識とは何か，そのような知識を見出すにはどのような手続きが必要なのか等，一から考えなければならなくなり，一人の人間がその人生の中で知識を創造するのは極めて難しくなるだろう。ただし科学的方法を使うのも決して容易ではない。具体的な手続きに関する知識や技能はもちろん，背景にある考え方まである程度理解する必要がある。つまり，1つの研究を行うにも多くの準備が必要となる。

　また科学的研究は極めて社会的な営みでもある。他者から，知識やスキルを学び，研究協力を仰ぎ，情報を収集する。ほとんどの場面で他者との関わりが不可欠である。時には，対人的問題で研究が滞ることだってある。そうした事態に陥らないためには，社会的スキルやマナーも必要となる。

　次節からは，まず研究計画の立て方について述べる。その上で，研究準備，研究実施，分析と論文執筆まで，各段階でどのような課題に直面するのか，それらの課題に取り組むことにどのような意味があるのかについて述べていく。量的研究の流れとそれぞれの作業に必要な事前準備を把握し研究完成までの時間的展望を持って，着実に研究を進めていってほしい。

1. 目的を立てる，仮説を立てる

　まず研究を進めるなかで最初にして最大の課題は，「何を明らかにするのか」というリサー

チ・クエスチョンの設定である。量的研究で一般的な仮説検証型の研究では，「どのような仮説を立てるか」と言い換えることができる。

卒業論文や修士論文とは，学んできた研究手続きを踏んで，何らかの結論を導いて見せるものである。ただそれだけならば，誰かが既に明らかにしている問題でもよいことになる。しかしそれでは，「分かっていないことを分かるようにする」研究とは言えない。これまで存在していなかった新しい知識を生み出すこと，それがリサーチ・クエスチョンには求められる[1]。

その上で，自分が面白いと思えるリサーチ・クエスチョンでなければならない。興味の持てない問題を設定しても，長期間にわたる研究活動への動機づけの維持が難しい。だからといって，純粋に興味関心だけの仮説を選ぶこともあまりお勧めしない。その時はそれで良いと思えても，長い研究活動の中で「なぜこんな研究をしているのだろう」と後悔しかねない。そうなるとやはり動機づけは低下し，場合によっては研究を続けられなくなる。

(1) 研究意義

リサーチ・クエスチョンや仮説を立てる際には，自分自身の興味関心だけでなく，研究意義があるかどうかを考えよう。研究意義があるかどうかは，その問題が解明されたり，仮説が検証されたりすることで得られる新たな知識がどのように役立つかにより判断される。

この研究意義は大きく分けて社会的意義と学術的意義がある。分かりやすいのは社会的意義であろう。研究により得られた知識が，心身の健康を高めたり，対人関係を改善したり，社会をより良くしたりすることに利用できるならば，社会的意義があると言える。これまで学んできた心理学を思い出すと，多くの研究になんらかの社会的意義があることが分かるだろう。

他方の学術的意義があるというのは，得られた知識がそのままでは社会で役立たなくても，当該領域の理論的発展に貢献する場合である。これには，従来の理論や研究方法の誤りを指摘する研究等も含まれる。心理学のほとんどの理論は人間行動の法則に関するものなので，その理論を発展させたり，限界を明らかにしたりする研究は，結果的に社会的意義もあることになる。

(2)「未だ明らかにされていない」の理由

卒論などでリサーチ・クエスチョンや仮説の意義について言及される際，よく用いられる表現に「……については未だ明らかにされていない」というものがある。未だ誰も検討していない問題や仮説を検討するのだから，十分な学術的意義がある，と思える。しかし，ある仮説がこれまで検討されていない場合，そこには幾つかの理由が考えられる。まずは，重要で役に立つ仮説なのに，そのことに今まで誰も気づかなかったという理由である。このような理由ならば，その仮説を検討する価値は大いにある。しかしなかには，その仮説を検証してもそこから得られる知識が何の役にも立たないので，誰にも検討されなかった場合もある。この場合，その仮説の検証には本質的な意義がない。「未だ明らかにされていない」ことしか意義が見いだせない問題や仮説は，残念ながらこの場合が多いので注意しよう。

他に，その問題や仮説を検証するのが極めて困難だから検討されなかったという理由も考えられる。問題や仮説を設定するには，興味や研究意義だけでなく，その検討が実際に可能なのかについても考慮しなければならない。

---

1) 反証可能性（第Ⅱ部6章参照）を重視している科学においては，同じ研究を他の人が行い同じ結果が再現されるかを確認する追試研究にも高い学術的意義がある。追試研究では，先行研究をよく吟味し，未だ不確かな点や疑義のある点の解明を目指す。

(3) 他人に話そう

　リサーチ・クエスチョンに研究意義があるかどうかを判断するには，人に説明してみることである。卒論ならば指導教員やゼミの仲間に，自分の研究のどこがどう面白いのか，どういう意義があるのかを説明してみる。伝えられない時には，本当に意義があるのか疑わざるをえない。説明していると，当初は気がつかなかった重要なことが見出されることもある。同じ学問を学ぶ者同士が議論するなかで，新しい発見ができることは，研究の醍醐味の1つである。更に友人や家族にも自分の研究について話してみよう。心理学の研究テーマは身近なものが多いので，他領域よりも聞いてもらいやすい。多少専門的な内容でも，順を追って説明すれば伝えられるはずである。そうすることで，その研究にどんな意義があるのか，整理されていくだろう。

2. 研究計画を立てる

　リサーチ・クエスチョンが定まれば次は，その問題をどのように検討するか，研究方法を考える。設定した問題についての有効な方法がなければ，問題自体を諦めなければならないので，この検討は慎重に行なう。量的研究の方法ならば質問紙調査や実験などが一般的だが，具体的な方法はどのように選べばいいのだろうか。

(1) 先行研究にならう

　最も基本的な研究方法の選び方は，先行研究と同じ方法を用いるというものである。6章でも述べているように，科学的研究には反証可能性が必要とされており，他の研究者が同じ方法を用いて研究結果の正しさを適切に検証できるものでなければならない。その点，先行研究ですでに報告され，手続きの詳細が公表されている方法は，この反証可能性を保証するものとなる。

　特に量的研究でほぼ必須ともいえる変数の測定方法においては，まずは先行研究で報告されているのと同じ方法を使うことを考える。学会が発行している学術雑誌で報告されている測定方法ならば，その信頼性や妥当性に対して一定の保証が既に与えられている。保証のないオリジナルの方法を採用すると，方法の信頼性や妥当性の検討から始めなければならなくなる。そうなると，事前にすべきことがあり過ぎて本題にまでたどり着かないこともある。定められた時間内で一人の人間にできることには限界がある。研究は，先人達がこれまで積み上げてきた成果を利用し，そこに信頼できる知識を新たに加えていく活動なのである。

(2) 先行研究の手続きを吟味する

　悩ましいのは，先行研究で報告されている方法が自分の研究においても果たして適切なのかである。研究経験が少ない場合，この判断は難しい。そこで，ゼミ等で先行研究の詳細を紹介し，その方法が自分の研究に適用できるのか，指導教員等と議論する。研究背景と研究目的を示した上で，対象者は誰か，どのような尺度を用いたか等，研究手続きを詳細に報告する。結果に関しては，どのような分析でどのような結果が得られ，どのような解釈が導かれたのかを報告する。

　読み慣れない学術論文の記述はわかり難い。データの分析方法にいたっては，専門用語ばかりで意味不明ということもある。そうなると，理解できない箇所を飛ばして，理解しやすい目的と結論だけ報告したくなる。しかし，どのような手続きで得られた結果を，どのように分析して，どのような結論が導かれたのかを把握しない限り，その方法が適切なのか判断はできない。論文において難解な部分にはそ

れだけの情報がある。分からない点は図書館やwebで調べ，それでも分からなければ指導教員に質問する。そうして理解したことを，他の人も理解できるように発表する。そこまでしないと，研究計画を検討するための発表として意味がない。

(3) オリジナルの心理尺度を開発する

　適切な先行研究がない場合，例えば測定したい変数について既存の心理尺度がないならば，自ら開発せざるを得ない。しかし新たな尺度を開発する場合，その尺度の信頼性や妥当性を保証するために，様々な手続きが必要となる。この開発においても，採用すべき適切な手続きがある。大まかに述べると，1) 測定したい概念の定義を明確化し，2) その定義に合致していれば同意でき，合致してないならば同意できない項目を複数考える。考えた項目が全て使えるわけではないので，最終的に尺度を構成する項目の数倍は考える。3) それらの項目をもとに試作版の尺度を作成し，予備調査を実施する。4) 予備調査のデータをもとに，信頼係数や因子分析などによって項目を絞り込んで，尺度を構成する。更に基準関連妥当性等についても検証する。こうした手続きを通して，測りたい概念に関する妥当性と信頼性のある尺度が完成する。当然ながら，この開発手続きの理論的背景も理解しないと研究は進められない。詳しくは心理尺度の開発について説明されている文献（例えば，村上，2006）に当たろう。オリジナルの方法を開発する場合は，それだけ事前に学ぶべきことが増え，時間と労力が大幅にかさむ。それゆえ，新たな心理尺度を作成するだけで一つの研究になるくらいである。

(4) 研究倫理を考慮する

　実施可能な研究計画が立ったとしても，更に考えなければならないことがある。その研究が倫理的に許されるかどうかである。たとえどれほど社会的意義のある研究でも，研究協力者に重い精神的負担を強いるものであるならば，その実施は倫理的に許されない。そのような研究を実施することは，心理学という学問，更に研究という営みまでも貶めかねない。研究を計画する段階で，日本心理学会が刊行している倫理規定（日本心理学会，2011）等に照らし，その研究が倫理的に許されるか，どのような配慮が必要なのか等について判断する。ただ困ったことに人間は自分に都合の良いように判断してしまいがちであり，自分の考えた計画の問題には気づきにくい。そこで，大学に研究倫理審査委員会があるなら，研究計画書を提出し，研究倫理審査を受けることが求められる。この研究倫理審査の通過を学会等での発表の要件としている場合が多いので，公表に値する研究ほどこの手続きは重要である。

研究倫理審査の為の計画書

　研究倫理審査に限らないが，研究計画書ではまず研究目的とその意義を明確に述べる。調査対象者や実験参加者は，協力する研究には十分な意義があると思うからこそ協力する。研究意義が伝わらないと，その信頼を裏切っているという点で倫理に反すると判断されかねない。研究手続きに関しては，特に倫理的に問題になりそうな部分を詳細に説明する。そこの記述が曖昧であっては審査のしようがない。最も重要なのは研究遂行における倫理的配慮に関する記載である。具体的な内容としては，1) 参加の自由を保証する手続き，2) 参加を取り止めたい時はいつでも止められることの明示の方法，3) 研究協力者に過剰な負担を掛けないための配慮，4) ディセプション[2]を用いる場合はその使用がやむを得ない選択であることの説明，5) 参加後にフォローアップが必要な場合の対応方法，6) 回収後のデータの管理

---

　2) ディセプションとは，研究目的を参加者が知ることで行動等に偏りが生じると予測される場合に，研究目的等について現実と異なる内容を参加者に伝えることである。ディセプションを使用した場合は，研究終了後速やかにデブリーフィングを行い，本来の研究目的やディセプションを使用した理由について説明しなければならない。

と個人情報の保護方法など。更に，7) 事前説明の理解した箇所をチェックした上で署名を求める同意書，8) 具体的な質問内容の提出を求められることもある。基本的には，所属する大学の研究倫理審査委員会がどこまでの書類提出を求めるのかを事前に確認して，漏れや不備がないように準備をする。

研究計画書の作成は，いきなり書き始めるのではなく，過去に審査に合格した計画書を参考にして，要求されている計画書をイメージしてから作成する。必要書類を作成する作業は社会に出ても求められる。その場合もまず良いサンプルを手に入れ，重要なポイントを押さえて作成するものである。適切な書類を作成するスキルは汎用性が高い。スキルアップのつもりで取り組もう。

倫理審査結果が出るまでの期間は大学で異なるが，提出後すぐに結果が出て研究が開始できるということはまずない。ある程度の審査期間を想定して，計画通りに研究が進められるように，早めの申請を心がけよう。

(5) 尺度の使用依頼

研究で，他の研究者が開発した刺激や心理尺度を用いる場合，開発者に事前に使用許諾の連絡を取らなければならない[3]。また，先行研究の論文の記載だけでは具体的な研究方法が分からない場合も連絡をとり，情報提供を依頼することになる。これらの文面は，当然ながら社会人としてのマナーに沿ったものでなければならない。依頼用手紙の文例を集めて，適切と思われる文章を練り上げる。学生の人生経験ではマナーに適った文面をつくるのは難しいので，指導教員の確認を経てから送るほうがよいだろう。

3. 研究準備

ここからは本格的な研究準備である。質問紙調査ならば質問紙を作成すること，実験ならば教示文書や事後質問紙を作ることが主となる。

(1) 質問紙の作成

質問紙の作成方法について詳細に述べるには紙面が足りないので，重要な点を幾つか述べるにとどめる。詳しい内容については，質問紙の作成方法が主に書かれている文献（例えば，小塩・西口, 2007）を見てほしい。

1) 分析方法を予め考える

最大の問題は，フェイス項目[4]も含め，どのような項目で質問紙を構成するかである。当たり前のことだが，研究目的を達成するのに必要な質問は含めたい。そのために必要なのは，得られたデータに対してどんな分析を行い，どんな結果が期待されるのか，あらかじめ具体的に考えることである。それを怠ると，質問紙回収後に重要な質問を尋ねてなかったことに気づき，検討すべきことが検討できないということが起こりうる。このような事態は，研究が頓挫して研究者自身が困るだけでなく，研究協力者の貴重な時間を浪費したという点で倫理的問題でもある。

2) 質問を入れすぎない

分析で必要な項目を選ぶとなると，分析への自信のなさも手伝い，関係がありそうな質問をなんでも

---

3) 学術雑誌に掲載されている心理尺度は，基本的に開発者以外の人も利用できる。但し，開発者によっては事前に問い合わせを求めている場合もある。一方，多様な心理尺度を紹介する書籍（例えば，堀洋道監修『心理測定尺度集Ⅰ～Ⅵ』サイエンス社）に掲載されているものは，原則として自由に利用できる。

4) フェイス項目とは，性別や年齢等の人口統計変数を尋ねる項目である。研究目的に応じて，居住形態や家族構成，職業等を尋ねる場合もある。

入れてしまいがちである。しかし多すぎる質問は，協力者の負担になり，回答への動機づけを低下させ，データの質を下げる。よく考えて，必要な質問に絞り込むことが重要である。

3) 既存の心理尺度の使い方

先行研究などで開発された心理尺度を使用する場合，原則として，教示文（回答にあたっての説明文），項目内容，回答方法，選択肢等全てを変更せずに用いる。先行研究で信頼性や妥当性が確認されている尺度であっても，それが保証されるのは同じ使用方法をする場合に限られる。もちろん研究目的に応じて部分的変更が必要なこともある。ただし変更すると，妥当性等についての保証が損なわれることは忘れないでほしい。

4) 分かりやすく美しく

質問紙に含める項目が決まると，ワープロや表計算ソフトを用いて実際の質問紙を作成することになる。その際に重要なのは，当然ながら分かりやすい質問紙をつくることである。では，分かれば良いのかというと，それでは不十分である。自分自身が質問紙に回答する時のことを考えてみて欲しい。雑につくられた質問紙と，市販の検査票に見紛うほど丁寧につくられた質問紙では，後者の方に真剣に取り組むだろう。美しい質問紙を作成することは，回答されたデータの質を大きく左右する。

美しい質問紙を作成するには，ワープロ等の機能を熟知することが必要となる。美しい質問紙のイメージがあっても，ワープロ等のどの機能を用いればそれを実現できるのか知らなければ，そのイメージを形にできない。例えば，第Ⅱ部6章の図6-4のように，回答用のスケール上に縦書きの文章を配したい場合，どの機能を用いればよいだろう。できないならば，情報処理の授業の配布資料を引っ張り出したり，ワープロの市販マニュアルを購入したりして，必要な機能の使用方法を把握する。回り道に感じるかもしれないが，その経験から社会に出ても役に立つ実践的スキルが得られる。

(2) 実験材料の作成と準備

実験の場合は，教示（instruction）や実験用プログラム[5]，事後質問紙（post-questionnaire）[6]等を作成する。教示とは，実験状況を実験参加者に説明するための文書である。実験では剰余変数の統制が重要である（6章参照）。すなわち，独立変数で操作されること以外は全て統一しなければならない。説明内容を統一するには，予め用意した同一の教示文書を毎回提示するのが有効である。発表用ソフトのスライドショーを用いることも多い。この教示の作成でも，当然ながら分かりやすく美しいことを目指す。教示が分かり難いのは問題外だが，美しくない教示も理解しようという動機づけを損ない，適切に伝わらない。教示作成スキルは，様々なフィールドで求められるマニュアル作成スキルに通じる。伝える為にはどのような工夫が有効か，考えながら取り組もう。

複雑な手順を必要とする実験では，実験の流れに沿って機材操作の手順や教示内容を一通り示した実験者マニュアルを作成する。それを見れば，誰でも実験が実施できるものを目指す。とりわけ，実験者効果[7]等を予防するためダブルブラインド法[8]を用いる場合は，実験者マニュアルは不可欠である。

---

5) 認知系の実験では，コンピュータによって刺激を提示し，反応を測定することが多い。その為のソフトが，実験用プログラムである。

6) 事後質問紙とは，実験中に収集できない情報を得るため，実験後に回答を求める質問紙である。主に，実験中の内観，実験状況についての認識や個人特性を測る心理尺度等で構成される。

7) 実験者効果は，実験結果の妥当性を損なう要因の一つである。参加者と対面する実験者が，意識的または無意識的に，参加者が仮説通りに反応するように誘導してしまうこと。

8) ダブルブラインド法とは，実験者効果等を防ぐために，実験参加者だけでなく，対面する実験者や行動評価をする研究協力者にも研究目的や操作内容を知らせない手続きのこと。実験参加者に研究目的を知らせない手続きはブラインド法という。

(3) 事前に試す

　質問紙でも教示文書でも，一通り完成した段階で，他人に回答させたり，読ませたりして意見を求める。作成者にとって分かり易い文なのに，他の人が読むと全く分からないとか，別の意味に理解されることがよく起こるからである。とりわけ，短文での表現が求められる心理尺度の項目では起こりやすい。作成者はその文で何を伝えたいか予め知っている。そのため，曖昧な文でも補足して理解してしまう。しかし実際の調査対象は，その文で伝えたいことを予め知らない人たちである。そのような人たちも理解できるかどうかは，やはり伝えたい内容を知らない人に読ませて判断するしかない。

　実験の場合は，教示や事後質問紙等，全ての準備が整った段階で，実験目的を知らない協力者に，実験室への到着から退室までの一通りの手続きを体験させる。これが予備実験である。予備実験後は参加者へのインタビューを行い，教示や実験状況についてどのように理解していたかを確認する。実際の流れの中にいる実験参加者は，研究者の想定と異なる状況理解をすることがあり，そのことを発見・修正するには予備実験が不可欠である。実験で機材を使用する場合にはこうした予備実験等を通してその操作に習熟しておくことも非常に重要になる。

　質問紙や教示文書を他の人に見てもらうと，作り直さなければならない部分が必ず見つかる。自分では完成したと思っても，そこから更に時間がかかることになる。自分の作業時間についての展望だけでギリギリの計画を立てると，予定通り実施できないということになりかねない。だからといって，不完全なものを実施しても失敗するだけである。作り直しにも対応できるように，実施予定日の2週間前には一通りの準備が終わるように計画しよう。

(4) 研究協力者の確保

　ここまで準備が終わっても，まだ研究実施前に考えるべきことがある。まずは質問紙調査ならば調査対象者を，実験ならば実験参加者をどのように確保するかである。望ましいのは無作為標本をとることである[9]。しかし卒論や修論では時間的にも経済的にも難しい。そこで思い浮かぶのは，大学の授業等の大勢がいる場所で質問紙や参加募集を配布する方法（集合的調査法と呼ばれる）だろう。実際，この方法は心理学研究の多くで採用されている。しかし，そうして得た標本に統計的検定を予定しているならば，その方法は理論上の大きな問題がある。7章で述べているように，統計的検定は無作為標本から母集団の分布を推定する方法であるが，ある授業を受けている人たちを対象とした標本は，無作為標本とは到底言えないからである。

　無作為標本に対して，授業で一度にとるような標本は有意標本と呼ばれる。心理学研究の多くで有意標本がとられ，理論上問題のある統計的検定が一般的に行われている理由については，実は明瞭な説明ができない。ここでは，二つの考え方を紹介する。有意標本も無作為標本と同じく，標本が小さいほどその分布は母集団分布とずれた分布になりやすい。このことを考慮した上で，有意標本が母集団を反映している程度を判断する方法が他にない。そこで便宜的に無作為標本の理論を利用しているというのが一つ目の考え方である。この考え方の背景については南風原（2002）を参考にしてほしい。もう一つは，「欲求不満状態では攻撃が増加する」のような，人類全般に共通して想定される心理メカニズムの理論検証が目的ならば，調査対象者が誰であるかは致命的にならないという考え方である（山田，2000）。この考え方では，導かれた理論は暫定的なものに過ぎず，調査対象者を変えて異なる結果が得られたら，当

---

9) 無作為標本での調査を実施する場合は，社会調査の手続きに関する文献を参考にする。例えば，森岡 清美（編）(1998). ガイドブック社会調査　日本評論社。

初の結論は棄却されるか，適用範囲が狭められることになる。有意標本への統計的検定は，これらの考え方への暗黙の了解のもと，便宜的に実施されているものなのである。

次に問題となるのは，何名の調査対象者や実験参加者が必要なのかである。必要な標本の大きさは，後でどのような分析を行うかによって異なる。詳細については予想される効果量や検定力といった統計的概念についての理解が必要なので，統計の文献，例えば芝・南風原 (1990) などで確認して欲しい。大まかな目安を述べると，相関研究であれば，200 名以上いれば 0.25 程度の相関係数でも有意になりやすい。分散分析の場合は，各群に 30 名以上の参加者はほしい。因子分析を行うならば，項目数の 5 倍〜10 倍くらいの調査対象者数が望まれるので，分析対象となる質問項目が増えるほど調査対象者数も増やさなければならない。

また研究テーマによっては，研究対象の出現頻度も考慮する。例えば，女性の喫煙者が女性の非喫煙者や男性喫煙者とどのように異なるのかを調査したいとする。女性の喫煙者比率が 10% 程度ならば，女性の喫煙者を少なくとも 30 名確保するためには，女性 300 名以上を調査対象にしなければならない。

(5) 募集の事前依頼

授業時間を利用して調査実施や参加者募集をする場合，授業の担当教員に事前に依頼をしなければならない。通常，授業はシラバスに沿って進んでおり，当初予定にない調査等を実施するのは容易ではない。したがって，「授業計画に余裕があれば調査を実施させてください」と依頼する。勝手に「来週の授業で調査させてください」と，自分の都合だけで実施できるものではない。教員への調査依頼では，事前に面会予約を取り，当日は研究目的と研究手続きなどが書かれた依頼文書を手渡した上で，口頭でも依頼する。授業時間の前半に調査を実施するのか，授業終わりに実施するのか，どのように回収するのかなどは，担当教員の意向を優先する。あくまでも依頼する側として，社会的マナーに沿った対応をとらなければならない。

(6) 実験室の確保

実験の場合，参加者だけでなく，実験室の確保も必要となる。実験室や教室を利用する場合，大抵は事前予約が必要である。実験を実施する日時が決まったら，その時間帯に使用できるのかを確認し，決められた手続きにしたがって予約する。大学により具体的な手続きが異なるので，指導教員に確認して進める。こんなことは誰かがお膳立てしてくれると期待しないように。研究実施に必要な手続きは研究者自身が行うというのが原則である。

実験室確保に関しては考えてほしいことがある。例えば，翌週の金曜日に実験が予定されているのだが，その時点では参加者の都合で実施できるか分からないとする。他の人に先に予約されると使用できなくなるので，実施する見込みだけで実験室を確保したくなる。しかし，このような見込み確保を皆がやり始めると，実際には実験をしない人が部屋を確保して，本当に実験をしたい人が利用できない事態が頻発する。結果として，皆が都合の良い時間帯に実験をするのが難しくなる。これは，社会心理学の研究テーマの 1 つでもある「社会的ジレンマ」である。皆が効率よく実験が行えるように，不当な実験室確保を行わないことを一人ひとりが心がけよう。

(7) 調査や実験の実施

さて，調査や実験当日である。質問紙調査を授業時間内に実施する場合，まず簡単な自己紹介をした上で，研究目的を含めて研究協力の依頼をする。このときの印象が回収率を左右するので，真摯な姿勢

で依頼すること。質問紙等を配布した後，表紙や同意書に記載されている倫理的配慮事項（研究倫理審査の研究計画書の項参照）を確認させた上で，回答を始めさせる。質問紙の回答時間は人によってかなり幅があるので，遅い人でも終えられる時間を確保する。

　実験は予め用意した実験者マニュアルや教示に沿って進める。実験結果は実験者の不用意な言動によっても左右されるので，定められた手順を守ることが何よりも重要である。言うまでもないが，仮説通り反応するように実験参加者を誘導することは絶対行ってはならない。

　実験では実験用ノートを用意し，実験当日にどのようなことが起こったのか，できるだけ記録する。そうすることで，結果が想定外のものになった場合に，その原因を特定する手がかりが得られる。想定外の結果には，仮説が誤っていたという理由以外に，参加者の意識や状況認識が研究者の想定と異なっていたという理由がある。つまり剰余変数の影響が考えられる。その剰余変数が分かれば，実験を計画し直す際の改善方針を見出すこともできる。想定していないどのような事態が起きたか，無作為配置をしていても偏ってしまったことに何があるか等，できるだけ記録しておく。地道な作業に見えるが，心理学では，実験室で想定外のことが起こり，それによって新たな発見が導かれたことも少なくないので，意外と創造的な作業ともいえる。

4. 分析の手順

　調査や実験を実施した後はデータ分析である。ただしその前に，質問紙に鉛筆やペンで回答された内容をコンピュータ上のファイルに入力しなければならない。データ入力である。認知系の実験等，実験用プログラムによって参加者の反応がコンピュータの記録装置に直接保存される場合はこの作業は必要ない。ただしその場合も，分析に向けてファイルを整形したり，別の保存形式に変換したりする等が必要になることがある。

　データ入力の前に，質問紙には通し番号を振り，回答者にIDを与える。無記名で行われ，調査対象者の匿名性を保証する調査であっても，後に行うデータクリーニングなどのためにこの作業は必要である。

(1) データ入力

　データ入力の方法については，用いる統計ソフトによって異なるが，概ね表計算ソフトのような行列形式のシートに，IDから始まる1人分の回答データを1行に，各列には同じ変数（同じ質問への回答）の値が入るように入力する。そうすることで，どの数値が，どの質問紙（通し番号）の，どの変数の値なのか対応可能になる。入力に際しては，欠損値[10]や非該当[11]があった場合にどう対処するか，複数回答[12]の場合にどう入力するかなど予め決めておく必要もある。

　データ入力という作業は慎重さと忍耐を必要とする。これを乗り越えない限り先に進めないので，地道に進めるしかない。だからこそ可能な限り効率的な方法を模索しよう。例えば利用しているソフトのショートカットキーを把握することが役に立つ。その時は調べるのが面倒でも，将来も役立つ知識にな

---
10) 欠損値とは調査対象者による回答漏れ。入力時には，半角ピリオドを入力するなどの対応をする。
11) 非該当とは調査対象者が回答不要なこと。例えば，配偶者の職業を回答する項目については，未婚の調査対象者は非該当になる。
12) 複数回答とは，当てはまる選択肢を一つだけ選ぶのではなく，当てはまる選択肢を複数選択させること。入力欄は選択肢の数だけ用意し，その選択肢が選ばれていたら1を，選ばれていなければ0を入力する等の対応をする。

る。
　データ入力は，何人分か入力する毎に保存することを繰り返しながら進める。コンピュータは，データ入力中にフリーズするということが希にあり，その場合，何時間もかけて入力したものが一瞬で消滅することもありえる。悲劇を最小限にするため，ある程度入力が進むたびに上書き保存していこう。
　データを入力したファイルは必ずバックアップファイルをつくる。すなわち複数のリムーバブルディスクに保存したり，PCのハードディスク上にも保存する等，同じファイルを複数の場所に保存する。そうすることで，1つのディスクが破損してアクセス不能になっても，他の場所のファイルが利用できる。更に言えば，データだけでなく，執筆中の論文等，なくなると困るファイルは常にバックアップをとろう。リムーバブルディスクは，想像以上に破損しやすい。壊れなくても紛失することもある。毎年，卒業論文の締め切りに追われている時期に，何時間も何十時間もかけたファイルがなくなる学生が少なからずいる。そんな目にあわない為に，バックアップを怠ってはいけない。
　調査対象者が特定可能なデータなど，個人情報保護への配慮が必要な場合は，ネットに接続していないコンピュータに保存する。そうすることで，ネット経由で，データが漏洩する危険を回避することができる。データ管理も研究倫理上の重要事項の一つなので，適切に対応すること。

(2) データクリーニング

　データ入力を終えると，次はデータクリーニングである。人間は完璧ではない。入力の際に，間違った値を入力したり，入力し忘れたり，隣の列に入力してしまったりということが起こる。そうした誤りを見つけて，正しく入力し直す作業がデータクリーニングである。どんなに素晴らしい分析でも，誤ったデータをもとになされたならば，分析結果は誤っている。だからデータクリーニングは全く手を抜けない。この作業は統計ソフト等に依存するので，そのマニュアル等を参考にしてほしい。ここでは，この作業が絶対必要で，手間と時間がそれなりにかかることを覚えておくこと。

(3) データ分析

　入力したデータのクリーニングが済めば，統計ソフトを使っての解析である。計算はコンピュータに任せることができるが，それを適切に行うためには様々なスキルと知識が必要である。まずは，分析をするためにデータの加工が必要な場合がある。複数の変数を合計し新たな指標を作成したり，ある変数の値をもとに群に分類する等である。この手順も使用している統計ソフトに依存するので，マニュアルなどで一通り学んでおこう。
　統計分析には様々なものがあり，分析目的やデータのタイプに応じて使用すべきものが異なる。どの分析で何を明らかにできるのか，どの分析法がどのタイプのデータに対応するのか。更に，目的の分析を行うにはどのような手順が必要なのか，分析結果はどのように表示され，どこを読みとればいいのか。これらを押さえないと，データと統計ソフトがあっても結果は導けない。当然ながら，これらの知識を得るにはそれなりに時間がかかる。効率が良いのは，各大学のカリキュラムに用意されている統計解析の演習等を履修して，基礎的知識とスキルを押さえることである。数学が苦手でも，コンピュータに関する一定の知識があれば，意外と何とかなる。最近は企業の販売戦略なども消費者の購買データを元に立てられる。データを理解し，統計的分析視点をもつことはキャリアとしても役立つので，取り組んでみよう。
　分析を進めて一定の結果が得られたら，その結果を報告することになる。卒業論文ならば論文に書く。ただし，実際には論文を書いている中で，新たな分析の必要性が見えてくることがある。その場合は，

再び分析に戻ることになる。その分析結果によっては，今度は論文の内容を変えなければならなくなる。このように，分析は一通りやればお終いというものではない。議論の深まりに応じて，分析も進んでいく。

5. タイムスケジュール

　最後に，12月末に卒業論文を提出することを想定して，4年次の大まかなタイムスケジュールを示しておきたい。あくまでも目安であり，努力次第で短くなることもあり，事前の準備不足やこだわり次第で長くなることもある。

　まず研究計画を立てる。文献を集め，読みこみ，リサーチ・クエスチョンを設定し，適切な研究方法について吟味する。読み込む文献量に依存するが，短くても2か月，長いと1年以上かかる。できれば3年生の段階でリサーチ・クエスチョンを定め，4年次の5月には研究計画を固めておきたい。

　研究倫理審査の研究計画書は，適切なものを作成するならば少なくとも1週間はかかる。更に申請後の審査結果がでるまでの期間は，自分の努力では短縮できないので，早めに申請することが肝要である。

　次は研究準備の期間である。既存の尺度だけを用いる研究で，文書作成技能があれば1週間程度でなんとかなる。しかし，オリジナルで心理尺度を作るならば1か月以上は必要である。実験の準備は，内容の複雑な教示の作成に1か月以上，事後質問紙等の準備も含めると2か月は欲しい。研究準備は完成したと思ってから大幅修正もあるので，時間的余裕が持てるように進めよう。

　調査期間であるが，学内での集合的調査は授業の都合が合えば1週間くらいで終えられる。学外へ調査依頼するならば1か月以上は想定しておこう。実験の場合は，1日当たり実施できる人数や参加者の都合等で数週間以上かかることもある。後の予定を考えると，データ収集は遅くとも10月中旬には終えておきたい。

　データ入力やデータクリーニングにかかる時間は，質問紙の項目数や回収した数によるが，1週間くらいは想定しておこう。もちろんこれは，作業に集中できれば短くなるし，できなければ長くなる。

　分析は，事前準備が済んでいるかに依存する。解析方法について十分に勉強をしていれば，短く終えられることもある。ただし，分析前のデータの加工に手間取ることや，当初予定していない分析が必要になり，理論や手順を一から学ばざるをえないこともある。期待と異なる結果が得られたならば，その理由を解明するため様々な分析を試みなければならない。これらの場合は数週間以上かかる。とはいえ，11月中旬までには目処をたてておきたい。

　これで論文執筆の期間が残り1か月ちょっとである。しかし実際に残り1か月だけで卒論を書きあげるのは困難である。ただ書くだけならもっと短い時間でも済むかもしれないが，専門的な内容を読み手に伝わるように書かなければならないのだから，1か月でできる学生はほとんどいない。前倒しで書ける内容，例えば先行研究の紹介や研究手続きの記述などは，夏くらいから研究準備作業と並行して書き進めておこう。人間は同じ作業を継続すると飽きてくる。幾つかの作業を並行して進めることは，効率よく仕事をするコツでもある。

　ここまで読んで，これだけのことをやり遂げられるのだろうかと不安になった人も多いだろう。しかしほとんどの学生はやり遂げている。とにかく目の前に現れた課題を一つ一つ地道にクリアしていくことである。それに卒論で奮闘しているのは自分だけではない。周囲の学生達も，同じ時期に，同じような問題に直面している。互いに知識を分かち合い，協力しあい，励まし合っていけば，思いの外楽しくやり遂げられる。そうしてやり遂げたことで得られるものは，その後の人生において大きな財産になる

はずである。

文献
南風原 朝和（2002）.心理学統計法の基礎　統合的理解のために　有斐閣
村上 宣寛（2006）.心理尺度の作り方　北大路書房
日本心理学会倫理委員会（編）（2011）.公益社団法人日本心理学会倫理規定　公益社団法人日本心理学会
小塩 真司・西口 利文（編）（2007）.質問紙調査の手順　ナカニシヤ出版
芝 祐順・南風原 朝和（1990）.行動科学における統計解析法　東京大学出版会
山田 一成（2000）.質問紙調査に何ができるか　村田 光二・山田 一成（編）社会心理学研究の技法　福村出版

コラム 10　研究の倫理

　2011年3月の原発事故は科学者の社会に対する説明責任を改めて問いかけ，日本学術会議（2013）は「科学者の行動規範」を改訂してその責任を宣言した。研究という営みには，人類全体の智の蓄積という正の面と，研究関係者の負担や権利の侵害，場合によっては一部の人々への危害といった負の面とが交錯する。個人の内面や，人格の弱みにも深く関わる心理学研究では，学会ごとに倫理綱領（日本心理学会, 2012; 日本心理臨床学会, 2009）を公表しているし，大学等の研究機関もそれぞれに研究倫理審査委員会を置いて倫理実践をチェックしている。他者の権利侵害や不利益について，研究者が何を意識して，どのように対応するのかを積極的に示すことが求められている。ここでは，ある大学の研究倫理審査申請書の項目を挙げて，具体的に考慮すべき事項を確認してみよう。

　I　研究計画等の概要：研究課題名，実施者，場所，期間，目的，計画の概要（資料として，調査票や面接調査項目一覧など）などが求められるのは，倫理を吟味する基本情報だからである。研究資金の出所や謝金によっては，研究方法や成果が歪められる可能性があるのでこれも明らかにする。成果の公表方法も個人情報公開の影響可能性に関連する。

　II　個人から収集する情報・データ等：対象者（協力者）として選定した理由，データの項目，データ収集の具体的方法，謝礼は，研究方法の恣意性をチェックするための基礎情報である。

　III　個人情報の保護：どのデータが誰のデータかの対応表を作成しない「連結不可能匿名化」を行えば，個人は特定されず，協力者への危害の可能性は少なくなる。データの開示請求への対応や，解析結果のフィードバックなどの理由で対応表を作成する「連結可能匿名化」でも匿名化自体は行うのが通例である。これもしない場合は，その理由と，データの保管・管理・廃棄についてどのような手段を採るかを説明する必要がある。また，データ収集・管理を第三者に委託する場合はその契約内容を添付する。

　IV　説明と同意（インフォームドコンセント）に関する書面作成：研究概要やその影響などについては，説明書を渡して次のような事項を説明し，同意書にサインしてもらうのが通例である。

- 研究協力によって，何らかの負担あるいは苦痛を伴うことが予想される場合，その状況と対策について，わかりやすく記述する。
- 研究協力は任意であり，不同意や同意撤回により，不利益な対応を受けないこと，同意後も，いつでも文書により同意を撤回することができること，請求があればデータを開示すること，同意を撤回した場合，提供されたデータ等は廃棄されること，データ等は本人の同意なく他者に渡さないこと。
- 研究成果の発表の方法（学会発表，論文発表）とその予定。
- 謝礼の有無と内容。
- 問い合わせや苦痛などに対応するための連絡先。

　証拠を残して保身を図るのではなく，研究参加者の不安を最大限に考慮して，誰もが安心できるような行き届いた説明とケアを届けるという気概が重要ではないだろうか。

文献

日本学術会議（2013）．声明「科学者の行動規範－改訂版－」　日本学術会議　Retrieved from http://www.scj.go.jp/ja/scj/kihan/（2015年5月1日）

日本心理学会（2012）．公益社団法人日本心理学会会員倫理綱領及び行動規範　日本心理学会　Retrieved from http://www.psych.or.jp/about/rinri.html（2015年5月1日）

日本心理臨床学会（2009）．倫理綱領　日本心理臨床学会　Retrieved from http://www.ajcp.info/pdf/rules/rules_071.pdf（2015年5月1日）

12章 質的研究の研究計画と方法

　心理学の研究では，研究計画を立てた後，設定した研究設問を検討するために，量的データと質的データ[1]といった2種類のデータを取り扱うことになる。2種類のデータの特徴を比較すると，数値で示される量的データに比べ，主として文字で示される質的データの方が，そのデータの中に，その研究協力者だからこその思いや気持ちなど，数値では捉えることのできない様々な情報が含まれていると言える。

　後述するが，このような質的データの特徴を最大限に活かすためのデータ分析法が，これまでいくつも開発されている。このような質的データだからこそ用いることのできる分析法は，質的分析と呼ばれ，その分析を用いた研究は，質的研究[2]と呼ばれている。質的研究は，既存の有力な理論もなく，確立した研究パラダイムの無い領域での研究設問にアプローチする際に利用されることが多い。質的研究を用いるからこそ，従来の量的研究では得ることのできない，新たな発見がなされる可能性がある。近年，質的研究は，心理学研究の新たな地平を切り開くものとして高い関心が寄せられている。

　従来の心理学では，研究に対する客観的姿勢を重視してきたため，量的データを扱った研究が主流となってきた。本テキストでも，このような背景に倣い，これまで主に量的データの収集法（第Ⅱ部6章を参照）やその分析法（第Ⅱ部7章を参照）を中心に説明してきた。しかし，質的データの収集や分析方法は，量的データの収集，分析方法とは様々な点で異なる。質的データを取り扱うためには，質的データの良さを活かすような，データ収集の仕方や分析方法を学ばなくてはならない[3]。

　質的研究の方法には様々な種類がある。そのため紙面の都合上，この章において，全ての質的研究の特徴と実施方法を説明することは難しい。そこでこの章では，特に，多くの質的研究で共通して利用される，質的データの収集方法である面接法（インタビュー），そしてその結果から得られた音声データを質的分析の対象となる文字データに変換する方法（逐語化）についての説明を中心に行う。また質的分析の方法については，質的心理学において最も利用されているものの一つである，グラウンデッド・セオリー・アプローチを取り上げる。グラウンデッド・セオリー・アプローチは，量的研究が主に扱う人間の行動の背景にある，個人の主観的世界にアプローチしようとする点で，量的研究と連続性があり，また，ほかの質的研究に比べて，その分析手続きが明確化されており，実施しやすいとされている[4]。そしてこの章の最後では，グラウンデッド・セオリー・アプローチに限らず，他の様々な質的研究に共通

---

1) 量的データとは，質問紙調査研究などを通して，個人の心の状態を数値化して捉えたものであり，もう一方の質的データは，面接や観察から得られた回答や情報を記録し，それを文字で示したものである（村井, 2012）。
2) 質的研究とは，「しばしば，言語を中心とする質的なデータを収集し，その形を尊重しながら分析を行う研究手法の総称とされる。その本質は，言語という世界をとらえる概念的な道具を使って，新たな視点の探索と物事の見えの更新を試みるということ」（能智, 2011, p.23）である。
3) 質的データ内に含まれる単語の数を数えて数量化することで，統計的処理を実施することもできる。このような方法は，テキストマイニングと呼ばれ，近年，その可能性に注目が集まっている（藤井・小杉・李, 2005）。
4) 質的研究には，グラウンデッド・セオリー・アプローチ以外にも，理論的前提の異なるものが幅広くある。それらについては，第Ⅱ部8章を参照されたい。

して重視される研究実施上の注意や，質的研究を行うこと自体が研究者にもたらす意義についても説明する。読者には，この章でなされた質的データの取り扱い方に関する説明をきっかけに，今後，それぞれ自学を通じて，様々な質的研究の方法についての理解をより深めてもらうことを期待する。

1. 研究計画の立て方

質的研究を実施しようとした際，まず，どのように研究計画を立てたらよいのだろうか。上述したように，質的研究には多様な種類がある。それらの種類ごとにデータの収集法，分析方法も異なるため，その計画の立て方も異なってくる。そこで本節では，多くの質的研究に共通した研究計画の立て方とその注意点をいくつか説明する。

(1) リサーチクエスチョン

質的研究を実施しようとした際，どのようなテーマについて研究していくのか，研究の方向性を決める大まかな問いを設定する必要がある。このような研究遂行上の問題設定のことをリサーチクエスチョンと呼ぶ。量的研究では，研究を実施する際，まずは研究のための操作的定義を設定し，そこから研究仮説の定式化を図る（例えば，女性は，男性と比べて，共感性が高い）。しかし，質的研究は，研究対象となる現象を捉えるための明確な理論や研究パラダイムもない時に使われることが多い。そのため，質的研究を実施する際には，量的研究のように，かっちりした研究仮説が設定されるのではなく，その現象そのもののありようを問いかける設問が設定されることになる（例えば，女性は，共感するということをどのように体験しているのか）。どのような研究の問いを立てるかが研究の正否を分けることもある。指導教員などとじっくり相談しながら，リサーチクエスチョンを設定したい。

1) 先行研究の収集

研究者の日々の疑問や関心事をリサーチクエスチョンに変換するためには，自身の関心のあるテーマに関わる先行研究と結びつけて考えてみることが大切である。先行研究は，心理学のものだけでなく，心理学と近接している他の学問領域（例えば，社会福祉学，教育学，社会学，哲学など）のものまで幅広く収集したい。幅広い学問領域の論文を読むことにより，扱いたい現象をどのように捉えることができるのか，様々な視点を身につけられるようになる。その視点は，データ分析の際に，そのデータから意味を読み取る力（これを感受性と呼ぶ）を高めることにも役立つはずである。また，先行研究を収集する際には，自身の関心あるテーマに関する量的研究法を用いた論文も集めたい。量的研究法は，研究方法論上の特徴として，研究対象の個人差を排除した研究手続きをとる。しかし，そこで排除された個人差の部分にこそ，質的研究だから扱うことのできる，現象を深く理解するための鍵が隠されている可能性もある。量的研究法を用いた論文を読んで感じた違和感などを出発点に，リサーチクエスチョンの明確化を図りたい[5]。

2) リサーチクエスチョンの修正

量的研究を中心とした心理学研究では，①研究の問いを立てる，②データを収集する，③データを分析する，④結果をまとめるといった，4つの手続きから研究を実施する（谷口，2012）。質的研究も研究実施上，この4つの手続きが重要な要素となるが，その順番は常に①から④の流れで実施されるわけで

---

[5] ただし，論文を集めすぎると，膨大な情報量に飲み込まれ混乱してしまい，身動きがとれなくなってしまうこともある。具体的な論文の集め方や論文を読む際の注意については，第Ⅲ部10章を参照されたい。

はない。多くの質的研究では，②データを収集しながら，③データの分析が同時に行われ，時にはその結果を受けて①研究の問い（リサーチクエスチョン）やその研究計画の修正を繰り返すことで，研究対象についての理解を深めることを目指す。リサーチクエスチョンや研究計画を修正する際には，その都度，指導教員やゼミの先輩と相談しながら，研究協力者の選定方法，人数，データ収集の方法，倫理的な配慮などについても再検討したい。

2. 質的データの収集方法

質的研究において，上述した通り，データの収集とデータの分析は，特に重要な研究手続きであると言える。質的データの分析については3節で述べるとして，本節では，まず面接法（インタビュー）を用いた質的データの収集法と実施上の注意点について説明する。

(1) 面接法

質的データは，様々な方法によって収集される。その中でも，より個人の内的世界を深く具体的に知ることができるとされるデータ収集の方法が，面接法である（澤田，1995）[6]。

1) 面接法とは

面接では，主に会話といった方法を通じて，面接対象となる研究協力者がどのような考えや気持ちを抱いているかについての理解を図る[7]。しかし，日々の生活においても，人々は，会話を通じて他者の気持ちなどの理解を図っている。面接での会話と日常的な会話を比較すると，後者の方が，他者を理解しようとする明確な意図をもたずに行われることが多い。一方，面接での会話は，面接相手を理解しようとする明確な意図のもとに行われる（澤田・南，2001）。心理学で用いられる面接法は，日常生活での会話と比べ，研究協力者についての特定の情報を得ようとする一定の目的をもった会話であると言えるだろう。

2) 面接法の特徴

谷口（2012）は，面接法の利点と欠点について，以下のように説明している。まず面接法の利点であるが，面接法は①観察からは捉えることのできない感情や価値などの内的側面を理解する上で力を発揮すること，②質問紙法と比べ，面接相手の様子を観察しながら柔軟な対応をとれること，そして③当初予想していなかった，より深い発展的な問いを投げかけることができるため，想定した以上の内容の情報が得られるといったことを挙げている。一方，面接法の欠点には，①データの収集の手間と時間がかかること，②得られるデータの質や量が，研究協力者の言語能力に依存されるため，幼児や外国人から豊かなデータを得ることが難しいことを挙げている。また，谷口（2012）は，面接法を用いて，より豊かなデータを得るためには，研究技法としての面接についての知識と経験の蓄積が必要であることも指摘している。

3) 面接法の種類

面接法は，面接を実施する動機や目標などの違いから，治療のための①相談的面接法と，量的・質的

---

6) 質的データの代表的な収集法には，面接法以外にも，人間の行動を注意深く見ることによって，対象者を理解しようとする"観察法"や，調べようとする出来事が起きている現場に身を置いて調査を行う"フィールドワーク"といった方法などがある（澤田・南，2001）。

7) 面接は「人と人とが一定の環境にあって，直接顔をあわせ，一定の目的をもってたがいに話し合い，情報を交換したり，意思や感情を伝えたり，相談したり，問題を解決すること」と定義されている（井村・木戸，1965, p.1）。

表 12-1　面接法の分類 (保坂, 2000, p.5)

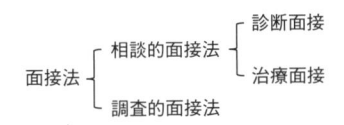

面接法 ┬ 相談的面接法 ┬ 診断面接
　　　　│　　　　　　　└ 治療面接
　　　　└ 調査的面接法

データの収集のための②調査的面接法の2種類に分類できる（表12-1）。相談的面接法は，更に，相談者の心理的状態のアセスメントを目的とした診断面接と，治癒を目的とした治療面接に分けることができる。心理学の実践的側面として，相談的面接法も重要な役割をもつが，この章は研究法としての面接法の解説を目的としているため，調査的面接法についてのみ説明する。

4）調査的面接法の分類

調査的面接法は，その構造化（どういった内容について，どのように聞くか，あらかじめ決められていること）の程度によって，構造化面接，半構造化面接，非構造化面接の3種類に区別される（谷口, 2012; 西田・松浦・武藤, 2008）。

構造化面接とは，あらかじめ，どのような質問をするのか，その内容，順番，言葉遣いについてのマニュアルが細かく決められているところに大きな特徴がある。構造化面接は，面接の手順がしっかりと決まっているため，どの研究協力者であっても，同じ内容を，同じ順番，同じ聞き方で質問することになる。そのため面接者の影響やバイアス（偏り）の影響を受けにくく，客観的で信頼できるデータが得られやすいといった利点がある。

半構造化面接とは，あらかじめ質問内容を大まかに決めておくが，質問の順番や，質問するときの言葉遣いは，実際の面接の流れに沿って柔軟に変えていくところに特徴がある。研究協力者とのやりとりの中で浮かんできた新たな興味や疑問についての質問を自由に投げかけたりすることもある。この面接法は，ある程度の構造と自由さがあることで，方向性を保ちながら，研究協力者の自由な語りに沿った深いデータを得ることができるといった利点がある。

非構造化面接とは，面接のテーマは決まっているものの，その質問の仕方は明確に定まっておらず，研究協力者に自由に語ってもらうところに特徴がある。面接者の役割は，話の流れをコントロールせず，非指示的に，受容的に相手の話に耳を傾けるだけである。非構造化面接が成功すれば，非常に豊かなデータを得ることができる。しかし，話の内容が散漫になりやすいため，発話の量も膨大になり，データとしてまとめにくいといった欠点もある。

これら3つの調査的面接法の自由度は，構造化面接が最も低く，半構造化面接がそれに次ぎ，非構造化面接が最も高くなる。これら面接法の中でも，質的研究において最も多用されている面接スタイルが，半構造化面接である（徳田, 2007）。そこで以降では，質的研究において，半構造化面接を用いて，どのように質的データを収集するか，その研究協力者の選び方から，研究倫理上の配慮の必要性，更には具体的なデータ収集手続きについて説明する。

(2) 研究協力者の選び方

質的研究を成功させるためには，どのように質的データを集めるかといった問題も重要であるが，どのようなデータを集めるかを決めることも重要な検討点となる。どのような研究データを集める必要があるかは，研究者の設定したリサーチクエスチョンによって異なる。心理学では，研究協力者の選定を，サンプリングと呼ぶ。例えば，元うつ病患者が，うつ病と呼ばれる病気をどのように体験していたかについて質的研究により検討したい場合を考えてみよう。このようなリサーチクエスチョンを設定した場

合，実際に，うつ病経験者に，発病していたときの様子について面接法を用いてインタビューする方法が，一番妥当性の高い情報を得ることができると考えられる。このような自分のリサーチクエスチョンを検討する上で，最も相応しい対象を選ぶやり方を，典型例サンプリングと呼ぶ。しかし，研究者の身近に研究協力者として依頼できる，うつ病経験者がいない場合も当然ある。このような場合は，経験者の代わりに，強いうつ症状を体験したことのある人を選ぶといった方法を採ることもある。このような，研究者が接触しやすい研究協力者を選ぶ方法を，便宜サンプリングと呼ぶ。ほかにも質的研究のサンプリングの仕方には，いろいろな方法がある（岩壁, 2010）。自分のリサーチクエスチョンと，それを検証するための現実の制約を加味しながら，制約内での最も適切なサンプリング方法を選定する必要があるだろう。

（3）研究倫理

　近年，心理学研究では，研究実施上の倫理的責任が厳しく問われ始めている[8]。特に面接法を用いた研究では，研究協力者に個人的な体験などについて話してもらうことが多い。そのため，研究協力者が研究に参加したことにより，嫌な思いをするなど，不利益な立場に陥ることがないように，研究者は最大限配慮する必要がある。

1）配慮のポイント

　研究者は，研究協力者のサンプリング段階から，研究の目的，データの収集方法，研究参加に費やす時間，個人情報の管理の仕方，研究結果の公表の仕方などを研究協力者に伝えておかねばならない[9]。具体的には，インタビューの途中でも取り止めることが可能であること，研究協力者の氏名などの個人情報だけでなく，インタビューの中で語られた関係者の実名，地名などを伏せ，仮名やアルファベットにすること，インタビューの内容から個人が特定されないように，その話題の内容の本質が変わらない程度に修正した上でデータの分析や研究結果の公表を行うこと，また，インタビューを録音・録画する場合には，別途，どのような機材を用いて，録音・録画するかといったことも説明する必要があるだろう。なによりも研究への参加，不参加を決めるのは，研究協力者の権利であり，それを保証することをしっかりと伝えて，確認しておくことが大切である。

2）承諾書

　面接法を用いた研究では，研究協力者に研究参加への承諾書に署名してもらう必要がある。承諾書の実例を表12-2に示す。実際の面接場面では，インタビュー開始の前に，承諾書を研究協力者と一緒に読み上げ，倫理面への配慮点を確認しあい，承諾してもらえた場合，承諾書に直筆のサインを求めることになる。研究協力者の中には，承諾書にサインするという行為に馴染みが無く，その形式自体に戸惑いを感じる者も多い。しかし承諾書は，研究協力者だけでなく，研究者を守るためにも重要な役割をもつ。承諾書を説明する際には，研究協力者から研究実施上の疑問を聞き取り，それに対して丁寧な説明を行い，研究協力者に安心感をもってもらうことが大切である。

---

[8] 心理学研究の倫理的配慮については，日本心理学会（2011）の規定を，特にインタビュー実施上の研究倫理の配慮点，承諾書の作成例などについては，岩壁（2010），鈴木（2005）を参考にされたい。

[9] このような，研究協力者に対する研究実施の手続き，その際の倫理的配慮に関する説明と確認のプロセスのことを，インフォームドコンセントという。

表 12-2　承諾書の一例 （岩壁, 2010, p.96 を一部修正）

調査参加承諾書

平成××年××月××日

調査者_____は，本調査を実施するに際し，以下の項目を適切に履行することを約束します。

1. （個人情報の取り扱い）調査で得られた内容について，個人を特定しうる情報（氏名，住所，電話番号，年齢，性別，大学名，組織名，その他固有名詞，土地名）の一切を研究に参加した者以外の人間が知りうることはありません。これらの情報は，すべて記号化（仮名，Aさん，などを挿入する）され，研究を通してこの記号のみを使います。
2. （調査段階での情報の取り扱い）情報の一部は，研究会で発表いたします。そのときには資料を作成いたしますが，上に挙げた情報は記号化し，資料は回収いたします。研究会に参加する専門研究者および参加学生は，守秘義務を遵守いたします。
3. （調査参加の取り止め）調査参加取り止めはいつでも可能です。
4. （第三者への情報開示）調査で得られた内容を協力者の許可を得ず第三者に報告することはありません。
5. （調査内容の発表）調査内容は，卒業論文として発表いたします。卒業論文の作成過程および発表後に，本調査内容を用いて，心理学に関する研究会や学会発表，学会誌への投稿を予定しています。

私は調査者から提案された上記の全項目が適切に履行される場合に本調査に参加することに合意します。

平成　　年　　　月　　　日
ご本人氏名

インタビューの録画・録音に関して

1. 参加を取り止められた場合には録画・録音済み媒体，および逐語化された書類は完全に消去いたします。
2. 録画・録音媒体は，逐語化された後に厳重に保管され，個人情報が逐語データに付されることはありません。研究終了後には，完全に消去いたします。
3. 研究において使われる書き起こされた書類からは，個人を特定する情報はすべて排除されます。

私は調査者から提案された上記の全項目が適切に履行される場合に，面接を録画・録音することに同意します。

平成　　年　　　月　　　日
ご本人氏名
調査者確認

---

(4) インタビューガイドの作成
1) インタビューガイドとは

　半構造化面接では，面接を実施する以前に，ある程度大まかなインタビュー（質問）項目を設定する必要がある。このようなインタビュー項目を取りまとめたリストのことを，インタビューガイド（もしくはインタビュースケジュール）と呼ぶ。インタビューガイドの出来・不出来が，その研究自体の良さを左右することにもなるので，インタビューガイドをしっかりと練り上げておくことが大切である。

　岩壁（2010）は，インタビューガイドの作成において，ただ質問項目を羅列するだけでなく，リサーチクエスチョンから集めたいトピックの範囲をはじめに定め，それに基づいて具体的な質問項目を作成することをすすめている。何についてインタビューしたいのか，まずはその研究で取り扱いたい話題の範囲をある程度限定した後，その範囲の話題について十分に聞き取ることができるように，網羅的で具体的な質問項目を加えていくという手続きである。このような手続きを実施することにより，面接者は，研究協力者に何をどこまで尋ねればいいのかということが頭で整理しやすくなるため，実際の面接で相

手に対して柔軟な対応をとれるようになる。

2）質問の仕方

実際に，研究協力者にインタビューを行う際には，質問の順番や，質問の際の言葉遣いにも工夫が必要である。例えば，面接のテクニックとして，Yes/Noで回答できるクローズド・クエスチョン（例えば，あなたは結婚していますか？）や「何が」「どのように」を問うオープン・クエスチョン（例えば，それについてどのようにお感じになっていますか？）といったやり方がある（小平，2008）。両方の質問の答えを比べると，オープン・クエスチョンの方が研究協力者からより豊かな情報を得ることができる。そのため，面接がクローズド・クエスチョンばかりにならないよう注意が必要である。また，質問の際の言葉遣いであるが，相手が答えやすいように，こなれた話し言葉でインタビュー項目を設定しておく方が良い。さらには，どのくらいの質問項目を設定するか，その数にも注意が必要である。不必要な質問項目も加わり，質問の数が多くなれば，その都度回答する研究協力者は疲れ，集中力も低下してしまう。更には，キャリーオーバー効果といった様々な質問の積み上げの効果が生じ，妥当性の高いデータを得ることができなくなってしまう危険性も生じる（鈴木，2005）。面接では，質問したいことを聞き漏らすことなく，なおかつ，必要最低限の質問数で聞き出せるように質問項目を設定したい。

半構造化面接において，どのような話題についてどの程度質問するべきかを，初心者が適切に判断することは難しい。質問の範囲だけでなく，質問の内容とその順番，質問をする際の言葉遣い（ワーディング）は分かりにくいものになっていないかについても，インタビューガイドの作成段階で，指導教員や研究仲間と随時相談をしながら修正したい[10]。

（5）面接を行う状況の設定

半構造化面接インタビューを成功させるためには，インタビューをどのような状況でおこなうのか，その点についての配慮も大切である。

1）面接の雰囲気づくり

面接では，研究協力者に，個人的な体験について質問することが多い。そのため，人が多く，賑やかな場所だと，周囲の人が気になり，研究協力者は個人的な話をしにくいだろう。面接は，研究協力者が落ち着いて回答できると感じられる，比較的静かな場所で実施されることが望ましい。また，面接者と研究協力者は，お互いに初対面である場合が多い。このような場合，研究協力者も面接者もどちらも緊張しやすく，互いの会話がぎこちないものになりやすい。初対面で会った時に，しっかりと挨拶を行い，互いの緊張がほぐれる程度の軽い雑談を行うなどの対応が必要となる。なによりも，研究協力者が「この人になら安心して自分の思ったことを言える」と感じてもらえるようなラポール（信頼関係）[11]を築くことが大切である。しかし，雑談が過度になりすぎると，面接ではなくただの会話になってしまうので，雑談をどの程度するかは注意が必要である。面接者は，お互いが緊張しすぎない程度の関係性を保てるような関わり方を身につけるために，日頃から柔軟なコミュニケーション能力を培っておく必要があるだろう。

2）録音の影響

面接でなされたやり取りは，ICレコーダーで録音することになる。面接の記録は，ICレコーダーに

---

[10] インタビューガイドの具体的な作成手続きや質問の仕方などについては，岩壁（2010），鈴木（2005），谷口（2012）が参考になる。

[11] ラポールは「面接者と研究協力者が互いに信頼し合い尊重し合う気持ちのことであり，両者の関係が対等な協力関係であるという自覚にもとづいて生まれるもの」（鈴木，2005，pp.103-104）とされる。ラポール形成の技法についても鈴木（2005）が詳しい。

まかせることができるため，面接者は，集中してインタビューを実施できる。しかし，面接でのやりとりが録音されているという状況は，研究協力者にうまく答えなければいけない，正しいことを言わなければならないといった緊張感をもたらしてしまうことがある。また，研究協力者によっては，録音されることを望まない人もいる。研究協力者の募集段階で，インタビューの録音を想定していることをしっかりと説明しておくことや，面接場面の中でも「思ったことをそのまま答えていただきたい」と伝え，緊張感の緩和を図ることが大切である。また，録音ができない場合は，代わりにメモをとらせてもらうなど，事前にその対応についても決めておく必要がある。

(6) 予備面接

インタビューガイドを作成し，どのような状況で面接を実施するかが定まった後，それらの完成度を確かめるために，友人などを誘い，本番の面接を想定した予備面接を実施することが役立つ。機材の準備から，研究協力者との出会い方，承諾書を用いた研究目的，倫理の説明，インタビューガイドを用いた面接，そして最後に機材の片づけまでを実際にやってみるのである。このような本番を想定した予備面接を実施してみると，インタビューガイドの質問項目の設定の仕方から，話の聞き方，面接の雰囲気作りなどについて，様々な改善点が見つかることがある。また，面接者も，どのようにインタビューをすれば良いのか，その感覚も養われ，面接実施に対する不安感も軽減する。予備面接で発見された改善点の修正を行い，本番の面接に臨みたい。

(7) データ収集時の注意点

1) 事前準備

初めての面接は，誰でも緊張するものである。それに伴い，面接準備段階から，ケアレスミスなどが発生しやすい。準備に念入りになってなり過ぎることはない。面接に必要な資料（承諾書，インタビューガイドなど）は全て印刷されているだろうか。ICレコーダー（予備も含めて2台は用意したい）など録音機材の電池やデータメモリの残量は十分にあるだろうか。面接準備の段階で，面接に必要なものの準備リストを作成しておくと，忘れ物や失敗を減らすことができる。また，面接には思いのほか体力が必要となる。面接実施の直前まで準備に追われ，面接者が寝不足でインタビューに臨むことの無いように，自身の体調管理にも気をつけたい。

2) 面接の本番

研究協力者への挨拶を終えた後，研究参加承諾書に基づいて，研究目的・倫理的配慮点の説明を行う。承諾が得られた後，インタビューガイドを用いて面接が実施されることになる。録音の失敗を防ぐためにも，研究協力者から承諾を得られた段階で，すぐにICレコーダーのスイッチを入れたい。

面接中，特にインタビューに慣れてない初心者は，質問が早口になってしまったり，研究協力者が回答する前に，面接者が先回りして回答を述べてしまったりすることがある。これらの現象は，緊張感が高まっているときに生じやすい。面接者は，気持ちを落ち着け，自然な会話の流れを大切にしながらも，研究協力者の話がどのようなものであるか，その内容を自分の心の中で味わいつつ，インタビューで得たい情報がしっかりと得られているか注意を払い，質問を重ねていきたい。

また面接中，研究協力者が答えてくれた内容だけでなく，その際に，どのような表情，声質，姿勢で述べていたかなど，非言語的情報についてもメモを取りながら話を聞くことが大切である。ただし，メモを取ることばかりに集中して，研究協力者の話を聞くことが疎かになってはならない。メモを取るよりも，相手の話を集中して聞くことから浮かんできた疑問や確認事項を追加質問として，相手に投げか

けるようにしたい。

　時に面接の中で語られた研究協力者の言葉が，面接者の考えとは異なるものであったとしても，そのことに対して非難や否定などを述べてはならない。面接者は，常に，研究協力者から教えていただくといった気持ちで面接に臨む必要がある。

　面接の終え方にも配慮が求められる。研究協力者には，何か話たりないことや面接に参加してみての感想や疑問などがあるかを確認しよう。それらへの対応が終わった後，研究協力者に，貴重な話をしていただいたことや時間を割いていただいたことへの感謝を述べ，面接を終える。

3）面接終了後

　面接終了直後，面接者は，面接を実施しているときの研究協力者の様子や，面接者がその面接に抱いた主観的な印象，面接を行いながら研究テーマを検討する上でもっと研究協力者に質問したくなった点など，思いついたことはどのようなことでもメモに残しておきたい。それらのメモは，インタビューガイドの更なる修正や，後のデータの分析実施の際に役立つ。

3. 質的データのまとめ方

　面接から得られた音声データは，分析資料とするために，文字データに置き換えられることになる。この置き換え作業のことを，逐語化と言い，置き換えられたデータのことをトランスクリプト（逐語録）と呼ぶ（鈴木, 2005）。音声データをトランスクリプトに変換することで，インタビューの中でどのような話がなされたのか，その内容だけでなく，その会話の文脈までも視覚的に捉えやすくなる。質的分析を行う際，このトランスクリプトが直接の分析対象となる。本節では，この逐語化の方法について説明する。

(1) 逐語化の方法

　逐語化の作業では，基本的に，音声データにおさめられた内容を，一言一句違わず文章に起こすことを目指す。しかし実際には，どのような質的分析を用いるかによって，逐語化の仕方も異なる。その違いを理解してもらうために，表12-3に，対照的な2つのトランスクリプトを示した。表12-3は，模擬カウンセリング場面の中で，クライエント役がカウンセラーとのやりとりをどのように体験していたかについてのインタビューの一部である。逐語化の違いを見ると，トランスクリプト①は会話のやりとりがどのようなものであったか，その大まかな内容を捉える程度のものとなっている。一方のトランスクリプト②は，短い沈黙を表す「(.)」や，その直前の言葉を長く伸ばしたことを示す「：」などの記号を用いて，会話の中で起きた沈黙の秒数や，面接者と研究協力者の発話の重なり，発話の長さまでも正確に記録されたものである。表12-4に代表的な記号例を示した。これらの記号は，Atkinson & Heritage (1984) をもとにしたものである。

　研究者の中には，表12-3のトランスクリプト①と②の中間的な形式で逐語化を行う人もいる（能智, 2011）。どういった逐語化の方法を採用するかは，研究者がどのようなリサーチクエスチョンを設定しているかによって異なってくる[12]。質的分析では，よりデータに馴染んで，そこにどのような意味があるのかを読み取ることが大切である。そのため，どのような逐語化の方法が正解なのかと考えるのでは

---

12) 会話分析（鈴木, 2007）では，非言語的やりとり（例. イントネーションの変化やため息など）から分析の指針を得ることもあるため，非言語的やりとりを正確に記した逐語の作成が求められる。詳細は，鈴木 (2007) を参照されたい。

表 12-3　対照的な 2 つのトランスクリプト（例：模擬カウンセリング場面での体験）

トランスクリプト①	
I:	出してもらった，うん。
C:	はい。なんか，なんか，言葉になって，言ってもらったりとか，自分が言ったりとかしたことで，自分の中から解放している感じがしたんです。それですっきりした感じ。
I:	出してもらっている感じ。
C:	はい。溜め込んでいるものを，溜め込んでもう苦しくなっている，いっぱいいっぱいになっているところから，ちょっとずつ中身を減らしていってもらっている，苦しいものを出してもらっている感じがして，少しずつ。ちょっと余裕がでてくる感じ。
トランスクリプト②	
I:	出してもらった（.）うん 　　　　　　　　　　　　［
C:	はい（.）なん：か（1）<<鼻をすする>>も：（.）な：：ん（.） なんか言葉に：：
I:	うん
C:	なってきっ（.）言ってもらったりとか自分が言ったりとかしたことで（.）自分の中からこう.hhh解放している感じが（.）したん：で（.）す
I:	へ：う：んうん
C:	それで（.）すっきりした感じ
I:	出してもらっている感じ はい（.）なんか（.）溜め込んでいるもの↑：
I:	う：：ん 　　　　　　［
C:	を（.）溜め込んで（.）もう苦しくなっている（.） いっぱいいっぱいになっているところから：.hhh 　　　　　　　　　　　　　　　　　　　　［
I:	うん
C:	ちょっとずつこう（.）中身を減らしていってもらっている（.）苦しいものを：： 出してもらっている感じがして（1）ちょっと余裕がでてくる感じ

Iは面接者，Cはクライエント役（研究協力者）。トランスクリプト②の記号は表 12-4 参照。

なく，何を明らかにしたいのかに応じて，逐語化の方法を選択した方がよいだろう。実際に質的研究を実施する人は，自分がどのような分析方法を用いる必要があるかを判断することと合わせて，適切な逐語化の方法を選択してもらいたい。

(2) 逐語化の際の注意
1) 逐語化は早めに

　逐語化の作業は，面接が終了した後，すばやく実施されることが望ましい。面接時の研究協力者の表情や姿勢といった非言語的情報は，ICレコーダーに記録されない。また，面接者が感じていた，その面接場面の印象も，時間が立つとその記憶は徐々に薄れてしまう。逐語化の作業には，こういった非言語的情報の記述も必要となる[13]。また，面接終了後，素早く逐語化することは，自分のインタビューの仕方を早々に振り返るきっかけとなり，次回の面接にその改善点を反映させることができる。逐語化の作

---

[13] 逐語化の作業で，研究協力者の非言語的情報を挿入する際，インタビュー時のメモが役立つ。少なくとも，研究協力者の感情を推測できるような非言語的情報（例えば，眉間に強くシワを寄せている）など，特徴的な反応が示されたと感じた場合，しっかりメモをとっておこう。

表 12-4　発話の記述法の例

記号	説明
[	角括弧でつながれた部分は，2つの発話が同時に発されたことを表す。 A　そんなことがさ 　　　　　　　　[B　　　　　あったんだ
＝	等号は，それがついた2つの発話の間に間がないことを表す。 A　いきなりな＝ B　＝うん
°	°は，小さく発せられた発話，あるいは発話の部分を表す A　°そうだね B　°実はさ
(.) / (n)	両括弧は，聞き取れるくらいの沈黙／n秒感の沈黙があったことを表す。 A　私も (.) そう (1) 思うんだけど
:	コロンが置かれた直前の音声が伸ばされている事を表す。：の数は長さに対応。 B　あ：：も：：ねぇ
↑ / ↓	上下のやじるしは，音程が上がる／下がることを表す。 A　なに↑それ：↓
下線	下線部は，声が大きくなることを表す。 A　そうそうそれそれ
h / .h	呼気音（息を吐き出す）は h，吸気音（息を吸い込む）は .h で表す。記号（h / .h）の数が多いほど，その時間がが長いことを表す。 B　そうなんだよね hhh
<< >>	二重カッコは，非言語的音声があったことを表す。 A <<咳き込む>> 私もそう思うんだけど B<<鼻をすする>> 私も思うよそういうこと
( )	括弧は，不明瞭な部分，聞き取り不能な発話があったことを表す。聞き取れない場合は，括弧の中に空白を入れる。 A　わたしも（そう思うんだけど） B　（　　　　）思うよ同じこと

※細馬 (1993), 松嶋 (2008), 能智 (2011), 鈴木 (2007) を参考に筆者が作成した。

業から見えてきた改善点や，研究テーマと関わる発見があった場合にも，それらのことをメモするといった癖を身につけておきたい。

2）逐語化サポートソフト・機材の利用

逐語化の作業は，想像以上に時間がかかるものである。初心者では，インタビューを実施した時間の8倍から10倍の時間がかかると想定した方がよい。逐語化の作業も，改めてインタビューをふりかえることができる点で面白さもあるが，あまりにも長い逐語化の作業は時に大きな苦痛となる。最近では，パソコン上で音声データを管理し，メディアソフトで再生操作を行いながら，同時に Word などを用いて逐語化を行う人が増えている。これらパソコン上での音声再生操作，文章化の作業をより一層スムーズに行えるように開発された，無料の逐語化サポートソフト[14] や，音声の再生，停止，巻き戻しなどの操作をショートカットキーとして設定できるフットペダル式データ入力支援機材も販売されている。逐語化支援ソフトとフットペダルを両方使うことにより，ただひたすら文字データの入力に集中できるため，作業ペースが向上し，逐語化の苦痛は大いに緩和される。

---

14) 代表的なソフトに，okosiyasu2 〈http://okoshiyasu2.softonic.jp/〉，ExpressScribe〈http://www.nch.com.au/scribe/jp〉などがある。自分の使っているパソコンの OS に適したもの選び，利用されたい。

4. 代表的な質的分析法

　質的データが収集され，逐語化された後，実際に質的分析を実施することになる。質的分析法にも様々な種類があるが，それらの中でも，研究協力者によって語られた内容を分析する際に，心理学では，グラウンデッド・セオリー・アプローチ（Glaser & Strauss, 1967 後藤・大出・水野訳 1996；Strauss & Corbin, 1998 操・森岡訳 2004）が最も用いられている。グラウンデッド・セオリー・アプローチは，半構造化面接から得られたインタビューデータの分析にもよく用いられる。そこで本節では，質的分析法の一例として，グラウンデッド・セオリー・アプローチの分析手続きを簡単に示すことにする。

(1) グラウンデッド・セオリー・アプローチ

　グラウンデッド・セオリー・アプローチ（Grounded Theory Approach; 以下，GTA）はアメリカの社会学者のグレイザーとストラウスによって提唱された質的分析法である。GTA では，まず，インタビューなどで得られた質的データを一度，部分（発話単体，話題ごとなど）に分ける。そして，その後に，それぞれの部分を要約，概念化した上で，部分間のつながりを見出し，全体を再統合していく手続きを採る。GTA は，こういった手続きを通じて，より適切な概念やカテゴリーを見出したり，その関係性を吟味することで，未だ十分に解明されていない研究対象（現象）の理解を深めることを目的としている。GTA は，その分析法の発展にともなって，様々な流派に分化していった[15]。しかし，それらのバージョンには共通点があることが知られている（能智, 2011）。ここでは谷口（2012）の説明を参考に，分析手続きの1バージョンを簡単に示したい[16]。

1) 全体を眺める
　GTA の分析では，はじめに，得られたデータ全体を眺め，そのデータの全体的特徴を把握することに努める。

2) 切片化
　データ全体の特徴を理解することができた後，インタビューした発話を1つひとつ（例えば，発話単体，1つの話題ごと）に分けていく。この作業を切片化と呼ぶ。

3) コーディング
　続いて，切片化したものの内容を端的に表している言葉をコードとして付けていくといった，コーディングと呼ばれる作業を行う。この作業は，ラベル，タイトル，もしくは見出しをつけると置き換えて考えた方が分かりやすい。

4) コードの仕分け
　コーディングを終えた後，リサーチクエスチョンに対応した部分を特定する作業を行う。今回の研究に使うコードと，今回の研究では使わないコードを仕分けるのである。

5) カテゴリー生成
　4) の段階で特定されたコードを比較し，似たもの同士を取りまとめる。この作業を GTA では，カテゴリー生成と呼ぶ。カテゴリー生成の段階で，コードのまとまりが悪いと判断された場合には，コード化の作業に立ち戻って再びやり直しを行うことがある。

---

15) 詳しくは，岩壁（2010）を参照されたい。
16) 実際に GTA を正しく実施するためには，個々人が GTA の特徴をしっかりと理解し，その分析手続きについて練習しておくことが必要となる。本節を読んで，実際に GTA を実施したいと思った者は，各自で入門書（戈木クレイグヒル, 2006; 岩壁, 2010）などを読んで，その知識を涵養されたい。

6) カテゴリーの相互関係を考察

続いて，5)で作成されたカテゴリー同士を比較し，その相互の関係について考察を行う。カテゴリーの中から，研究対象となる現象の生起や経過などに中核的な役割をもつ，中核カテゴリーを発見し，この中核カテゴリーを軸に，他のカテゴリーを配置していく作業が行われる。この際，生データに立ち戻り，カテゴリー間の関係性を示すような語りがないかを見直すことが必要となる。GTAは，これらの3)から6)までの作業を何度も繰り返し，精度の高いカテゴリーを生成し，そのカテゴリー間の関係についての考察を試みる。

7) 仮説・モデルの提示

最後は，以上の手続きから生成されたカテゴリーの関係性を，図示化したり，インタビュー・ケース間で比較したりすることで，その結果として立ち現れてきたものを仮説やモデルとして提案することを試みる。GTAでは，こうして提案されたモデルや仮説のことを，グラウンデッド・セオリーと呼ぶ。

なお，GTAの多くのバージョンは，理論化サンプリング[17]を重視している。理論化サンプリングは，新しいカテゴリーが生成されなくなるまで実施することが望ましいとされる。このような新しいカテゴリーが得られない状態を，理論的飽和と呼ぶ。GTAの多くの経験では，理論的飽和の状態にまでたどりつくことを求めている。しかし，卒論などでGTAを用いた際，理論的飽和の状態にまで辿り着くには，時間や資金，労力といった点で限界があるだろう。理論的飽和の状態は，あくまでも目標であり，その状態にまで近づけることが望ましいと捉えた方が適切かもしれない。理論的飽和の状態にたどり着かなかった場合，論文には，その研究の状態や限界について誠実に記述することが求められている（戈木クレイグヒル, 2006）。

(2) その他の質的分析法

質的分析法には，GTA以外にも，会話分析，談話分析，ナラティブ分析，現象学，エスノグラフィー，アクションリサーチなど，様々な種類がある（Flick, 2007 小田監訳 2011; 岩壁, 2010）。これらの研究法は，それぞれ背景となる考え方が異なっており，それに伴いデータの収集法から，逐語化の方法，その分析手続きや，結果の記述の仕方も異なっている。GTAに限らず，どの質的分析法においても，その分析法から得られた結果を適切に解釈するためには，その研究の背景にある理論哲学についてしっかり学んでおく必要がある（第Ⅱ部8章参照）。質的分析を用いた研究を実施することを望む人は，どのような研究法を選定したら良いのか，指導教員などとしっかり相談した後，採用する分析法について記している入門書や，実際にそれらの分析法を用いた論文をしっかりと熟読し，その分析手続きについての知識を蓄えてもらいたい。

5. 質的研究の質を高めるために

質的研究は，よく客観的でないと非難されることがある。それでは，よりよい質的研究を実施するためには，どのような手続きを取る必要があるのだろうか。本節では，質的分析の妥当性など，その分析結果の質を高めるための方法を以下にいくつか示したい[18]。

---

17) 理論化サンプリングとは，得られたカテゴリーの精度を高めるために，新しいデータを追加して，更に分析を繰り返し実施することである。

18) もちろんこれらの方法以外にも，質的研究の質を向上させる方法は存在している。それらの方法については，能智（2005）を参照されたい。

(1) 妥当性を向上するために
1) 研究者の内省

　質的研究は，データに触れた際に感じる，研究者のひらめきがデータの解釈や分析の視点の中心に位置づけられることが多い。むしろ，研究者のひらめきがなければ，データの解釈や分析は進まないとも言える。その際，研究者は，研究協力者との関係や，研究者が研究テーマに対して当初からどのような思い込みをもっていて，それがデータの解釈や分析にどのような影響を与えているかなど，研究者自身の立場をしっかりと自覚していなければならない。しかし，人間とは，自分がどのような思い込みや考え方の枠組みを持っているかなど，自分自身，気がつかないものである。そのため，分析の際には，そのような思い込みや考え方の枠組みに囚われている自分自身がいるということを常に念頭に置いておく必要がある。このように，質的研究を行う者は，自らの研究に対して常に内省的に向き合うことが重視されている。このような内省的な視点を，リフレクシビティ（reflexivity）と呼ぶ（Tindall, 1994 五十嵐・河野監訳 2008）。質的分析を終えて，論文を執筆する際には，このリフレクシビティの視点を記述することが求められている（第Ⅱ部8章参照）。

2) メンバーチェック

　分析者の思い込みの影響の排除など，質的研究を実施して発見されたことの妥当性を確保するための方法の一つとして，メンバーチェック[19]がある（能智，2005）。分析を実施する際，この作業を通じて，複数の研究者で話し合い，互いの考えの歪みを指摘し合って，その都度，修正を行うことが重要である。卒論研究などでは，複数の研究仲間と共同研究を実施する人は少ないかもしれない。そのため，ゼミの先輩や指導教員と相談しながら，分析を進めていくことが望ましい（第Ⅱ部8章参照）。

3) トライアンギュレーション

　質的分析から得られた結果の妥当性を担保する，もう1つの方法がトライアンギュレーション（triangulation）[20]である（能智，2005）。具体的には，1つの限られたデータだけでなく，幅広く異なる研究協力者から得たデータも分析対象としてみるといったデータ・トライアンギュレーション，得られた質的データを量的データとして捉え直して統計分析（例えば，テキストマイニングなど）を実施する方法・トライアンギュレーションなどがある（Tindall, 1994 五十嵐・河野監訳 2008）。トライアンギュレーションによって，結果の矛盾が産まれることもある。その際は，その矛盾を統合することができるような説明を求めることにより，その対象についての理解を更に深めることができるようになる。

(2) 研究の位置づけを定める

　質的研究を実施したことにより得られた結果が，当該の研究領域において，どのような意味をもつのかを示すためにも，先行研究との比較を行うことが重要である。実施した研究で得られた結果が，先行研究の議論とどのように整合するのか，もしくは，先行研究と比べて，どのように独創的なものとなっているのかを議論するのである。このような作業を通じて，実施した研究の意義が明確になり，発見された結果の理解が深まるのである。質的研究だけに限らず，1回の研究だけで，明らかにしたい研究テーマの答えを全て得られることはまずない。研究から得られた知見を先行研究と比較して，そこで生まれた疑問を新たなリサーチクエスチョンとして設定する。このような研究の営みが，当該領域における学問の発展に寄与することになる。

---

19) メンバーチェックとは，研究協力者や研究仲間から，実施した分析手続き，解釈の結果などについて評価を得ることである。
20) トライアンギュレーションとは，ある対象の研究において異なった方法，理論，データなどを組み合わせて，より多面的，包括的かつ妥当性を得ようとする調査デザインのことを意味する（Flick, 2007 小田監訳 2011）。

6. 最後に―質的研究を体験する―

　これまで質的データの収集，逐語化の方法，そしてGTAを代表とした質的分析法について説明してきた。質的研究は，ある意味，研究者のオリジナリティのある視点が導入され，試行錯誤のデータ分析が行われることによって，これまで見落とされてきた現象の理論化・モデル化を可能とするものであると言える。量的研究が仮説検証型アプローチと呼ばれているのに対して，質的研究が発見志向型アプローチと呼ばれる理由である。

　質的研究は，量的研究と比べて，その研究計画の設定から，データ収集の準備，分析まで，非常に多くの時間を必要とすることが多い。卒論の計画を立て始める時期になると「統計が苦手だから，質的研究をやろう」という声を耳にすることがある。しかし，この章を読んでもらえば，質的研究の実施が，想像していたよりも簡単なものではないことを理解してもらえるだろう。岩壁（2010）は，質的研究が研究者の成長につながることを指摘している。質的研究では，データの収集段階から結果の整理まで，自分が関心をもっている研究協力者の言葉に常に触れ続けることができる。その言葉が徐々に整理され，そこに研究者が想定していなかった何かしらの新たな発見がもたらされたとき，他に比べようの無い知的興奮と喜びがもたらされることがある。このような体験は，研究者自身の血や肉となり，研究を始める以前よりも，その現象に対する理解が深化し，これまで自らのモノの見方が固定化されていたことに気づくようになる。こういった体験は，質的研究だからこそ味わうことのできる醍醐味の一つであろう。

　質的研究を通じた新たな"発見"は，積極的に探索している人によってのみ"見出される"ものとされる（McLeod, 2000 下山監修 2007）。質的研究を実施する際には，研究協力者や研究仲間との触れ合い，生の声が豊かに含まれている質的データにどっぷりと浸った中で感じる，研究者自身の体験も大切にしながら，ぜひじっくりと取り組んでもらいたい。

文献

Atkinson, J., & Heritage, J. (1984). *Structures of social action: Studies in conversation analysis*. Cambridge: Cambridge University Press.

ExpressScribe Retrieved from http://www.nch.com.au/scribe/jp

Flick, U. (2007). *Qualitative Sozialforschung*. Hamburg: Rowohlt Verlag.（フリック，U.　小田 博志（監訳）(2011). 新版 質的研究入門―〈人間の科学〉のための方法論―　春秋社）

藤井 美和・小杉 考司・李 政元 (2005). 福祉・心理・看護のテキストマイニング入門　中央法規

Glaser, B. G., & Strauss, A. L. (1967). *The discovery of grounded theory: Strategies for qualitative research*. Chicago: Aldine.（グレイザー, B. G. & ストラウス, A. L.　後藤 隆・大出 春江・水野 節夫（訳）(1996). データ対話型理論の発見―調査からいかに理論をうみだすか―　新曜社）

保坂 亨 (2000). 人間行動の理解と面接法　保坂 亨・中澤 潤・大野木 裕明（編）心理学マニュアル 面接法　(pp.1-8) 北大路書房

細馬 宏通 (1993). プロトコル・データの記述と解析　海保 博之・原田 悦子（編）プロトコル分析入門　(pp.106-117) 新曜社

井村 恒郎・木戸 幸聖 (1965). 面接　秋元 波留夫・井村 恒郎・笠松 章・三浦 岱栄・島崎 敏樹・田椽 修治（編）日本精神医学全書 2　(pp.1-24)　金原出版

岩壁 茂 (2010). はじめて学ぶ臨床心理学の質的研究―方法とプロセス―　岩崎学術出版社

小平 英志 (2008). 面接の企画とシナリオの作成　松浦 均・西口 利文（編）観察法・調査の面接法の進め方　(pp.60-64)　ナカニシヤ出版

松嶋 秀明 (2008). 会話分析　やまだ ようこ（編）質的心理学の方法―語りをきく―　(pp. 86-99)　新曜社

McLeod, J. (2000). *Qualitative research in counselling and psychotherapy*. London: Sage.（マクレオッド, J.　下山 晴彦（監修）　谷口 明子・原田 杏子（訳）(2007). 臨床実践のための質的研究法入門　金剛出版）

村井 潤一郎 (2012). 心理学研究法概観　村井 潤一郎（編）Progress & Applicaton 心理学研究法 (pp. 1-14)　サイエ

ンス社
西田 裕紀子・松浦 均・武藤 久枝 (2008). 調査的面接法の概要　松浦 均・西口 利文 (編)　観察法・調査的面接法の進め方 (pp. 49-53)　ナカニシヤ出版
日本心理学会倫理委員会 (編) (2011). 公益社団法人日本心理学会倫理規程　公益社団法人日本心理学会　2009年6月6日 Retrieved from http://www.psych.or.jp/publication/rinri_kitei.html (2014年3月3日)
能智 正博 (2005). 質的研究の質　伊藤 哲司・能智 正博・田中 共子 (編)　動きながら識る，関わりながら考える―心理学における質的研究の実践― (pp. 155-166)　ナカニシヤ出版
能智 正博 (2011). 質的研究法　東京大学出版会
okosiyasu2 Retrieved from http://okoshiyasu2.softonic.jp/
澤田 英三 (1995). 生涯発達研究における面接法　無藤 隆・やまだ ようこ (編)　講座　生涯発達心理学1　生涯発達心理学とは何か―理論と方法― (pp. 214-225)　金子書房
澤田 英三・南 博文 (2001). 質的調査―観察・面接・フィールドワーク―　南風原 朝和・市川 伸一・下山 晴彦 (編)　心理学研究法入門―調査・実験から実践まで― (pp. 19-62)　東京大学出版会
戈木クレイグヒル滋子 (2006). グラウンデッド・セオリー・アプローチ―理論を生み出すまで―　新曜社
Strauss, A., & Corbin, J. (1998). *Basics of qualitative research: Techniques and procedures for developing grounded theory* (2nd ed.). Sage Publications. (ストラウス, A. & コービン, J. 操 華子・森岡 崇 (訳) (2004). 質的研究の基礎―グラウンデッド・セオリー開発の技法と手順― 第2版　医学書院)
鈴木 淳子 (2005). 調査的研究面接の技法 第2版　ナカニシヤ出版
鈴木 聡志 (2007). 会話分析・ディスコース分析―ことばの織りなす世界を読み解く―　新曜社
谷口 明子 (2012). 面接法―質的調査研究―　村井 潤一郎 (編)　Progress & Applicaton 心理学研究法 (pp. 115-144)　サイエンス社
Tindall, C. (1994). Issues of evaluation. In Banister, P., Burman, E., Parker, I., Taylor, M., & Tindall, C. *Qualitative Methods in Psychology: a research guide*. Buckingham: Open University Press. (バニスター, P., バーマン, E., パーカー, I., テイラー, M., & ティンダール, C.　五十嵐 靖博・河野 哲也 (監訳) (2008). 質的心理学研究法入門―リフレキシビティの視点― (pp. 185-206)　新曜社)
徳田 治子 (2007). 半構造化インタビュー　やまだ ようこ (編)　質的心理学の方法―語りをきく― (pp. 100-113)　新曜社

コラム 11　事例研究（ケース研究）

　事例研究とは，一つの事例または少数の事例をあるサンプルとして取り上げ，事例に関する多くのデータを収集し，その特徴や経過を追い分析することで，新しい発見や理論を導く研究である。特に対人援助領域では，支援者が関わる事例の理解を深め，実践の質を高める上で事例研究は不可欠である。事例との関わりから生まれる疑問や解決すべき課題，より適切な支援の方法はないだろうか？といった思いが事例研究へとつながる。

　事例研究の方法として，事例に関するデータ収集は面接法，観察法，質問紙，心理テストなど多岐にわたる。また結果の分析は量的分析・質的分析のどちらか，あるいはこの両方を用いることになるが，いずれも研究の目的をよく考え計画を立てていくことになる。

　では具体的に事例研究はどのような時に用いるのだろうか。事例研究の意義として小林（2009）が挙げた項目に基づき整理してみる。1つ目に，事例独自の症状や現象，あるいは変容過程の特徴を明らかにすることで，同じような問題に対面するかもしれない者に，情報を提供することができる。例えば今までの支援事例とは異なる事例に対し，過去のデータや先行研究と比べるのではなく，その事例の変化を詳細に追うことにまず研究としての意味がある。そこから新たな治療法や理解するためのモデルの発見につながっていく可能性がある。2つ目に，特定の治療技法が特定の症状や現象にどのように効果的に働くのか，あるいは働かないのかの影響要因を明らかにすることができる。例えば，同じ症状のクライエント群に対し2つの異なる技法で関わり，その経過や効果を検証することで，その症状群に対して最適な技法や支援のあり方を見出したり，それぞれの技法の具体的な効果を知ることができる。また，仮に多くのクライエントに効果があると証明された技法であっても，詳細にみれば効果が無いケースもいることが明らかになれば，その少数例の分析も研究として多くの課題を与えてくれる。もちろんクライエントに負担をかけるような研究をしてはならない。3つ目に母集団を代表する特徴的な事例を少数取り上げ，事例に密着した緻密な分析を行い，普遍的にあてはまる法則や傾向を探すことができる。例えば登校しぶりが見られる中学生の中から数名を取り上げ，家庭環境や友人関係などを丁寧に分析していく。その中から共通点が見つかれば，登校しぶりが見られる子どもを理解し，対応を考えていくことや，問題解決のための新たな支援方法にたどりつくであろう。

　事例研究を進める際の留意点にも触れておきたい。事例の変化を詳細に追うこと自体に意味があると述べたが，ただ目に見えたことだけを記述することや，既にあるモデルに当てはめるだけでは研究としての意味がない。何故この事例をとりあげたのか，事例から何を見ようとして，そこから何がいえるのか，研究の目的とその結果に対する理論的検証が重要である。また事例研究はその特徴ゆえ，客観性，普遍性，再現可能性という点で疑問を投げかけられることが多い。しかし，先に挙げたデータの収集方法を吟味し，何を目的にし，誰のための研究であるかを明確にすること，また事例の記述だけでなく，支援者あるいは研究者がどのように関わったのかを明確に記述することで，症例のトータルな理解につなげることが可能である。何十人，何百人というデータから導いた結果ではないが，「少数から見えた事実」も，臨床的に価値のある示唆を与えうるであろう。

　事例研究は，事例の個別性を深く理解し，そこから得られた知見を支援や臨床の場に活かしていく，より実践に近い研究といえる。

文献
小林 正幸（2009）．事例研究法　坂野 雄二（編）　臨床心理学キーワード［補訂版］（pp. 184-187）　有斐閣

13章 レポート・論文にまとめる

1. レポート・論文のスタイル

(1) 論文の機能と実証研究の論文作法

　学術論文は，すでに発表されている文献資料という根拠と，著者の研究によって得られたデータという根拠をもとにして，一定の普遍的主張を行うことで，必要な人が確実にそれを理解，反証，更新して，効率的に活用できるように書き表わした文章である（小林・船曳, 1994）。「論文」一般は，読者が著者と同じ道筋をたどることができ，反論したり展開したりできるような，論理的で誤解されにくい表現形式でさえあれば，比較的自由に書き記すことができるが，実証研究の論文では，具体的事実に基づいて普遍的真理を検討するための一定のスタイルが確立されている。このスタイルを学ぶと論説文の要諦を身につけられるので，論文執筆の初心者には，実証研究の論文作法を学ぶことが勧められる。卒業論文も学術論文の一つであり，（大学などが指定する様式に沿いつつ）このスタイルで書くとよいだろう。レポートは，特定の実験・調査・事例等についての簡潔な報告書なので，それにどのような意義があるかについての考察は論文ほど重視されないが，その目的・形式とも，論文に準ずる。一定の根拠をもとに一定の主張を行う文章の形式を身につけることは，世界のとらえ方を見つめ直し，他者にきちんと伝わる表現を鍛錬することとなり，卒論を書くことの大きな収穫だともいえるだろう。

(2) 実証研究論文の構成

　実証研究論文は，表13-1のように，一定の「方法」で得られた「結果」を根拠として，どのような「目的」で，何が「考察」されるかを論述するという構成をとる。この中で，「方法」と「結果」は，根拠となる具体的事実を述べる部分で，過去形で記述される。それに対し，他の部分は，普遍的（抽象的）真実に関する論述となり，主に現在形で述べられる。その際，「目的」と「方法・結果」の連続性が説明されていることが分かりやすい論文の条件となる。また，「研究史」と「目的」の連続性も重要である。

表13-1　実証研究論文の構成の骨格

```
序論
　研究史：そのテーマに関するこれまでの研究と課題
　　目的：何を調べたくてその研究を行なったのか……………抽象的；現在形
　　方法：どのような具体的手続きを用いて調べたのか………具体的；過去形
　　結果：どのような結果が得られたのか……………………具体的；過去形
　　考察：結果が目的に照らしてどのような意味を持つのか……抽象的；現在形
結論
要約
文献：本文中で，論述の根拠として示した文献の出典リスト
```

ここに断絶があると，「考察」「結論」に飛躍が生じて，分かりやすく説得的な論文にならないのである。また，このような論述の根拠は，自分自身のデータか，ほかの研究（の引用），そしてそれらの論理関係なので，それぞれをいかに分かりやすく，明確に表現するかが重要となる。

2. 論理的・説得的な文章の書き方

　レポート・論文は，情感を共有するという側面よりも，事実やそこから導かれた理論を伝える側面を重視する。事実を伝えるためには，その説明のために何が必要で何が邪魔なのかを見極めることが，また，理論を伝えるためには，その論理的必然性を順序よく，整理して表現することが重要である。例えば，重要な情報から先に述べる，視点を明示して一貫した立場から述べる，主張したい内容のキーワードとその根拠とを対にして明確に述べる，基本的な文章作法を守る，といった配慮が役に立つだろう。そして，そうした配慮を積み重ねていくと，文章を構造化することが論理性・説得性を高めるのに役立つことが分かってくる。つまり，事実と理論を伝えるためには，論理性・順序性をよく吟味して構造化された文章を書くことが重要なのである。

(1) 論理的・説得的な文章のパラグラフ構造

　論理的で構造的な文章を書くためには，表13-2のような構造を用いて厳密な文章を書く練習が役立つといわれている（木下，1990）。この「パラグラフ」という言葉は，日本語の「段落」に似ているが，「改行から改行までのひとまとまりの文章」でしかない日本語の段落に対して，パラグラフでは次のような明確な構造が期待される。

表13-2　パラグラフ構造

主題文。
サポート文1［サポート材料1，サポート材料2……］。
サポート文2［サポート材料1，サポート材料2……］。
サポート文3［サポート材料1，サポート材料2……］。
…………
結論文（主題文の繰り返し）。

　パラグラフ冒頭の主題文は，主題とそれをどのように扱うかを示すアイディアから成る。何かを主張する場合は，主張の内容と，その根拠を示すキーワードを明確に示す。主題文に続くサポート文では，主題文を支えるのに必要十分な材料が，一定の順番で述べられる。その際，主題文で示されたキーワードが，提示された順番に説明されていく。そのキーワードは，表現を変えたりせずに，主題文と全く同じ用語を用いることで，全体の構造が明確に表現される。サポート文の内容であるサポート材料は，サポート文を支えるのに必要十分な事項である。サポート文との関係は，論理性や時系列などで明白である場合以外は，指示語や接続詞で示すのがよい。サポート材料や，サポート文の並べ方は，論理的順番・時系列的順番・並列などの必然性に従う。パラグラフの最後におかれる結論文は，主題文の内容を繰り返してパラグラフ全体をまとめる。

　以上の配列から外れるけれど書く必要があると思われる事がらは，どこに配置すべきかがよく練られていない可能性がある。なお，パラグラフの長さや内容によっては，以上の構造が少し崩れる場合はありうる。例えば，主題文と結論文のどちらかが省略されるなどである。

　ちなみに，このような構造の文章では，主題文を読んだだけでもパラグラフの概要をつかむことがで

きる．したがって，急いで飛ばし読みをする場合には，パラグラフ冒頭部分の主題文だけを読んでいくことで，文章全体の概要をつかむことが可能になる．

(2) 章全体の構造

前項は，1つの段落の構成の仕方だったが，この構造は節全体の構成の仕方についても同様に適用できる（表 13-3）．

表 13-3　節の構造

主題パラグラフ．
　　サポートパラグラフ 1［サポート文 1・サポート文 2……］．
　　サポートパラグラフ 2［サポート文 1・サポート文 2……］．
　　サポートパラグラフ 3［サポート文 1・サポート文 2……］．
　　…………
　　結論パラグラフ（主題パラグラフの繰り返し）．

(3) 構造的なレポート・論文の書き方

以上のパラグラフ構造の考え方で，論文全体を構成すると，次のような手順で全体を執筆し，修正していくことができる

①章立てを書き出す．

②各章で述べる内容を 1 文に書き出してみる．この文に含まれるキーワードそれぞれが，各節に相当することになる．この文（章レベルのアウトライン）のみを読んだだけで，論文全体の概要が分かる．

③各節で述べる内容を 1 文に書き出す．この文に含まれるキーワードそれぞれが，各パラグラフに相当することになる．この文は，節レベルのアウトラインとなる．節レベルのアウトラインを 1 章分集めると，②の章レベルアウトラインに相当する内容になるはずである．

④各パラグラフで述べる材料を書き出していく．これが本文になる．

⑤以上の章立てや文章の配列を見なおしていき，過不足を調節する．

⑥以上の作業では登場しないもののぜひ書く必要のある材料がある場合は，正当な箇所に位置づけるように章・節・パラグラフの構造を修正する．

⑦③〜⑥を繰り返しながら，材料の過不足や配列を調節する．本文を書いていて全体の構造を確認したくなった時は，節レベルのアウトラインだけを読み直して，現在書いている箇所の位置づけを確認するとよい．

⑧各材料の表現の方法を工夫する．

⑨他者に読んでもらい，自分の言いたいことが伝わるかどうかを確認する．

なお，ゼミなどの場で論文の途中経過を発表する場合，章レベルか節レベルのアウトラインを資料として発表するとよい．このアウトラインを，パワーポイントの文書などにして本文と別に作成する場合は，本文の執筆につれてアウトラインも逐次修正していくようにする．また，アウトライン機能付きのワードプロセッサーを用いている場合は，本文を書きながら，アウトライン表示をすることも可能である．

(4) 卒論のアウトラインの例

では，心理学科の実際の卒業論文を例に，章立てとアウトラインの実際を紹介しよう．「野球におけ

表 13-4 花岡（2011）のアウトラインの例

序論
本研究では，ピッチャーにマインドフルネスエクササイズを行い，その効果を検討する。

第1章 研究史
第1節 スポーツ心理学とメンタルトレーニング
スポーツ心理学の定義とメンタルトレーニング
スポーツ心理学は，「身体的最高能率を発揮するのに必要な条件を心理学的に研究する」もので，メンタルトレーニングでは，目標設定，リラクセーション，イメージ，集中力，プラス思考，セルフトークなど，競技力向上を目的にメンタルなスキルの強化を行い，ストレス得点や不安得点が低い選手は高いパフォーマンスを示す。
第2節 アクセプタンス＆コミットメントセラピー（ACT）の概要
ACTは，問題や生活の新奇な側面に触れて，そのマネジメントに寄与することばとふるまいの関係を再獲得させるアプローチで，マインドフルネス体験により，体験を回避せずにアクセプトして，コミットさせていく。
第3節 ピッチャーがマインドフルネスエクササイズを行う意義
マインドフルネス体験により，ピッチャーの雑念をアクセプトさせて投球行動にコミットさせることができると期待される。

第2章 調査研究と実験研究
第1節 目的
本研究は，野球のピッチャーにACTのマインドフルネスワークを行い，ピンチ場面を回避せず，自分の体験を観察し，思考の抑制を減らすことで，投球時の非機能的な思考を減らす効果を検討する（実験研究）ことが目的で，この効果測定のための，投球時の非機能的思考を測定する心理尺度も開発する（調査研究）。
第2節 調査研究の予備調査
大学生を対象に野球の試合中に浮かぶ「ピッチャー・マインド」の聞き取り調査を行い，ピンチに浮かぶ考え，投球がうまくいくときの考え，投球がうまくいかないときの考えの計21項目を収集し，質問紙を作成した。
第3節 調査研究の方法
投手経験のある中学生から大学生48名にこの質問紙調査を行い，因子分析の結果，5因子解を採用した。
第4節 調査研究の結果
「焦燥マインド」因子，「回避マインド」因子，「好戦マインド」因子は焦りがひどくなる思考傾向であり，「アクセプタンス」因子，「信頼マインド」因子は平常心で実力行使できる思考傾向だった。
第5節 実験研究の方法
投手経験のある学生8名に，心理学実験室等で，思考抑制の作用，レーズンマインドフルネス，アクセプタンス，お茶のマインドフルネスというマインドフルネスエクササイズと対処方略日記記入を計4回行わせ，毎回マインドフルネス尺度とピッチャー・マインド尺度に回答させた。
第6節 実験研究の結果
マインドフルネスエクササイズと対処方略日記を実施したが，マインドフルネス尺度得点とピッチャーマインドフルネス尺度得点は，個人差が大きく，8名全員の平均値には明確な変化は見られなかった。

第3章 考察
第1節 マインドフルネス得点が上昇した事例の考察
マインドフルネス得点が上昇した投手では，焦燥マインドや好戦マインドの低下，信頼マインドの上昇が認められ，マインドフルな状態になると，投球が成功するときの感情や思考になりやすい傾向があると言える。
第2節 内観に関する考察
ピンチ場面になったときに，状況を素直に受け止め，次にすべきことを考え，気持ちに余裕ができて仲間を信じることができるという内観が見られた。
第3節 総合考察
パフォーマンスの変化は確認できなかったが，スポーツにおける心理的スキルに信頼性があること，状況を素直に受け止めるなどのアクセプタンス的な変化があったという回答を得られたことから，個人差はあるが，継続していくことで何らかの効果は期待できるのではないかと考えられる。

結論
ピッチャーにマインドフルネスエクササイズを行い，その効果を新規に作成したピッチャーマインドフルネス尺度とマインドフルネス尺度で検討したところ，全体での効果は認められなかったが，マインドフルネス得点が上昇した投手では，投球が成功するときの感情や思考になりやすい傾向があることを考察した。

要約　　（論文全体の要約・・・上記アウトラインとほぼ一致）

文献　　（引用文献のリスト）

資料　　（調査用紙，実験に使用したワークシートの見本）

るアクセプタンス＆コミットメントセラピーの有効性」という論文である（表13-4; 花岡, 2011）。なお，文中のキーワードそれぞれが，本文のパラグラフに対応する。

3. レポート・論文の書式

(1) 書式はいつ，どのように設定する？

　レポート・論文の書式は提出先によって様々なのだが，書式が決まっているのであれば，書き始める前に設定してしまうのがいいだろう。たとえば，「黒一色で表記」「図・表はPDF形式のファイルにして貼り付ける」などの決まりがあるのに従っていなかった場合，修正のための時間と手間は甚大になることもある。ちなみに，A4版で40字×30行＝1200字という設定は，字は細かくなって見づらく感じる人もいるが，1ページに多くの情報が入り，枚数もかさばらずに扱いやすい書式の一つかもしれない。なお，ワープロの文字数・行数の設定でよくある失敗は，行間を詰めて字間を空けてしまうというものである。これは，隣り合う文字は，続けて読む文字であるからある程度詰まっている方が読みやすいが，上下の行はある程度離れていないと読んでいる箇所の妨げとなってしまうという，「よいゲシュタルトの法則（4章のプレグナンツの法則）」に依るものである（海保, 1994）。

(2) バックアップの必要性

　書き始めのデータ量はさほどでもなく，データのバックアップが問題になることはあまりない。ところが，執筆量が増え，内容に迷いも生じたり，表示形式の変更にも手間暇がかかってきて，締切が迫ってくる，というような逼迫した状況になればなるほど，様々な要因からのデータ消失事故の危険性は高まる。練りに練って，修正を重ねたオリジナルデータが万一失われたとき，それを取り戻してくれる人は著者以外にはいない。データに守秘性がある場合はそれにも留意する必要があるが，データのバックアップは，できれば複数の方法（USBメモリとハードディスク，電子媒体と紙媒体etc.）で，できるだけ頻繁にとっておくのがいいだろう。ただし，同じ名前のデータが複数できてしまい，どの箇所が最新であるのか分からなくなると，バックアップがむしろ混乱を招く事態に陥ってしまう。ヘッダー設定にいつも日付や時間を設定しておくなどの配慮も有効かもしれない。

(3) 専門用語と人名表記の方法

　学術用語以外は，常識的な日本語を使用して，不必要な専門用語は乱用しない。外来語については，初出時に必ず原語と日本語を添えるのがよい。2回目以降は，日本語で通すか，原語で通すかにそろえればよい（例えば，「ego-identity［自我同一性］とは，……」）。外国人名の表記は，原語または日本語のいずれかに統一する。日本語の場合は，初出時は略さず（西洋人名のファースト・ネーム，ミドル・ネームはイニシャル）に原語と日本語を併記するのがよい。2回目以降は姓のみを記す。なお，謝辞以外では敬称や肩書きは省略するのが通例である（例えば，「H. J. Eysenck［アイゼンク］は，行動療法という名称を，……」）。

(4) 「はじめに」と序論

　「はじめに」は，論文全体の前書きで，研究テーマが問題となる社会的背景，テーマ選択の個人的理由など，比較的自由に述べてよいし，無くてもかまわない。これに対し序論は，論文の本文全体を位置づけるもので，これに呼応して「結論」が述べられることになる。研究テーマについて，その問題の定義

や，それが問題となる学術的経緯などを論理的に述べる。

(5) 問題（研究史）

　研究テーマ（問題）に関する研究史を述べる。単なる時間的な羅列ではなく，問題がどのような流れを経てきて，今現在何を焦点としているのかを明確にすること（問題提起）。よい論文では，序論における問題設定から，その問題の歴史（研究史），問題提起，実験（調査・ケース検討），考察までが，1本の糸となってスムーズにつながっていくことになる。もし，研究テーマが「AとBの関係について」である場合，1章を使ってAの研究史を論じ，Bの研究史にも1章を費やしたとすると，「AとBの関係について」にもさらに1章を割り振って，AとBのどのような関係について，どのような問題意識で検討するのかを明確にしておくと，次の「目的」の項に無理なくつながっていく。なお，どの分野についてどの程度の研究史を掲載するかについては，指導教員に相談するとよいだろう。また，文献引用については次節で詳述する。

(6) 目　　的

　「研究目的」では，研究史とそこから導かれる問題提起を受けて，①対象となる心理現象は何で，②どのような研究法を用いて，③どのような仮説を検証しようとするのか（仮説がない場合は，どのように分析しようとするのか）等を簡潔に記す。

　そして仮説とは，「クライエントの発言後2秒以内にカウンセラーがうなづいたならば，クライエントのその後の発言時間は長くなる」などのように，「XならばYである」という断定の形をとり，その記述の当否を実証することができるものをいう。「カウンセラーが受容的ならばよいカウンセリングが成立する」では「受容」とは何か，「よいカウンセリング」をどうやって測定するのかが述べられていないので仮説とは呼べない。

　事例研究や文献研究には目的がないと勘違いしている人も見受けられるが，特定の臨床的アプローチの有効性を吟味したり，臨床理論に関する仮説を臨床実践を通して吟味したり，それまで提案されている学術的概念について，一定の観点から検討・吟味するなど，研究には必ず目的がある。なお，「事例報告」の目的は，事例の経過を誰かに報告することだったり，様々な意見をもらうことであったりする。

(7) 方　　法

　方法は，論文を読んだ者が追試できるように書くことが基本である。特に，実験の目的に直結するような事項は詳しく説明する必要があるが，逆に分かりきったことについては省略した方がよいだろう。なお，方法は過去形で書く。

　まず，①から③では，剰余変数とその統制方法を意識して記述する。

　①実験者（観察法では観察者，テスト法の場合は検査者）

　性別・年齢などの基本属性以外は，その実験の結果に与える影響の大きいものを記述する。

　②参加者（フィールド研究では「研究協力者」も用いられ，さらに「研究対象者」とされる場合もある）

　性別・年齢などの基本属性以外は，その実験の結果に与える影響の大きいものを記述する。同じ実験の経験の有無・実験内容についての知識の有無等は重要であることが多い。視覚の実験では視力は重要な要因であろうし，実験前日に徹夜してフラフラであれば当然記述すべきである（もっとも，それで意味のある実験ができるとは思われないが）。

ケース研究ではケース概要は非常に重要である。ケースによって，また研究目的によって異なるが，性別，年齢，障害・症状の記述，主訴，現病歴，生活歴，家族，各種検査の結果などで，必要なものを簡潔に記す。詳しすぎても，何が中心的な着眼点となるのかが分かりにくいし，重要な情報が先に述べられていなくては困るわけである（論文は推理小説ではない）。

③実験（調査・観察）状況

これも②と同様である。日時・場所・天候・室温・採光状態・騒音の有無・側に他者がいるのかどうか等々，種々の要因を考慮し，必要なもののみを記載すること。

④実験（調査・観察）装置・質問紙

ここでは，独立変数，従属変数が何かを意識して，強調して記載する。なぜなら，研究目的に直結するのは，目的に沿って独立変数を提示したときに，どのような従属変数が得られたかだからである。その他の情報（剰余変数）は，結果に影響を与えそうな情報を優先させて記載する。装置のメーカー名・型番等も記し，図で表示するのもよい。標準的な装置・材料である場合は，簡単に記すだけで充分である。

使用した質問紙は，複数の版がある場合それに注意して，原作者を引用して掲載する。（下位尺度がある場合には下位尺度まで含めて）何を測定する尺度なのか，その素点が高いと何を示すのかにまで留意して簡潔に記載する（たとえば，「心理的柔軟性の測定のために日本語版 AAQ-Ⅱ（木下・山本・嶋田，2008）を使用した。この尺度得点が高いほど，心理的非柔軟性が高いことを示す。」）。

⑤手続き

これも④と同様である。ここでは，剰余変数がいかに統制されたかも意識して記載する。標準的な手続きであれば，「……標準的手続きに依った」という程度で充分だが，標準と異なる手続きについては異なる影響の可能性もあるので詳述する。例えば，時間の制限のために知能検査の打ちきり基準を厳しくして実施したのならば，そのことを明記しなくてはならない。観察法や調査研究では，剰余変数を統制することはできないが，関連があると考えられる変数は，できるだけ詳しく測定（観察）し，その手続きを記述する。

⑥教示

全文が必要な場合もあるし，要点を記すだけでよい場合もある。

⑦データの処理法

標準的でない処理法についてのみ，「方法」の節で説明する。

(8) 結　果

結果では，研究方法に従って得られた結果情報を，研究目的に沿って，（過去形で）記載する。「方法」の項で述べたように，独立変数に応じてどのような従属変数が得られたのかが重要である。しかし，従属変数に対して剰余変数の影響があると，結果の意味が異なってくる。したがって，剰余変数が従属変数に影響していないことを確認したり，影響がある場合はそれをどのように反映すべきかの根拠となるデータを，従属変数を示す前に提示する必要がある。以上の論理的な順番以外では，研究手続きの時間的，あるいは空間的な順番に沿って記載していくと分かりやすいだろう。データを正確に述べるため，記述統計や数値の図表による表現，推測統計の検定結果などは標準的な形式が作られている。なお，方法や結果等の書き方の詳細については，Findlay（1993 細江・細越訳 1996）に詳しい。

(9) 統計数値の書き方

統計数値は，背景理論をふまえて，最低限どのような情報が必要かを考えて記載する。例えば，平均値は，標本の大きさ（人数 n 等），散布度（標準偏差 SD 等）によって意味が異なるので併記する（「女性の平均体重は 55.3kg（$n=38$; $SD=7.89$）であり，……」「男性 17 名の評定の中央値は 24.5cm（$range=7.56$）であった」）。整数で測定したデータの平均値の有効数字は，1 桁下げて小数第 1 位とし，標準偏差の場合は式に平方根を含むので 2 桁下げることになる。

統計検定の結果を記す際は，用いた検定の種類，標本の大きさ，自由度 df，有意確率 p などを記載する（「t 検定の結果，A 群の平均値（$n=35$; $M=66.2$）は，B 群（$n=28$; $M=61.8$）よりも，有意に高いことが示された（$t=2.387$, $df=62$, $p<.05$）」）。

(10) 図表の書き方

図表は，それだけを見たり引用したりしても誤解されずに意味が通じるように作成する。その上で，図表が示している内容は，本文中で必ず言及する（ただし，表中の数字全てを記述するのでは表にする意味がなくなる）。全ての図表には表題をつけ，どこからでも引用できるよう，それぞれの図表に通し番号をふる。通し番号は，「表 13-2」のように各章ごとでもよい。表は上から下に読んで行くので表題と説明は表の上に，図は基本軸が下であることが多いので，図の表題と脚注は図の下に記す。

表では，縦罫線は使用しない方が見やすく（透明の罫線を引いてもよい），小数点は縦に揃えること。統計検定の有意確率など，略号は脚注で説明する。表 13-5 は，分散分析表の例である。

グラフでは，縦軸・横軸が何を示すのか，単位は何かなどを明示しないと伝えたい内容が伝わらない。独立変数を横軸にとり，それに応じた従属変数の値を縦軸にとるのが基本である。同じ結果であっても，縦軸の取り方によって印象が大きく異なる場合もある。縦軸の一部を省略する場合は必ず省略記号を挿入する。縦軸の範囲は，結果が取り得る値である必要がある。1 から 5 までで評定させた値のグラフの縦軸目盛りの最小値・最大値が 0 から 10 になっていては，誤解を招きやすい。図 13-1 は，カウンセリング実習前と実習後で，相談の主訴に関連する否定的感情評定値がどのように変わったかを折れ線グラフで示した例である。多人数のデータでは，平均値を棒グラフで示し，1 標準誤差分を T 字型のエラーバーで示すのが通例だが，少数事例のデータではこのように全員分のデータを折れ線グラフに示すことで個人差を具体的に表示できる。

表 13-5 実験参加者間 2 要因分散分析表の例（$n=60$）

要因	自由度 df	平方和 SS	平均平方 MS	分散比 F	有意確率 p
要因 A	2	70.0	35.0	2.52	ns
要因 B	1	2249.9	2249.9	161.86	$p<.001$
A × B	2	203.3	101.7	7.32	$p<.001$
誤差	54	750.0	13.9		
全体	59	3273.2			

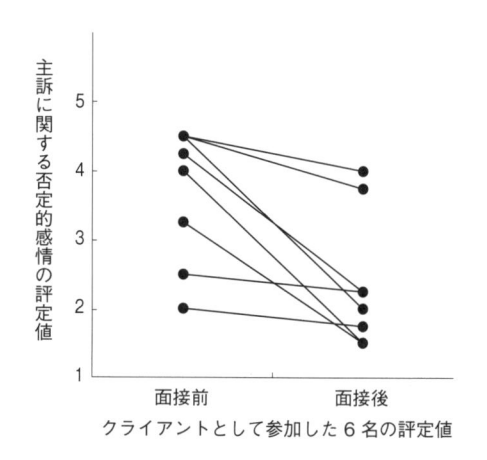

クライアントとして参加した 6 名の評定値

図 13-1 カウンセリング実習による否定的感情の変化

(11) 考　　察

　目的に沿って一定の方法で収集され，整理された結果が，目的に照らしてどのように解釈され，研究の意義が何だったのかを述べるのが考察である。仮説がある場合は仮説の適否，剰余変数からの解釈，実験の問題点，過去の研究結果との比較，諸理論からの解釈，新しい仮説（または理論）の構築，その検証方法等々，原データをもとにして，より抽象的な方向へ順を追って論を重ねていく（適切な小見出しは読者の理解を助けるだろう）。仮説が否定された場合，それは実験手続きが不完全なため（剰余変数が統制できなかった）であったかもしれず，採用した研究方法が不適切であったのかもしれない。場合によっては，それまでの理論に誤りがあったのかもしれず，新しい仮説や理論が打ち立てられるのかもしれない。

　いずれにせよ，論理に飛躍や矛盾がなく，記述の根拠が明確で，批判可能な形で論じることが重要である（「2群の比較から明らかなように……」ではなく，「実験群と統制群は，実験前の呼吸数に差が無かったのに実験後には有意な差が見られたのであるから……」）。

(12) 結　　論

　最終的に得られた結論を簡潔に述べる。例えば，ある条件において仮説が検証された，ある方法では仮説は棄却された，などである。簡潔に書ければよいが，仮説を肯定する際は慎重であるべきであり，「……について，……の場合には」など，一定の条件下のみの仮説検証であることが多い。

(13) 要約と論文の題目

　一定の字数（例えば400〜800字程度）で，研究全体（目的，方法，結果，考察）を要約する。この程度の字数で要約すると，自分の取り組んだことがどのような意味のことであったかが浮き彫りになるはずである。アウトラインを幾度も書き直して，最後に到達するのがこの要約であるともいえる。極論すれば，ここだけを読んでもその論文の価値が伝わってくることになる。

　要約の要約が，論文題目になる。題目は，最も簡潔な論文内容の表現であるから，研究対象（テーマ）や研究結果の（ほかの論文にはない）特徴が示されるとよい。『集団心理療法に関する一研究』といった漠然とした題目ではなく，その論文の独自性が示された具体的題目がよいだろう。もっとも，そのような題目を決めるためには，論文全体の対象とその研究の観点が明確になっている必要があるので，はじめから題目を決定することは不可能であり，当初の段階では仮の題目を記すことになる。

(14) 「おわりに」と巻末資料

　論文末に，個人的感想や謝辞などを述べる場合がある。また，本文中に記すほどではないが，論文全体として掲載しておくべき重要な資料を巻末に付すると読者には便利である。例えば，使用した調査用紙，観察用紙，引用した重要な内観報告などである。

(15) 質的研究

　質的研究の場合でも，データ収集・分析方法が実証的であれば，上述の論文の構成を援用すればよい（KJ法やグラウンデッド・セオリー・アプローチ等はこれに当たる）。事例研究では，事例の経過の部分が「結果」に相当する。

　しかしながら，質的研究の一部では，1つの目的に照らして一種類の研究対象を吟味するのでなく，対象を加工しつつ論を展開していくような場合もありうる。その場合，「結果」と「考察」が交互に記述さ

れる場合もあり，研究内容によって独自の書き方が編み出される場合もある。

4. 文献の掲載方法

　文献は，自分がどれだけ勉強したかを表すためではなく，自分の論述の根拠を明らかにし，読者の研究に便宜を図るという意味で掲載する（後輩にとって，これが涙の出るほどありがたいものになるかもしれない）。研究者Aが，論文Bを読んでその中に記述されている論文Cの内容について引用したい場合に，論文Cそのものを読まずに引用する場合を"孫引き"という。しかし，論文Bによる解釈が誤っていたり，研究者Aの趣旨と異なっていたりする場合もありうるので，孫引きをしてはならない。どうしても論文Cが入手できない場合は，「論文Bによれば，論文Cが……を報告している」のように記述し，文献リストには論文Bを掲載することになる。

(1) 本文中の文献引用の表記

　①本文中に文献を引用する場合，著者の姓の直後に出版年を添える。"福富（2003）によれば……"のように文章中に記載すれば，単なる人名ではなくその文献を指し示すことになる。"……である（福富, 2003）。"のように文末の（　）内に記載してもよい。同一著者・同一年次の文献が複数ある場合，"Russell（1993a）"，"Russell（1993a,b）"のように，出版年の直後にアルファベット小文字a, b,……を付して区別する。

　②引用文献が2人の著者の共著の場合，引用のたびごとに両著者の姓を書き著者名の間は"・"（中黒）で（欧文文献の場合は"&"で）結ぶ。

　③著者が3人以上の場合は，初出では全著者の姓を書き，2度目以後は，第1著者の姓のみの後に，"他"（欧文文献であれば"et al."）を添えて略す。

　④訳書を引用する場合は，原著者とその出版年を最初に引用し，その後に翻訳書の訳者とその出版年を括弧でくくる。また，括弧内に文献を示す場合には，両者をスペースでつなぐ。

　文中の例：【Hebb（1972 白井他訳 1975）は，……】

　文末の例：【(Hebb, 1972 白井他訳 1975)】

　⑤特定ページを引用するときには，出版年の後にそのページ数を書き添える。

【(Takagi, 2003, pp.150-152)】

　⑥引用者が引用文に訂正を加えたり追加をしたりした語句は，角括弧"[ ]"に入れて引用原文とはっきり区別する。

(2) 文献一覧の表記法

　全ての著者について，姓を先，名を後に書く。欧文の著者名は，姓，ミドルネームの頭文字，名の頭文字の順で，イニシャルの後にピリオド（省略符）をつけ，次に1字あける。複数の著者名はカンマで区切り，最後の著者の前にカンマと"&"（andではない）をおく。

【Suzuki, N., Tanno, Y., & Yama, H.（2004）】

　①書籍：著者名，出版年次，表題，（版数），出版社名の順に書く（欧文文献の出版社では所在地を含む）。【神　信人　（2002）．集団内互酬行動としての内集団ひいき　現代図書】

　②編集書中の特定章：著者名，出版年，表題，編集者名，書名，出版社の順。

【大橋　靖史　（2005）．過去をめぐるコミュニケーション　吉田　章宏・田中　みどり（編）　コミュニケ

ーションの心理学（pp. 99-117）　川島書店】

【Peterson, L. R., Rawlings, L., & Cohen, C.（1977）. The internal construction of spatial patterns. In G. H. Bower（Ed.）, *The psychology of learning and motivation: Advances in research and theory. Vol. 11* (pp. 245-276). New York: Academic Press.】

③翻訳書

【Burr, V.（1995）. *An introduction to social constructionism.* New York: Routledge.（バー V. 田中一彦（訳）（1997）.社会的構築主義への招待―言説分析とは何か　川島書店）】

④雑誌など逐次刊行物：著者名，刊行年，表題，雑誌名（イタリック体で），巻数（イタリック体で），（号数は示さず），頁（最初と最後のページを2分ダッシュ（-）をはさんで記し，ピリオドを打つ）。雑誌の名称は省略しない。

【千葉浩彦（2004）．臨床心理士の基本的技能に関する考察　淑徳心理臨床研究, *1*, 29-33.】

⑤オンライン資料の引用：i）刊行された冊子体がある場合には，冊子体を引用文献として記載する。ii）オンライン上でのみしか閲覧できない資料で，DOIがある場合は，DOIを記載する。（著者名），（刊行，公開年），（表題），（掲載名称），（doi: xxx）Nobuyuki Kawai, Hiromitsu Miyata, Ritsuko Nishimura, Kazuo Okanoya,（2013）Shadows alter facial expressions of Noh Masks. PLoS ONE, *8*（8）, e71389. DOI: 10.1371/journal.pone.0071389　iii）オンライン上でのみしか閲覧できない資料で，DOIがない場合は，次の書式で記載する。（著者名），（公開年），（表題），（ウェブサイト名），（Retrieved from URL），（アクセス年月日）【日本心理学会（2015）．執筆・投稿の手びき　日本心理学会　Retrieved from http://www.psych.or.jp/publication/inst.html（2016年1月6日）】

⑥欧文のハイフネーション：欧文の単語は，いくつかの音節から形成されているので，行替えは音節の区切りでおこない，単語の途中であることを示すため行末に"-"（ハイフン）を挿入し，ハイフネーションと呼ぶ。逆に，ハイフネーションされていた文を引用してハイフネーションが不要になったら，もとのハイフンを削除する必要がある。

（3）引用文献の記載順序

　文献一覧は，著者の姓のアルファベット順に配列する。同姓の者が複数いる場合には，名のアルファベット順による。同一著者の単独発表の文献と，その著者が第1著者の共著の文献は，単独発表のものを先にし，次に共著のものとする。第1著者が同一で，第2著者が異なる時は，第2著者の姓のアルファベット順に並べる。同一配列の著者名による文献は，刊行年次の早い順に並べる。

5. レポートや論文を点検・推敲する

（1）文章の点検

　発想や内容は悪くないのに説得力のない文章（レポート・論文）では，次のように，読み手の立場を考慮することがおろそかにされがちである。

・一文の長さが長すぎる。
・主語と述語が対応していなかったり，1つの文で2つ以上の内容を無関係に述べたりしている。
・主語に「私」を使用している（筆者，実験者等は可）。
・文の末尾が一致していない（「である」体と「です・ます」体）。
・段落や見出しを活用しておらず，どこで何を言いたいのかが不明確。

・図表などの引用が唐突で，文章中に適切に位置づけられていない。
・誤字・脱字がある。

　指導を受けに行く前に，自分（あるいは信頼できる人）が点検して，自己修正しておくと，内容の指導に集中することができる。

(2) 論文指導を受ける際の留意点

　指導を受けないままで自分の考えだけで書きためたり，書きあぐんだりしていると，後になって大きな修正が必要になるなどで，時間が足りなくなる可能性がある。心配するよりこまめに報告して，指導を受けるのが前進のコツだと言える。その際，論文のアウトライン（または章立て）と下書きを，事前に提出するか持参した上で指導を受けると具体的に進展しやすくなる。必要ならば，疑問点を書き込んだ付箋を貼っておくなどして，分からない点を具体的に尋ねるとよい（指導教員の仕事は，学生を批評することではなく，学生がよりよい研究論文を書けるようにすることにある）。そして，指導を受けたら忘れない内に（できる箇所は指導のその場で）適宜修正し，次の課題に取り組む。これを繰り返すことで，次にどのようなアドバイスがありそうかが予想できるようになると，修正すべき箇所が少なくなり，指導の内容もより本質的なところに到達していくだろう。

6. 文献研究

　これまで，実証研究のレポート・論文の書き方を述べてきた。実証データの意味づけをおこない，データ生成の方法とその解釈を述べることが論文の中核となるので，その形式が一般化されてきた。これに対し，実証研究でない場合は，データ生成の記述方法に関する制約はなくなる。対象の文献を一定の方法で収集・分析して批判していくような文献研究の場合は，実験・調査データなどの代わりに文献データを用いているわけなので，文献の範囲の設定，分析の方法などを記述していく方法は，方法とそれによる結果を中心に組み立てればいい。そうした制約のない論文の場合，どの順番で，何を根拠にのべていくかをよく吟味する必要がある。その実際は，論文のテーマや主張の展開のあり方によって異なる判断が必要であり，ここで一般論を論じることは難しい。そのような読者は，ぜひとも指導教員と頻繁かつ熱心な交流を重ねて，あり得べき方向を見いだしていってほしい。

文献

Findlay, B. (1993). *How to write a psychology laboratory report.* New York: Prentice Hall. （フィンドレイ，B.　細江 達郎・細越 久美子（訳）(1996). 心理学実験・研究レポートの書き方　北大路書房）
花岡 明日香 (2011). 野球におけるアクセプタンス＆コミットメントセラピーの有効性　平成22年度淑徳大学総合福祉学部卒業論文（未公刊）
海保 博之 (1994). こうすればわかりやすい表現になる―認知表現学への招待―　福村出版
木下 是雄 (1990). レポートの組み立て方　筑摩書房
木下 奈緒子・山本 哲也・嶋田 洋徳 (2008). 日本語版 Acceptance and Action Questionnaire-II 作成の試み　日本健康心理学会第21回大会発表論文集, 46.
小林 康夫・船曳 健夫（編）(1994). 知の技法　東京大学出版会
日本心理学会 (2015). 執筆・投稿の手びき　日本心理学会 Retrieved from http://www.psych.or.jp/publication/inst.html （2016年1月6日）

コラム 12　盗作・剽窃を防ぐ

　インターネットの普及によって，様々な情報が手軽に検索・引用できるようになった。しかし，公開された論文や他人の文章をあたかも自分の著作であるかのように拝借することは，「剽窃」と呼ばれ，学問の世界での犯罪である。このような行為が横行し，剽窃レポートを提出する学生や，中には剽窃論文を発表する研究者まで現れ，剽窃行為は大きな社会問題になり，剽窃をチェックするコンピュータソフトも登場している（アシストマイクロ株式会社, 2013; 剽窃チェッカー, 2013）。

　そもそも，盗作・剽窃と引用とはどう違うのだろうか。これには，第Ⅲ部 13 章で述べたレポート・論文の書式が密接に関連している。13 章冒頭で，「学術論文は，すでに発表されている文献資料という根拠と，著者の研究によって得られたデータという根拠をもとにして，一定の主張を行うことで，必要な人が確実にそれを理解して効率的に活用できるように書き表わした文章である」と述べた。論文の主張は，すでに発表されている文献資料（X）と，著者が作成したオリジナルなデータ（Y）とを根拠にして，論理的考察を行い，それを分かりやすく整理して主張（Z）したものであった。得られたオリジナルデータ（Y）を，自分の主張に都合がいいように勝手に変形（Y'）させることがデータの捏造であり，すでに発表されている文献資料（X）を適切に引用しない（X'）ことが，剽窃に当たる。学問的知識とは，この（Z）の蓄積によるものであり，たとえ根拠の一部分に誤りが見つかっても，（X）（Y）が正確に記述されていることによって，修正可能であることが，学問という知の集積のあり方自体を担保するのである。そうでなければ，学問的主張は，噂話と本質的な違いがなくなってしまい，何がどこまで信じられるかが曖昧となって，その価値を瓦解させてしまう。つまり，データ捏造や文献の剽窃は，（Z'）という誤った主張を蔓延させるという意味で有害なだけでなく，学問全体の信頼性を貶める自殺行為なのである。大学生のレポート課題の場合は単位修得（早稲田大学教育学部, 2012），研究者においては名誉欲や業績作成という目先の目的が優先され，肝心の学問の価値自体を売り渡してしまうという本末転倒が生じているのである。無論，盗作や剽窃は原著者の主張を歪めたり，貢献を蔑ろにするという意味でも卑劣きわまりない。

　では，剽窃はなぜ起きてしまうのだろうか。おそらく，他の著作の意義やその扱い方を十分に理解していないためだと言えよう。例えば，「引用文献の表記は面倒だから後回しでいいし，時間がなければ一部欠落してもいいだろう」「引用文献は巻末に記載したのだから，どの箇所がどこまで引用なのかまで述べなくてもいいだろう」といった手抜きである。剽窃を防ぐには，13 章を丁寧に読み返して論文のチェックを重ねるという地道な作業を怠らないことである。

文献
アシストマイクロ株式会社（2013）．剽窃・盗作検知ツール Turnitin&iThenticate Retrieved from http://www.assistmicro.co.jp/product/distribution/iparadigm/（2015 年 5 月 1 日）
剽窃チェッカー（2013）．剽窃チェッカー Retrieved from http://plagiarism.strud.net/（2015 年 5 月 1 日）
早稲田大学教育学部（2012）．盗用・剽窃をしていませんか？ ルールを守って「正しいレポート」を！ 早稲田大学教育学部 Retrieved from http://www.waseda.jp/fedu/edu/assets/uploads/2014/07/20120620_%E6%95%99%E8%82%B2%E5%AD%A6%E9%83%A8%E3%83%AC%E3%83%9D%E3%83%BC%E3%83%88%E4%BD%9（2015 年 5 月 1 日）

第Ⅳ部

心理学をこれからの人生に活かしていく

　第Ⅳ部は，本書の最後に置かれ，学部の卒業や大学院の修了を控えた人たちを念頭に入れているが，実は大学や大学院に入学仕立ての人や学部の2年生の人たちにまず読んでもらいたい内容でもある。

　なぜなら，大学に入って心理学を学びはじめたものの，実際に心理学を学んでみると，高校生の頃に思っていたものとは大きく異なり，内容が難しく面白さを感じられない人たちも多いことだろう。また，心理学を学んでもそれを活かした仕事は少なく，就職に結びつかないと聞いて，大学で心理学を学ぶことの意義をもてずにいる人たちもいることだろう。第Ⅳ部は，そういう人たちに対し，自らのこれからの就職やその後の人生を想像し，思い浮かべる手助けとなることを目的として書かれている。自身の未来について具体的なイメージをもつことは，心理学を学ぶことへの動機づけとなることだろう。

　もう1つは，卒業や修了を控えた学部生や大学院生にこれからの人生の旅を続ける際に参考にして欲しいと思い，第Ⅳ部は書かれている。青年期の大切な4年間もしくは6年間かけて学んだことを，その後の人生に活かしていかないことは時間的にも経済的にも大きな無駄である。ただどのようにして活かしていったらよいのか分からないまま卒業してしまう学生も少なからずいることも事実である。ここでは，そうしたことが少しでも減るよう，大まかな航路と航海の方法について示していくことを目指している。

　第Ⅳ部は，以下の3つの章から構成されている。

　14章では，心理学で学んだことを，就職活動を行っていく際に，どのように活かしていけばよいかについて述べている。心理学は仕事に結びつかないものだと決めつけている人もいるが，それは必ずしも正しい見方ではない。心理学は人間に関わる学問であり，人と人との関わりがある仕事には何らかの形で関わっている。就職活動をする際に，大学においてどういった心理学を学んできたか，面接者に対し，自信をもって話せるようになることはとても大切なことである。また，就職活動という活動そのものが，それまで学んできた心理学を活かす場ともなるはずである。

　15章では，大学院に進学して，そこで更に専門的に心理学を学び，将来的に心理学の専門職に就く道について書かれている。この章を読めば，大学院に進むにはどのような準備をすればよいか，また，数年後のことなのになかなか想像ができない，大学院生の生活について具体的なイメージをもつことができるようになることを目指している。学部で学ん

だことが直接活かされる場が大学院での学びである。学部での学びの延長上に大学院があり，そこでは更に専門的な内容を学び，現場での実習などを通してより実践的に心理学を学ぶことができる。

　16章では，大学院を修了したり，心理系公務員試験に合格したりして，実際に心理専門職に就いた後の仕事について考える。つまり，心理専門職として働いていくということをより長期的な視点から捉えようとしている。そうした意味では，臨床心理士や臨床発達心理士として働くようになったが，これからどのように働いていけばよいか迷いを感じている人にも読んでもらいたい。この章を読めば，心理専門職として働いていくことの意味や課題，これからの仕事において目指すべき道が見えてくることだろう。

14章　就職活動に心理学を活かす

　心理専門職や心理学の研究者を目指すわけではない，いわゆる一般就職を希望する学生の就職活動において，心理学はどのように活かすことが出来るのだろうか。この章ではそれについて述べてみたい。
　まず第一に，心理学にはキャリア・カウンセリングという分野がある。就職活動の支援はキャリア・カウンセリングの最も重要な領域の一つであり，キャリア・カウンセリングを学ぶことによって，就職活動の全過程を視野に入れた支援の方法を学ぶことができる。また，キャリア・カウンセラーが求職者を支援する際に用いる情報や技法，企業が求職者に対して行う適性検査の仕組み等について概要を把握することができる。これらの知識や技法を学ぶことは，自身の就職活動に役立つだろう。
　第二に，心理学の知識は職業活動に役立てることができる。人間の活動で「こころ」が関与しない活動はない。したがって，人のあらゆる活動を心理的な側面から分析することが可能であり，様々な応用心理学が産み出されている。例えば教員や塾講師，教材開発関係などの教育関連分野の職業を希望するならば教育心理学が役立つし，警察官や家裁調査官などの司法関係の職種に興味があるのであれば犯罪心理学，福祉職や福祉関連業種なら福祉心理学，建築業や不動産関係の職種なら建築心理学，製造業や小売業，サービス業なら消費者行動の心理学，接客心理学といった具合に，仕事に役立つ様々な心理学がある。コミュニケーションに関する知識や技能は，業種を問わず必要とされるし，リーダーシップも同様である。
　自分がやりたい仕事に関係のある心理学を学び，その領域に関する知識を深めれば，就職活動において情熱や知識をアピールできる。それだけではなく，その人自身の問題意識に基づいて集められた知識やその人自身が生み出した知見は，ほかの求職者にはないその人だけのものであり，その独自性は，面接者にその人を印象付けてくれる。そして何より，身についた知識は，就職活動でしか役に立たないノウハウではなく，職業生活に役立てることができ，更に職業生活の中で実体験をもとに心理学の学びをふり返ることによって，心理学の理解も深められ，自分自身を成長させてくれるのである。
　第三に，心理学の方法論が仕事の役に立つ。心理学は，科学としての側面をもっているので，心理学を学ぶということは，科学的な思考方法を身につけるということである。観察可能な事実をもとに論理的に結論を導く科学的思考は，現代社会においてどのような環境でも必要とされる汎用性の高いスキルであり，それを身につけることは，仕事の場面でも有益である。
　また，科学的に人の心を解明しようとする方法，例えば質問紙調査や実験，観察やインタビューなどは，様々な業種・職種で役立てることが出来る。人の心の動きが解明できれば商品の購入やサービスの利用などの行動が予測できるし，行動に影響を与えるための方略も提案できるのである。
　第四に，心理臨床の技法が役に立つ。現代社会では，他者とのコミュニケーションなしでできる仕事はほとんど存在しない。組織の中で働くとき，人は上司から指示を受け，同僚と協力し，他部署と連絡を取り合いながら，顧客のために仕事をする。したがってコミュニケーションスキルは重要であり，傾

聴やアサーションといった，臨床技法が役に立つのである。
　以下，上に挙げた4点について，それぞれ詳しく述べていく。

1. キャリア・カウンセリング

　キャリア・カウンセリングとは，人が社会的役割を選択する際により良い意思決定ができるように支援するプロセスである。キャリア・カウンセリングで支援の対象となるのは就職活動だけではないが，就職活動の支援は，キャリア・カウンセリングにとって最も重要な領域の一つである。
　就職活動を支援する際のステップは，①クライエントの自己理解を支援する，②職業情報を提供する，③クライエントが志望先を決定するのを支援する，④就職活動をはじめてからの悩みの相談にのる，という4つである。一方，求職する学生の側から見れば，就職活動とは，①自分がどんな人間なのかを知る，②どんな職業があるのかを知る，③自分に合う職業を選ぶ，そして④就職活動を行い，そこで生じる悩みをカウンセラーに相談しながら，希望の職業につく，というプロセスであるといえよう。
　以下，これら4つのステップについて順番に検討していく。

(1) 自己理解

　「自分はどんな人間なのだろう」と思いを巡らせ考える「内省」は，自己理解のための有益な方法のひとつである。自分が生きてきた経験をすべて知っているのは自分だけであり，「自分のことは自分が一番よく知っている」とも言われる。
　しかし，他人は気づいているのに，自分自身では気づいていないこともある。自分で気づいていないことは内省ではこころにのぼらない。そこでキャリア・カウンセリングでは，個別のカウンセリングや，数人から十数人のグループで互いの印象を伝え合うグループワークなどによって，自分自身では気づいていない癖，長所や短所などに気づくきっかけ作りをしている。
　また，多くの求職者を面接してきた採用担当者が求職者を評価するとき，採用担当者は今まで面接してきた多くの経験をもとにした「平均的な求職者」像を念頭において，目の前の求職者を評価している。自分一人の感じ方や，たまたまキャリア・カウンセリングのプログラムに集まった十数人の評価ではなく，より大きな集団の中で比較した場合の自分はどういう性格傾向を持っているのか。それを知るために役立つのが標準化された心理検査なのである（第Ⅱ部9章参照）。
　心理検査には様々なものがある。就職活動で使われる性格検査としては，YG性格検査，内田クレペリン精神作業検査などがある。YG性格検査は，120の質問項目への回答から12の尺度（抑うつ性，気分の変わりやすさ，劣等感，神経質，客観性，協調性，攻撃性，活動性，のんきさ，思考的外向，支配性，社会的外向）の得点を算出し，その分布によって性格を類型に当てはめて性格診断をおこなったり，その人が特定の業務に向いているかどうかを判定したりする。また，内田クレペリン精神作業検査は，一桁の足し算を連続して行う際の，単位時間あたり作業量の変化から，その人の仕事ぶりを推測する。
　これらの標準化された心理検査では，自分はどの程度強くその特性をもっているのかを知ることが出来る。例えば，YG性格検査を実施すれば，自分は平均的な日本人に比べて，外向的な方なのか，協調性が高い方なのか，あるいは低い方なのかといったことが分かる。その一方で，質問紙検査は，質問紙で問われていること以外は分からない。そこで，自分自身との対話である内省や，他者との対話の中から気づきを得るカウンセリングやグループワークと組み合わせることでより深い自己理解が可能なのである。

(2) 職業情報

　キャリア・カウンセリング（当時は職業指導と呼ばれていた）の生みの親であるパーソンズ（Parsons, F）は，1909 年に書かれた著作『職業の選択』の序文において，職業を選択するときには簡単に見つかる仕事や偶然見つけた仕事で済ませず，職業について幅広く調べるべきであると述べている。自分に向いている仕事があったとしても，そのことを知らなければ選択のしようがない。パーソンズの著作から 100 年以上がたった今でも，職業についての情報収集の重要性は変わらないのである。

　それでは，職業について幅広く知るにはどうしたらよいのだろうか。両親や身近な年長者から話を聞いたり，自分の興味のある領域の本を読んだりニュースをチェックしたりすることも欠かせないが，網羅的に様々な職業領域を概観するには次のような情報源がある。

　例えば，ハローワーク・インターネット・サービスには，厚生労働省が作成した「厚生労働省編職業分類」が掲載されており，「管理的職業」「専門的・技術的職業」「事務的職業」「販売の職業」「サービスの職業」「保安の職業」「農林漁業の職業」「生産工程の職業」「輸送・機械運転の職業」「建設・採掘の職業」「運搬・清掃・包装等の職業」という大分類の下に，より具体的な小分類のリンクが貼られ，職業によっては仕事の内容やどのようにしたらその職に就くことが出来るかが記載されている[1]。

　作家である村上龍氏の著書である『新 13 歳のハローワーク』（村上，2010）では，平易な文章で，514 の職業が解説されている。村上氏の公式ホームページは，それらの職業を職業名から検索したり，興味のある分野から調べたりすることが出来るようになっており，職業についての基礎的な知識を得ることができる[2]。

　大まかにどのような職業があるのかを知った上で，興味を惹かれたものについて，新聞・雑誌や書籍，インターネットなどで調べたり，その職業に就いている OB・OG の話を聞くなどして，より詳細な情報を収集するとよい。興味のある職業が見つからなかったり絞り込みにくかったりする場合は，後述のように，自己分析と職業情報，興味検査と適性検査が一体となったキャリアガイダンス・システムを使用することもできる。

(3) 興味領域・適性の分析とマッチング

　自分が何になりたいのか。最終的な意思決定をするのはもちろん自分自身である。しかし，自分がどんな職業に興味を惹かれる傾向があるのか，それが分かればより多くの職業が選択肢として見えてくるかもしれない。そのような形で意思決定を助けるのが職業興味検査である。

　ホランド（Holland, J. L.）の理論に基づいて作成された VPI（Vocational Preference Inventory：職業興味検査）は，160 の職業に対する興味の有無を尋ねる事で，6 つの興味領域（現実的興味領域，研究的興味領域，芸術的興味領域，社会的興味領域，企業的興味領域，慣習的興味領域）に対する興味の程度と 5 つの傾向尺度（自己統制，男性 - 女性，地位志向，稀有反応，黙従反応）が示されるというものである。例えば，「社会的興味領域」の得点は，教師，事務員，カウンセラー，ソーシャルワーカーのように「人に接したり，奉仕したりする仕事や活動に対する好みや関心の強さ」を，「企業的興味領域」の得点は人事部，管理職，セールスのような「企画や組織運営，経営などのような仕事や活動」に対する好みや関心の強さを，「慣習的興味領域」は受付，秘書，経理のような「定まった方式や規則に従って行動

---

[1] 厚生労働省職業安定局　厚生労働省編職業分類（平成 23 年改定）Retrieved from https://www.hellowork.go.jp/info/mhlw_job_dictionary.html（2015 年 11 月 9 日）

[2] 13 歳のハローワーク公式サイト編集部　13 歳のハローワーク公式サイト Retrieved from http://www.13hw.com/home/index.html（2015 年 11 月 9 日）

するような仕事や活動」に対する好みや関心の強さを表す。それによって，自分がどんな領域に興味を持っているのか，自分が興味を持っている領域にはどんな職業あるのかを知ることができる（Holland, 1997）。

　質問紙による興味検査の他に，職業カードソート技法によって自分の職業への興味のあり方を分析する方法もある。労働政策研究・研修機構は，430職種の職業情報を網羅した「職業ハンドブックOHBY」の内容を，48枚のカードにまとめたOHBY（オービィ）カードを作成しており[3]，これらのカードを用いてカードソート技法による分析を行う。この技法には様々なバリエーションがあるが，例えば，職業の名前と説明を記した職業カードを「興味をひく職業」「特に興味をひかない職業」「どちらかはっきりしない職業」のグループに分け，そのように分類した理由が似ているものをグループ化し，名前をつけることによって，自分が職業のどんな要素に惹かれているのかを可視化する。

　単なる夢やあこがれではなく，実際にその職について働くことを考えた場合，興味の他に，適性が必要とされる。適性検査の代表は，厚生労働省の作成した一般職業適性検査（General Aptitude Test Battery: GATB）であろう。GATBで測定するのは，知的能力，言語能力，数理能力，書記的知覚（言葉や印刷物，伝票類を細部まで正しく知覚する能力），空間判断力，形態知覚，運動共応，指先の器用さ，手腕の器用さといった9つの能力である。下位検査は11種類の紙筆検査（テスト用紙に解答を記入する）と4種類の器具検査（ペグや丸鋲を用いて検査する）からなり，中学生から45歳くらいまでの成人が適用範囲である。また，民間企業の作成したSPI総合検査（Synthetic Personality Inventory）も広く用いられており，言語系・非言語系（数的処理）の能力と，性格などを同時に把握しようとする構成になっている。

　適性検査，職業情報を一つのシステムによって提供しようとする試みもある。労働政策研究・研修機構が提供している「キャリア・インサイト」というキャリアガイダンス・システムは，ホームページからダウンロードし，パソコンにインストールして用いるプログラムであるが，職業情報検索と適性評価を行う機能があり，さらに，適性と職業を照合した総合評価をすることもできる[4]。

（4）就職活動へ

　就きたい仕事が見つかったら，業界研究，企業研究，職種研究を経て実際の就職活動に入る。業界研究とは，業界全体の見取り図を描くことである。例えば家電メーカーで働くことに興味があれば，家電メーカー全体の出荷額の推移，今後の成長見通し，国際競争力，成長分野や課題，主要企業のシェアなどを調べるなどして，家電業界全体の布置を頭に入れておく。

　業界全体の見取り図を描くことができたら，次は自分が志望する企業の研究を行う。主力商品，最近のヒット商品，対象となる顧客層，売上高や利益率，国内シェア，国際競争力などを分析して，強みと弱みを知り，自分がその企業の中でどのような役割を果たすことができるかを考えてみる。また，その企業の「求める人材」や「採用実績」のみならず，「平均年収」「30歳賃金」「残業状況」「有給休暇取得状況」「入社3年後離職率」「社員の平均年齢」などの労働条件にかかわる指標をチェックしておくことも大切である（東洋経済新報社（編），2014）。

　また，企業の中には事務職，営業職，技術職，専門職といった様々な職種がある。「営業職募集」「事

　3）労働政策研究・研修機構　OHBYカード　Retrieved from http://www.jil.go.jp/institute/seika/ohby/index.html（2015年11月9日）

　4）労働政策研究・研修機構　キャリア・インサイト　Retrieved from http://www.jil.go.jp/institute/seika/careerinsites/index.html（2015年11月9日）

務職募集」といった形で職種ごとに求人が出されることも多く，職種ごとの特徴や求められる人物像を把握しておくことも必要である。

キャリア支援のプログラムでは，グループを作って，調べた内容を発表しあうことが推奨される。それは集団で知識を共有することによって知識が増えるという利点があるだけではない。他者に説明することで，その内容をより深く理解でき，言葉で伝える技術が向上するからである。

また，業界や企業，職種について調べ，自分がその企業の中で果たしたい役割を考えることは，非常に大切なことである。と言うのは，志望先企業の強みや弱みを把握し，自分が役割を果たせそうな職種がイメージできていなければ，自分が学んだことをどう生かせるのかがわからず，志望動機も就活マニュアルの引き写しのような平凡なものになってしまうからである。志望企業の強みや弱みを知り，自分がどのような職種の仕事をしたいのか具体的なイメージをもつことによって，大学で学んだ心理学や，その他のリソースをどう活かせるかがわかってくる。さらに，やりたい仕事に心理学をどう活かすかを能動的に考えることで，心理学の学びも深まっていくのである。

2. 応用心理学を仕事に役立てる

興味をひかれる仕事があったら，それと関係のありそうな心理学の知見を探してみよう。先述のように，人間の活動のほとんどは，「こころ」を介して行われる。それゆえ人間の様々な活動は心理学的な側面から分析することが可能であり，多様な応用心理学が生みだされている。様々な心理学の中から，ここでは，教育心理学，福祉心理学，犯罪心理学，建築心理学，消費者行動の心理学などを簡単に紹介しよう。

(1) 教育心理学

教育心理学は，学習心理学や発達心理学と研究領域を共有しつつ，成長に応じた知的・心理的・身体的発達や，各段階での発達課題，発達に応じた教育的働きかけ，効果的な教授法，教育課程で生じがちな問題とその支援など，幅広いテーマを研究の対象にしている。それらの知識が教員を志す人たちにとって有用なのは言うまでもないが，学習効率を高める効果的な教授法や動機付けを高める要因などについての研究は，教職以外の人々，例えば，塾や予備校など民間企業で教育に携わる人や，社会人の研修（語学・資格試験・ビジネスマナー等）に携わる人，教材，玩具，エデュテイメント・コンテンツなどを制作する人にとっても役に立つ。

例えば，学習心理学の「スモールステップの原理」を考えてみよう。難しい学習内容を比較的達成が容易な小さなステップに分け，課題達成の成功を何度も経験させることで学習者のモチベーションを保ちつつ，少しずつ学習内容を難しくしていき，最終的には難しい課題を達成させることができるという知見は，学校教育にも社会人教育にも，知育玩具やエデュテイメント・コンテンツにも取り入れられている。

(2) 福祉心理学

福祉心理学は，発達心理学，障がい児・者の心理学，高齢者心理学，女性心理学，児童心理学，臨床心理学といった隣接心理学と研究領域を共有しながら，福祉施設や福祉サービスを利用する当事者の心理的理解や必要とされる心理的ケア，援助職のメンタルヘルスなどについて研究を行っている。

福祉心理学が，福祉関連の職業を目指す人に役立つのは当然であるが，福祉機器の開発や販売，高齢

者や障がい者を顧客としたサービスを提供する民間企業でもその知識は役に立つ。例えば交通機関や旅行業，ホテル業，小売業などには，高齢者や障がい者の移動や宿泊，買い物といった活動を支援する仕事がある。鉄道などの公共交通機関では障がい者の乗車を介助する仕事をしている人がいるし，介護の知識があるドライバーがいることをセールスポイントにしているタクシー会社や，小売業で介護の知識がある従業員を売り場に配置している会社もある。また，高齢化が進む日本社会では，高齢者のマーケットは大きく，高齢者向けの商品やサービスを企画したり，商品やサービスを売り込むための広告を作成したりすることも重要な仕事になっている。このように高齢者や障がい者を対象とした商品やサービスを企画したり，実際にサービスを行ったりするには，高齢者や障がい者の心理的特徴を把握する必要がある。

(3) 犯罪心理学

　犯罪心理学は，犯罪に関する様々な研究主題を心理学の視点から分析しようとする研究領域であり，犯罪の生起に影響を与える要因や，犯罪捜査や裁判過程の相互作用を対象とした分析，犯罪者の再犯を防止するためのプログラム開発など様々な研究テーマがある。裁判官・検察官・弁護士などの法曹ももちろんであるが，警察官や，少年事件において少年の家庭環境などを調査する家庭裁判所調査官を目指すのであれば，犯罪心理学で学んだことは仕事に直接的に活かすことが出来る。

　例えば，警察官になりたければ，嘘をついているときにあらわれがちな言語的非言語的サインについての研究や，えん罪を生みだしてしまうコミュニケーション様式の研究についての知識は有用である。また，家庭内の子どもに対する虐待や，ADHDなどの障がいをもった子どもに対する周囲の人たちの誤った関わりが，子どもの非行に与える影響を知っていれば，「非行少年」と呼ばれる子どもたちを多面的に理解することが可能になるだろう。

(4) 建築心理学・環境心理学

　建築と人間心理の関係に関する研究は，建築心理学や環境心理学という領域で行われており，建築にあらわれたその時代の社会意識の分析や，建築が人間の心理に与える影響などが研究テーマになっている。特に後者のテーマでは，一般の住宅・公共施設や商用施設の内部構造や，公園・道路・橋なども含めた様々な建築物の配置，都市計画のあり方が，人の心理に与える積極的・消極的影響について研究が行われており，建築業や不動産業の仕事と関係が深い。高層住宅に住んでいる子どもの社会性の発達や，二世帯住宅の間取りとそれぞれの世代が感じるストレス，騒音が居住者に与えるストレスなどの研究が，その例である。

　それらを知っていれば，不動産を顧客に紹介するときに，その不動産が十分な研究の元に設計されたものであることを説明し，付加価値を示すことができる。例えば親との同居を検討している顧客の不安をやわらげるために，「二世帯住宅で生じがちなストレス」についての研究を示し，自社の住宅にはそれらのストレスを解消させる工夫が施されていることを説明することができるのである。

　また建築や不動産関連の仕事だけでなく，建築物を発注する側にも建築心理学の知識は有用である。例えば福祉系の仕事に就きたい人は，高齢者施設のユニットケアや児童養護施設の小舎制についての研究が役に立つであろうし，飲食関係の仕事をしたい人には，飲食店にとって望ましい内装の色彩などについての研究が役立つ。それぞれの業種で，仕事の「場」が快適で効率的であるように空間をデザインする研究は必要とされているのだ。

(5) 消費者心理学

　消費者心理学とは，消費行動を心理学的な視点から分析しようとする試みである。商品属性の認知スキーマ，モノやサービスを購入する購買行動のプロセスの分析，説得的コミュニケーション，広告，流行現象，文化の異なる外国に商品を輸出する場合の普及戦略など，様々なテーマが研究の対象となる。

　例えば，筆者が行ったインタビュー調査で，障がい者福祉施設で作られているパンやお菓子を「安いから購入した」と言う人と「高いから購入しなかった」という人がいる。同じ商品を「安い」と思う人と「高い」と思う人がいるわけであるが，商品をどう評価するかは，その商品の属性をどう認知しているかに関わっている。「手作り」「焼きたて」という属性を認知していなければ，値段を比較する対象は，工場で大量生産されスーパーで販売されているような安価なパンであり，それに比べて福祉施設で手作りされたパンは「高い」と感じられてしまう。一方，「手作り」「焼きたて」の属性を認知していれば，比較の対象となるのはベーカリーなどで売られている高価な「焼きたてパン」「手作りパン」となり，それらと比べれば「安い」ということになる。だとすると，販売の際に「手作り」「焼きたて」といった属性を消費者に訴えることで，売り上げを伸ばすことが出来るかもしれない。

　消費行動の心理に関する知識や，消費行動を分析する技法に関する知識は，様々な職業の役に立つ。製造業ではどのような製品を作るかを企画する際に消費者心理の分析は欠かせないし，製品を外国に輸出する場合はローカライゼーションのために普及戦略の研究が必要になる。広告業では消費者が広告をどのように認知し，広告の内容に影響を受けるかに関する知識が役に立つし，小売業やサービス業では，消費者の購買行動や説得的コミュニケーションに関する研究が有益であろう。

　また，既存の心理学研究の中から，接客に活かせそうな知見を取り出して「接客心理学」としてまとめた書籍もある。小売業やサービス業で働きたいと思う人は，そういった書籍[5]を参考にするとよい。

3. 心理学の方法論を活かす

　就職活動に活かすことができるのは心理学の内容だけではない。心理学は科学としての側面をもっており，心理学を学ぶということは科学的に思考する方法を身に付けるということでもある。現代社会の公的な場面おいては，科学的方法にもとづいたコミュニケーションが求められているので，科学的方法論を学ぶことは社会人としての基礎力を身につけることでもある。

　では，科学的方法論とは何だろうか。先行研究を分析し，その分析に基づいて仮説を構成し，実験や調査などによってデータを集め，そのデータから論理的に結論を引き出すことである。これは，心理学でレポートや論文を書くときに指導されることだ（第Ⅲ部参照）。こうした心理学の方法論は，社会に出てからの仕事でどのように役に立つのだろうか。

　例えば，ある菓子メーカで新商品を開発している社員が，「これは美味しいと思う。ヒット商品になる可能性は十分にあるので，広告費をかけて積極的に売り出そう」と主張したとする。だが，「美味しいと思う」というのは，たった一人のデータであり，「それがヒットする」というのは自分の感性に基づいた直観にすぎない。別の誰かに「いや，それは美味しくないのでそんなに売れないと思う」と反論された場合，相手を説得することはできない。

　そこで，論拠となるデータを集めることが必要になる。「自分の友達10人にこのお菓子を食べてもらい，感想を尋ねたところ，7人が"美味しい"と答えた」というデータは論拠として使用可能だろうか。

---

[5] 接客心理検定事務局 (2013). 接客心理 検定対策テキスト　山陽 ほか。

ここで，心理学の論文を読んだり，心理学研究の方法論を学び自分でレポートを書いたりしたことのある人は，「回答者が調査者の友人であることにより回答が偏るおそれがある」「10人というのはサンプル数が少なすぎる」といったことに気づくことができる。また，多くのデータを得なければならないとしたら，インタビューより質問紙調査のほうが適している，というアドバイスもできるだろう。ふとひらめいた直感的な思いつきがどの程度の確率で「正しい」といえるかということを予測するための方法を，心理学を学ぶことによって身につけることができる。これは失敗のリスクをできるだけ避けたい企業にとって，非常に有用なスキルなのである。

さて，十分な数の回答者に商品を試食してもらい「美味しいと思うか」の感想を尋ねたとしても，その結論をもって「ヒットするかどうか」を予測することは難しい。「美味しいと回答した人」は「購入したいと思う人」であるとしてしまうのでは，論理の飛躍がある。例えばその商品の価格が，自分で適切だと思うよりも高価であったとしたら，「美味しい」と思っても購入しないかもしれない。

「主張したいことと提示されたデータが論理的に接続していない」というのは，レポート作成の過程でしばしば指導されることである。他にも「相関関係と因果関係は違う」「一部の例を一般化してはいけない」「逆は必ずしも真ではない」「仮説が含意している前提が間違っていないか確かめなければいけない」など，論理的な論述を求める「科学」としての要件を満たすレポートを作成しようとする過程で，学ぶことは多い。つまり，心理学を実践的に学ぶということは，「ロジカルシンキング」のスキルを獲得することでもあるのである。

更に言えば，心理学を学ぶ過程で「先行研究を調べ、仮説を立てる」というやり方を身につけることも，社会に出てからの仕事を大いに助けてくれるに違いない。日常生活で得た問題意識を分析するのに適した理論的枠組みを探し，先行する研究によって導き出されたデータから推論して仮説を作るというプロセスは，心理学の研究でもビジネスでも共通する。

例えば，「美味しさ」以外でも「価格」のように商品の売れ行きに影響を与える要因があるが，「価格以外にも商品に影響を与えるものがあるだろうか」という問題意識のもとに，消費者行動研究，マーケティング研究などの研究書を手にとってみれば，消費者が購入のときに参考にする要素として「商品（Product）」「価格（Price）」「販売場所（Place）」「広告（Promotion）」があること，そしてそれらの要素を適切に設定するには，販売対象のセグメンテーションを行う必要があることが分かる。だとすれば，「このお菓子はヒットするのではないか」という問いに答えるためのデータを得るには，「美味しいかどうか」という「商品」の性質の認知を調査するだけでは不十分であり，いくらで，どこで，誰に売るつもりなのかについてのプランが必要だということになる。例えば，スーパーマーケットで食料品を買いに来る客に販売する日常の食品なのか，デパートでお歳暮やお中元を求める客に売る贈答品なのか，あるいは，観光地で観光客に売る土産物なのか。それによって，価格設定も変わってくる。仮にスーパーマーケットにおいて日常生活の中で消費する食品として販売するのであれば，同種の菓子の価格を調査し，それを参考に適切な価格を設定して「購入したいかどうか」を問うことになるだろう。

そのようにすれば，例えば「美味しいと思うか」「コンビニで200円で販売されていたとしたら，購入したいと思うか」と尋ねて，同種の商品と比べて「美味しい」と思う人の割合が高いのに「購入したいと思う」人の割合が少ないとき，その理由が「価格が適切でない（高すぎる）と思われているのかもしれない」といった分析ができる。そうすれば，高い価格でも納得できるような商品名や，高い価格にふさわしい商品であることをPRすることで売れる可能性が高まるのか，あるいは商品属性を贈答品や土産物に変更した方が良いのか，あるいは価格を下げるべきなのかといった議論が可能になる。

このように，初めの段階の「このお菓子は美味しいのでヒットするのではないだろうか」という直感

的な思いつきと比べ，科学的な方法論を身につけることによって，より信頼できる，より緻密な分析が出来るようになる。認識の枠組みを決め，先行する関連データを集めて仮説を立てること，仮説を検証するための信頼できるデータを集めること，データから論理的に結論を引き出すこと，といった「科学的に考えるスキル」は，様々な職業領域で役立てることが出来る汎用スキルなのである。

4. 心理学のコミュニケーションスキルを活かす

　他者とコミュニケーションすることなく，一人だけで完結する職業は，基本的に存在しない。接客や営業，対人支援といった職種はもとより，一見，対人関係をそれほど必要としないと言われる職場でも，上司からの指示を受けたり，部下に指示を出したり，同僚と共同で作業をしたり，顧客と接したりといった，コミュニケーションが要求される。そして，それはいつでも協調的であるとは限らず，時には注意をしたり，相手の言うことに反対したり，苦情を言ったり，頼み事を断ったりしなければいけないこともある。様々な状況で良好な対人関係を保つために，傾聴やアサーションといった心理臨床のスキルが役に立つのである。

　カウンセリングで言う「傾聴」は，相談に来た人の気づきを深める言語的・非言語的働きかけを含むものであるが，その基礎にあるのは「相手の話に耳を傾け，丁寧に聴く」ということである。心理臨床以外の職業でも，「相手の話に耳を傾け，丁寧に聴く」ことはコミュニケーションの基本であり，相手が「話を聞いてもらえた」「分かってもらえた」と感じることが出来るような話の聴き方が出来ることで，信頼関係を築くことが出来る。言葉がけの内容だけでなく，姿勢，視線，手足の位置，頷き，呼吸，発声といった非言語的なメッセージにも気を配り，自分が相手に関心を持っていること，相手の話を自分の価値観で批判したり評価したりせず，相手が感じていることをありのままに受けとめようとしていることを伝えるのである。

　アサーションは，「自己主張」と訳すこともあるが，対立的な状況でも一方的に自分の主張をするのではなく，相手の主張も傾聴する。相手が何を感じどう考えているのかを相手の立場に立って理解した上で，自分の主張を伝え，自分も相手も共に尊重されるべき存在であるという観点から，具体的な提案を出し合い，双方が納得のいく結論を出すことを目指すのである（第Ⅰ部2章参照）。

5. おわりに

　以上のように，心理学は就職活動それ自体にも，就職した後の仕事にも活用することが出来る。様々な応用心理学の知識，科学的方法論，人間の心理を測定する方法，相手の心に効果的に働きかけるコミュニケーションの方法など，心理学には仕事に活かせる様々な要素がある。それらの中から，自分が就職を希望する企業で必要とされているものを選んで志望動機や自己PRなどの素材として用いることが出来れば，就活マニュアルのコピーのような受け答えとは違ったオリジナリティを示すことが出来るだろう。

　そして，社会に出たあとの仕事に，今まで学んだ心理学をどのように活かすかを考えることは，就職活動に役立つだけではなく，在学中の学びにも刺激を与えてくれる。一見，抽象的な理論も，自分自身を含んだ社会的状況にどのように応用できるのかということを考えつつ学ぶことによって，具体的で生き生きとした理解が可能になるのである。さらに，実際の状況に理論を当てはめてみることによって，また新たな問題意識が生まれ，学びが深まる。

この「現実」と「理論」を行き来して認識を深めていくプロセスこそ，実はもっとも役に立つものであるかもしれない。変化の激しい社会において，日々古くなっていく知識それ自体よりも，「学び，考える」そのプロセスを身体化することは，就職活動を超えて役立ち続けてくれるのである。

文献

Holland, J. L. (1997). *Making vocational choices: A theory of vocational personalities and work environments*. Psychological Assessment Resources.（ホランド，J. L.　渡辺 三枝子・松本 純平・道谷 理英（訳）(2010). ホランドの職業選択理論―パーソナリティと働く環境―　雇用問題研究会）

13歳のハローワーク公式サイト編集部　13歳のハローワーク公式サイト　Retrieved from http://www.13hw.com/home/index.html（2015年11月9日）

厚生労働省職業安定局　厚生労働省編職業分類（平成23年改定）Retrieved from https://www.hellowork.go.jp/info/mhlw_job_dictionary.html（2015年11月9日）

村上 龍 (2010). 新13歳のハローワーク　幻冬舎

Parsons, F. (1909). *Choosing a vocation*. Houghton Mifflin. Retrieved from https://archive.org/details/choosingavocati00parsgoog（2015年11月9日）

労働政策研究・研修機構　キャリア・インサイト　Retrieved from http://www.jil.go.jp/institute/seika/careerinsites/index.html（2015年11月9日）

労働政策研究・研修機構　OHBYカード　Retrieved from http://www.jil.go.jp/institute/seika/ohby/index.html（2015年11月9日）

接客心理検定事務局 (2013). 接客心理 検定対策テキスト　山陽

東洋経済新報社（編）(2014). 就職四季報総合版　東洋経済新報社

コラム 13　心理学と資格

　「心理学は面白いけれど，就職できるのか心配です」と言う声を時々聞く。詳しく話を聞くと，「大学で勉強したことがどのように仕事に役立つか分からない」「大学を卒業するまでに取れる資格で自分の進路に生かせそうなものがない」等という言葉が返ってくる。

　確かに，心理学専攻の学生の学びの内容や取得可能な資格と，社会に出てからの仕事内容の関係は，看護師や社会福祉士を目指す学生のように，明確に結びついているわけではない。「看護学を学び，看護師免許を取り，病院などで勤務する」「福祉学を学び，社会福祉士の資格を取り，福祉施設などで働く」といった明確なモデルが，心理学を学ぶ学生にはないのである。

　心理学を学ぶ学生の多くが取得する「認定心理士」は，日本心理学会によれば「心理学の専門家として仕事をするために必要な，最小限の標準的基礎学力と技能を修得している」ことを示す資格であり，資格があってもそれだけでは就職には直接結びつかない。

　無論，心理学を学ぶ学生の中には大学院に進学して臨床心理士や臨床発達心理士の資格を取り，カウンセラーや心理判定員のような心理専門職に就く者はいる。また，産業カウンセラーのように大学院に進学しなくても取得できる心理専門職の資格はあり，2017年度には公認心理師法も施行される。しかし現在のところ，大学で心理学を専攻して心理学関連の資格を取り，心理専門職に就く人の割合はそれほど多くはないのである。

　それでは，心理学を専攻した学生が心理学の知識を仕事に活かしたり，資格を取って就職活動に役立てたりするにはどうしたらいいのだろうか。ひとつの方法として，こういうやり方がある。まずは，「自分がやりたい仕事」を思い描く。そして，仕事に関連する知識を学べるような資格と，大学で学んだ（あるいはこれから学ぶ）心理学の中でその仕事に役立ちそうな知識をリストアップする。資格を取得し，心理学を学んだら，それを有機的に結びつけるのである。

　例を挙げよう。心的外傷を負った子どもたちを支援する児童養護施設の心理士は力量の必要な仕事であり，本来は臨床心理士資格取得者が望ましい。しかし，大学卒業とともに与えられる児童指導員任用資格（子どもたちの生活場面への支援の資格は十分にあることを示す），認定心理士資格（心理学の基礎的な知識やスキルがあることを示す），子どもの心理臨床技法に関係する実習科目の履修，長期間にわたるボランティアとしての子どもへの関与，心理アセスメント技法のスキル習得，卒業論文での関連研究テーマの選択などによってある程度の実務が可能であることを示し，施設に採用された学生がいる。

　また，介護職員初任者研修を受けて，大学の講義で福祉心理学や高齢者の心理学を学び，福祉施設の総合職や介護職として就職した者もいる。販売士の資格を取る過程で商品企画から販売の現場まで必要な知識を頭に入れ，その上で消費者行動の心理学を大学で学んで，卒業研究を行えば，小売り業界の採用担当者を唸らせるようなプレゼンテーションができるかもしれない。色彩検定やカラーコーディネーターの資格を取り，色彩心理学を学ぶことで，店舗や製品の色彩について提案が出来れば強い印象を与えることが出来るだろう。

　「大学でこのように学び，実務に生かすためにこのような資格を取った。そして貴社にこのような貢献が可能である」。抽象化すればそれだけのことだが，具体的内容は個性的であらざるを得ず，就活ハウツー本から引き写したような没個性的な志望動機とは一線を画すことが出来るのではないか。また，大学での学びと資格取得を通じて得た実務的知識を結びつけ，現実の経済活動への応用を試みることは，人格的成長の機会ともなるのだ。

コラム 14　生きるための方法としての心理学

　社会で心理学をどう使うのかが見えないという学生や，心理学が役に立つのかといぶかる親は，カウンセリングのイメージに引きずられ，基礎心理学の応用のされ方に気がついていないだけである。そのことをヒトの行動を対象として科学するあり方は，全て心理学のバリエーションであるという視点から見てみたい。

　卒業後自分がどのような仕事に就くか，明確なイメージをもっている大学1年生は少ないであろう。君たちの多くが，君たちの親が若いときには考えつかなかったような仕事を生きることになる。だからこそ，これから，学ぶ知識や体験によって，自分の働き方や未来を考え，方法を得ていくあり方が，若い君たちにふさわしい姿勢ではないだろうか。

　もし，君が入学時と同じように心理職に就きたいと思い続けているのなら，その根拠を友人や先輩に説明し，再考し続けて欲しい。何かが変わるかも知れない。キャリア（生き方としての仕事）を見つける飛躍や成長の場は，サークルかもしれない，バイト体験かも知れない。その方法論が心理学を学ぶことである。

　心理職の形は，分かりやすいものから，まだ知らないものまで，多様な姿がある。「教育職」としての心理職が保育園から大学院まである。スクールカウンセラーや，相手に共感をもって接してくれる病院臨床心理士や，震災支援などでリラクゼーションを一緒にしてくれる支援者やトラウマケアの認知行動療法家など，「治療者」がある。日勤や夜勤をしながら子どもたちの日々の成長に関わる治療指導員のような児童福祉職がある。「療育」という形もある。児童相談所や病院の判定業務のように，心理機能の測定者として，自分の検査スキルの信頼性を上げることを第一目標として，日々黙々と研鑽を繰り返す「技術者」という生き方がある。リサーチャーとして，製薬会社や行政で統計的分析を行う専門職もある。新しく生まれる情報技術を背景に，データアナリストとして働く生き方がある。キャリアデザインをともに考え，転職活動を支援するリクルーターがある。関与すべき対象を評価や査定し，標的を定め，認知行動の変容を図る介入を武器として能力開発を促進する企業人という仕事もある。

　身近なことを指摘すれば，君たちが受けた義務教育の手法の多くは，教育心理学という応用心理学によって組み立てられている。就職までに自分が通るべき道筋を考えるキャリアデザインの中核となる理論は動機心理学である。基礎的な心理学を現実社会にあてはめた心理学を応用心理学と呼ぶが，企業では応用心理学が広く浸透している。マーケティングなど経営からデータアナリストまで，専門職（エキスパート）として心理学を用いて働くあり方が一般化している。

　もし，君が，大学で出会った心理学を面白いと思い，それを使った仕事に就きたいと思うなら，君は自分が生きていくための武器を見つけたことになる。生きた学問とは，その人の過去の体験と異なる考え方の軸を獲得する作業である。学問の結果，自分の考え方や体験を対象化して考えるようになる。これを客観性と呼ぶ。私たちは，客観的に考えることができる人を，大人と呼ぶ。

　心理学は，学問をすることで大人になる道筋の立て方を教えてくれる。生涯発達心理学や社会心理学など，基礎となる心理学がある。その全体像が，入学時に4年間あるいは大学院を含んだ6年間のコースとして示されるのが学科のカリキュラムである。2年生や3年生になり，授業のつながりを感じ取れるならば，君は心理学を体系的に，かつ主体的に学んでいると言える。人は過去をふりかえり，未来を展望することで常に新しい自分を生み出す存在である。

　何をしていても，自分の基本の方法が心理学であることが自覚できることが，心理学を学び，使い，生きているということである。

15章　心理専門職として働く

　大学3年生くらいになると，将来の仕事を現実的に考えることになる。心理学科に入学した，あるいは，心理学科を選択した学生の多くは，心理学を活かした仕事に就きたいと考えている。心理学を活かした仕事といっても，生理心理学，認知心理学，社会心理学や産業心理学というよりも，臨床心理学の分野で，「悩みを抱えている人を直接助けてあげたい」と考えている学生が多いと思う。「人を助けてあげる」という発想自体，ちょっとおこがましい気もするが，学生たちに進学理由を聞くと，ほとんどが「学校で働くスクールカウンセラーに憧れて，自分も人を助ける仕事をしたいと思った」「友達の悩みを聞いてあげていて，こうした人を助けることを仕事にしたいと思った」「友人が病院でカウンセリングを受けていて，自分も病院でカウンセラーとして人のために働きたいと思った」などの志望理由を語る。しかし，社会が多様化する中で，心の問題を抱える人も増加すると同時にその問題も複雑になってきている現在，心の問題に介入していくプロフェッショナルとしては，残念ながら学部の知識だけでは難しいのも事実である。コラム15にあるように，もちろん，学部卒であっても，公務員の心理職等の専門職には門戸が開かれている。しかし，資格的には学部卒で働くことはできても，実際に公務員として働いている人には，大学院でさらに心理学を学んだ人も多く，学部卒の場合，自己研鑽が強く求められる。したがって，心理専門職として働くには，学部だけの知識やトレーニングでは不足であり，大学院への進学が不可欠とは言わないまでも，必要だと考えられる。

1. 大学院に進む

　大学院への進学を決めた場合，どのような準備が必要かを考えてみたい。まず，大学院の入試を突破するために心理学の基礎知識や英語の能力の習得が必須である。心理学の基礎知識も英語も，大学院進学後やそれ以後の職業生活においても勿論役に立つ。英語と心理学の基礎知識と同時に，大学院進学後に必要な研究のためのスキル，自分の関心領域の先行研究の調べ方，研究計画の立て方も学ぶ必要がある（第Ⅱ部および第Ⅲ部参照）。こうしたことは，実は大学の中で，授業や卒論の作成を通して，自然に学べるものである。しかし，大学院に進むつもりであれば，意識して先行研究を調べるデータベースについて学んだり，論文を読むことによって論文の書き方の基本的作法を学ぶことが必要である。大学院でやりたいと考えている研究テーマについて，先行研究を調べておくこともいいだろう。また，ただ習うという姿勢では，大学院ではやっていけない。自発的に学ぶという姿勢を身に着けることも重要である。したがって，自発的に①研究計画等作成のための論文の読解及び検索能力を磨く，②受験英語の能力の維持や，あるいは能力開発：アメリカの大学院で定番となっている心理学教科書や重要論文を読む，③心理学の知識の蓄積，以上の三つをやっていくことが大切である。

　さて，次に大学院での生活を紹介したい。大学院の生活は，専門によって異なるので，大きく分けて，

臨床系とそれ以外とする。まず，臨床系以外の心理学を学ぶ大学院生たちの生活を紹介したい。臨床系以外の学生は，純粋に心理学を学ぶ，研究することを目的に進学するので，修士課程では，自分が研究したいと考えてきたことを，研究計画をたて丹念に調べていくことになる。大学院で臨床系を選ばなかった人たちの中には，こうした研究を主にする基礎心理学や生理心理学といった分野に進む人もいる。心理学の枠を超えて，医学部などで，こうした生理学の実験研究に従事するという心理学出身の人もかなりいる。その他，認知心理学，社会心理学，発達心理学等の分野においても，研究を主に大学院生活を過ごす学生がいる。真の学問としての心理学はここにあるのではないかと思う。大学院の博士課程にすすみ，更に研究を進める人も多く，アカデミックポストについて生涯，研究を行う人も多い。

　さて，臨床系では，心理的に人をサポートする上で，必要な心理学の基礎知識を学ぶことになる。これには，前述した社会心理学，生理心理学，認知心理学などから，心理査定やカウンセリング法などのより実践的な科目まである。そして，臨床系の大きな特徴としては，実習があることだろう。実習についてはコラム16で詳しく書くが，実習では学内・学外の臨床現場で経験を積むことになる。こうしたカリキュラムを通して，対人援助職として求められる基本的な姿勢も身に着けていくことになる。臨床の大学院の課程のなかで，臨床は自分に向かないのではと気づく学生もいる。それはそれでよいことであると筆者は考えている。もともと，心理学を学ぶすべての人が臨床家に向くわけではないのだから。

　後述するが，現在，心理専門職の２大資格と考えられる臨床心理士と臨床発達心理士の課程は大学院修士課程（大学院博士課程前期）に置かれている。ここでこの課程で学ぶ学生の生活を紹介したい。まず，大学院生の１日をみてみよう。修士課程２年のＮ君は以下のように述べている。「修士課程の主な日常としては，朝，大学に登校したら，その日受講する講義の準備をすることが多いです。発表の当たっている場合は，前日までに準備しておいた資料の最終チェックを行っています。講義は１日平均で２～３コマ程度であることが多く，講義が終われば，そのまま実習にいくこともあります。実習が終わり次第，再度大学に戻ってきて講義を受講します。このように，朝から晩まで大学内にいることが多いのです。実習が始まれば，１週間休みが無いこともあります。また，空き時間ができた場合は，レジュメを作成したり，修士論文に向けた文献調査を行ったりして，とても忙しい毎日です」。修士課程１年のＡ君は，「標準的な１日の流れですが，午前中は４時間程度，臨床実習を行っています。私は臨床発達心理士を目指すコースなので，実際の療育とその準備が３時間半，振り返りが30分ほどあります。午後は，13時から14時半まで授業があります。主に実習内容を討論する授業で，発表の担当者はレポートを準備してきます。それ以降，授業はありません。空いた時間を自分の使いたいように使います。レジュメを作る，修士論文を進める，勉強する，休みをとる。そのときどきにより，時間の使い方は変わっていきます」。

　１年間の流れについてＩさんは，「全院生が行っている代表的な活動として，①発表会，②実習，の２つがあります。まず１つ目の発表会ですが，夏季に行われる夏季中間報告会と春季に行われる修士論文発表会があります。夏季は，自分たちの行っている研究を紹介し，先生方や他の学生より意見をいただき，より良い研究としていくために行われています。春季は，修士論文として完成されたものを発表する場です。２つ目は実習です。大体修士１年生の６月頃より実習が開始されていきます。私は，臨床発達心理士養成コースのため，発達心理実習を紹介したいと思います。発達心理実習は，内部実習が１つと外部実習１つの計２つ行いますが，内部実習は学内にある発達臨床研究センターで実習を行いました。ここは発達障害の幼児さんが主に通ってきているセンターです。アセスメントを行い，有資格者のスーパーバイザーと相談しながら長期目標と短期目標を具体的に自分で決め，療育のプランも立てます。療育を行う前，以前の療育のＶＴＲなどを見直し，課題の出し方などを考えます。２年目になると，お子

さんを2人担当できることもあり，発達障害のあるお子さんに直接関われるためとても勉強になります。また，毎週土曜日の午後から，ケースカンファレンスがあり多くのケースを検討できることも利点だと考えています。外部実習は，自分の興味のある分野について，担当の先生と共に，実習先を開拓し行うことが多いのです。外部実習先としては，特別支援学校や保育園，療育施設，老人ホームなど様々です」。大学院に入学してからの感想・伝えたいことについては，「第1に感じたことは，思いのほか体力が必要だということでした。大学院では，授業では担当者がレジュメをつくり，発表する形式になっています。発表には当然責任も伴い，準備にも時間がかかります。また，授業は複数あるため，発表の担当は次々とやってきます。そのため，体調管理が必要で，体力をつける方法を身につけておく必要があります。体力のある同期生と，時間の使い方やレジュメの質を無理に合わせようとして，体調を崩すこともあります。年齢が増せば，体質も変化します。自分自身をよく知り，勉強に専念できる体力をつけていく必要があると思います。2点目として，効率の良さが求められます。発表の準備，修士論文，実習の準備など，やらなければいけないことは多く，同時並行で行わなければいけません。何を優先して，どれくらい時間をかけるか，先を読んで行動する力が必要です。以上のことは，大学院に入学するまでにかならず身につけていなければならないことではなく，入学してからその必要性に気づき，学んでいくことになると思います。忙しさに翻弄され始めたときに，いかに柔軟に自分を調節していけるかが重要です。3点目は，これが醍醐味ですが，自分の知りたいことや研究したいことに，思う存分取り組めるということです。学部では，基礎的な知識を広く学んでいく必要がありますが，大学院では，自分の興味のある分野をどこまでも深く学んでいくことができます。もちろん限界はありますが，自分が知りたいと思うことを，自分の力で深めていったとき，大学院に入ってよかったと感じることができます。私はまだまだ大学院での生活が続きますが，大変さと楽しさをともに味わいながら，成長していきたいと思っています」。修士課程1年のSさんは，「院生の生活をしていくことは身体的にも精神的にも負担を感じることが多いです。学部は大人数の授業であるためにある程度の遅刻や欠席が許されがちですが，院生はそうはいきません。ケースを持つことになるので，一つ一つの授業をしっかりと受けなければクライエントさんに迷惑をかけてしまうことになります。授業に遅刻をすることはいけませんし，クライエントとの約束時間に遅刻する，ということは絶対にあってはいけません。全てがケースに繋がっていくと考えた方が良いと思います。また，院への進学はこれから心理職に就くという明確な意思を示すものです。実際に心理職に就くことを考えた時，どれ一つとして落としていい授業はありません。そのため，バイトをすることもできません。金銭的にも辛いかと思います。もちろん良いこともたくさんあります。それはかけがえのない仲間が出来ることです。同じ目標を持った院生は，苦しい院生生活を乗り越える上でとても大事な仲間です」。

2. 臨床心理学を活かす

　ここで臨床心理学についてもう一度考えてみたい。臨床心理学は，多様な起源をもつ学問の集合体と考えられ，その理念や考え方も一様ではない。しかし，精神医学分野での活動の中で，臨床心理学は医学モデルとして考えられるようになっていた。実際，気分障害，不安障害，統合失調症といった精神疾患への心理療法を行う中で発展してきたともいえる。しかし，近年，精神保健の考え方の変化の中で，精神疾患や不適応行動などの治療だけでなく，その予防や健康の増進にも目が向けられるようになり，臨床心理学にもこうした予防的な働きへの期待がもたれるようになってきた。つまり，臨床心理学は，精神的な疾患を治療することのみを目的とするものではなく，人々の心理的問題を解決し，精神的

健康の回復・保持・増進・教育を目的とする心理学といえるだろう。臨床心理士は，パラメディカルという医師の協力者としてのみ患者に関わるのではなく，独自の理念と心理的方法論を用いて人と関わる援助専門職であるべきだと考える。したがって，実際，大学院の臨床心理学課程で心理学を学ぶと，この「カウンセリング」を学ぶ時間は意外に少ないと思うだろう。しかし，単なる悩み相談ではなく，心理カウンセリングを行うためには，心理学の様々な知識，たとえば，生涯発達，学習心理学，人間関係論的な社会心理学などなど，学ばなくてはならないことは多い。

　大学院修士課程で臨床心理士の課程をめでたく修了し，試験に合格すると臨床心理学の専門家として働くことになる。そもそも，臨床心理学とは，学生が大学で勉強すると考えている「心理学」に一番近いものだと考えられる。家庭，職場，学校などの様々な場や，性格，対人関係に関する不安，悩みをサポートしていく，いわゆる「カウンセリング」を行う人である。社会が多様化する中で，心の問題を抱える人も増加している。こうした問題に相談や支援を行うプロフェッショナルが臨床心理学を学んだ者ということになる。さて，精神科医も同じく心の問題を扱うが，その違いは精神科医が医学にもとづいて，診断や薬物を通して心にアプローチするのに対し，臨床心理士はあくまでも臨床心理学にもとづいた心理アセスメントやカウンセリングなどを通じて，クライエントの問題にじっくり向き合うということである。ケースによっては精神科医をはじめソーシャルワーカー，教師など，他の専門職とも連携をとり，よりよいサポートを行う。

　前述のように，現在「臨床心理学的カウンセリング」をする人の資格として認められているものに「臨床心理士」がある。臨床心理士といった場合，財団法人日本臨床心理士資格認定協会が認定する資格を取得した人のことをさす。「臨床心理士」は，心の専門家といわれたりするが，スクールカウンセラー，病院の精神科・小児科のカウンセラー，企業のカウンセラー，個人開業のカウンセラーと多くの場でカウンセラーとして活躍する人の基礎的資格となっている。この臨床心理士は，実は国家資格ではなく，文部科学省認可の財団法人日本臨床心理士資格認定協会が認定する資格である。この資格を取得するためには，同財団が指定する大学院修士課程（博士前期課程）を修了し，資格試験に合格する必要がある（図15-1参照）。民間の資格ではあるが，例えばスクールカウンセラーに従事する際に求められるなど，臨床心理士の資格が必要とされる場面は増えてきている。臨床心理士の資格は，取得すれば一生有効な資格ではなく5年毎に更新の審査があり，研修会の参加や論文・学会発表などが必須であり，常に向上心が求められる資格である。仕事の内容について以下でみていきたい。

　臨床心理士の専門的技術としては以下のことがある。

　心理アセスメント：問題の状況や課題などを面接やロールシャッハ検査などの投映法や質問紙法などの心理検査などによって明らかにし，自己理解や支援に役立てる。

　心理面接：心理カウンセリング・心理療法とも言われるもので，相談に来られる方々の課題に応じて

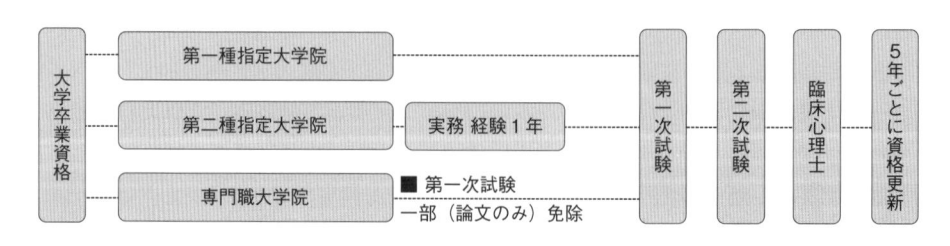

図15-1　臨床心理士養成の仕組み

さまざまな臨床心理学的方法を用いて，心理的な問題の克服や困難の軽減にむけて支援する。

心理カウンセリング：認知行動療法，来談者中心療法，行動療法，認知療法，精神分析，遊戯療法，箱庭療法，芸術療法，家族療法，動作法，集団療法など多くの技法がある。

臨床心理的地域援助：悩みの解決のためには，個人だけではなく，その人を囲む環境への働きかけ情報整理や関係の調整を行ったり，他の専門機関連携することもある。また，他職種と連携することも多い。

研究活動：臨床心理学の知見を確実なものにし，研究活動を行う。

3. 臨床発達心理学を活かす

　発達とは，かつては，子どもが大人になるまでの過程であると考えられていたが，現在では胎児期から死に至るまで老年期も含め，人の生涯を通しての変化と捉えられるようになった。したがって，臨床発達心理学が基盤とする発達心理学の対象も，一生涯の変化過程となり，研究領域は，各発達段階での精神的，社会的，身体的な発達とそのための条件，また発達を阻害する要因や発達障害などが含まれるように変化してきた。こうした変化に伴い臨床発達心理学の対象も，乳児から高齢者までと幅広くなってきた。そして，臨床発達心理学を考える場合，3つの視点があると考えられる。①人間を過去・現在・未来の連続的な時間軸の上で生きる存在ととらえる。②人間を生物，心理，学習，文化的などの多様な側面から包括的にとらえる。③人間の問題を障害が内在された存在ととらえ「問題や障害と共に生きていくこと」を目指すといえる。①について考えると，発達の視点から，人の変化は，その個人で加齢とともに変わっていくことをきめ細やかに見て支援していくということであり，それは，過去の上に立脚する現在へのアプローチではなく，その人の未来をも見据えた支援でなければならない。また，現在，発達障害などについては生物学的研究も進んでおり，個人のアプローチには遺伝や脳科学といった知識も必要となっている。②に関しては，人間は個として時間軸上で変化していくだけでなく，人間関係や環境と相互作用しながら変化していく。こうした環境との相互作用を考え，支援においては，その人個人へのアプローチだけでなく，その人が暮らす，家庭，地域，そして身を置く教育機関や職場などについてもアプローチしていかなければならない。臨床発達心理学において，生態学的アセスメントを強調するのはこのためである。③かつての発達心理学では，障害や行動上の問題等は定型発達とは区別されるものとしてとらえられてきたが，障害の多くがスペクトラム（連続体）状であると考えられるようになった現在，一般の人にも障害は内在していると言えるだろう。また，もっと卑近な例であれば，自分と無関係だと考えている人も，高齢者となった時，なんらかの機能不全を生じることもある。こうしたところから，障害や問題は定型発達の中にも内在しているものとしてとらえ，障害を統合した存在としての人間にアプローチしていこうと考える。

　したがって，社会全体の問題や生物学的な知識等まで，多様で深い知識が要求されるのが，臨床発達心理士と言えるだろう。また，臨床発達心理士に必要な専門性とは，人々が成長・発達の過程で会う様々な問題を「理解」し，その解決や改善を生涯にわたって「支援」することと言える。

　臨床発達心理士の専門的技術としては以下のことがある。

　発達心理アセスメント：発達の状況や認知面の特性をみるために発達検査や知能検査を行い，対象者の現在の発達や認知の水準や特徴を明らかにし，支援に役立てる。また，発達障害の可能性のある対象には，対人コミュニケーションを見る検査や保護者への聞き取りアセスメントが行われる。

　発達的支援：幼児には発達を促す療育などが行われるが，これにはTEACCHメソッドや応用行動分

析などの手法が用いられる。学童期以降では，認知行動療法，来談者中心療法，行動療法，認知療法，動作法など多くの技法を用いてアプローチがなされ，これらを通して，発達への支援を行う。

コンサルテーション：臨床発達心理士の大きな役割となっている。現在，保育園，幼稚園，学校（通常学級，特別支援学校等）に巡回相談という形で，発達支援のための多くのコンサルテーションが行われている。

発達臨床心理的地域援助：悩みの解決のためには，個人だけではなく，その人を囲む環境への働きかけ情報整理や関係の調整を行ったり，他の専門機関と連携することもある。また，他職種と連携することも多い。

研究活動：発達心理学の知見を重ね，それを臨床に活かすために研究活動を行う。

臨床発達心理士も，臨床心理士と同様，5年毎の更新制となっており，常に研鑽が求められる高い専門性をもつ資格である。関連4学会（日本発達心理学会・日本感情心理学会・日本教育心理学会・日本パーソナリティ心理学会）の連合資格としてはじまり，2009年度から関連4学会（日本発達心理学会・日本感情心理学会・日本教育心理学会・日本コミュニケーション障害学会）の連合資格となっている。

4. 臨床心理士や臨床発達心理士の活躍の場

(1) 医療・保健

医療・保健：精神神経科・心療内科・小児科などで心理相談に応じる。緩和のケア，慢性疾患，高齢者の医療などの場においても患者本人や家族の心理相談を行っている。たとえば，HIV感染者や癌患者の支援や身体疾患のある患者への心理ケアなどである。精神保健福祉センターや保健センターでは，引きこもりの家族相談や，アルコール依存症・薬物依存症の家族教室，思春期相談などを行っている。

発達系としては，児童精神科・小児科などで発達相談に応じる。保健センターの健診では，乳幼児の発達の検査を行う。また，経過観察が必要な子どもに対して発達支援や発達の変化をみるための発達検査の実施などのフォローアップを行い母子に支援を行っている。老人の検査や支援を行う場合もある。

代表的な職場：病院，診療所，精神保健福祉センター，保健所，保健センター，リハビリテーションセンター，老人保健施設など

(2) 教　　育

中学校には，スクールカウンセラーが週1回程度派遣されているところが多い。小学校では地域にもよるが月1～2回である。スクールカウンセラーは，いろいろな事情で登校が難しかったり集団行動に困難のある生徒やその保護者の心理相談に応じる。教育センターでは，生徒や保護者の心理相談を行うほか，適応指導教室での指導も実施している。発達障害を中心として，学校への不適応を起こしている生徒への支援を行う場合もある。幼稚園や小中学校への巡回相談によるコンサルテーションなども行っている。

代表的な職場：公立の教育相談機関，教育委員会，幼稚園，小学校，中学校，高等学校，予備校

(3) 福　　祉

子育て支援の場では，発達の相談や子育ての相談に携わる。その他，虐待やDV被害を克服するための相談，障害のある子どもや大人の療育・相談や支援にもあたる。

発達障害支援センターで活躍する心理士も多い。発達障害の子どもから成人に至る広い年代の対象に，

直接支援を行ったり，支援機関の紹介を行っている。保育園への巡回相談を行っている場合もある。
　代表的な職場：児童関連（児童相談所・市町村子育て支援担当課，さまざまな児童福祉施設），障害関連（身体・知的障害施設，療育施設，発達障害支援施設など），女性関係（女性相談センター，DV相談支援センター，婦人保護施設，母子生活支援施設など），老人福祉施設（特別養護老人ホーム，養護老人ホームなど）

(4) 大学・研究所
　臨床心理学や発達心理学の研究，臨床系の心理職の養成を行うほか，多くの機関では，臨床心理センターなどが併設されており，地域住民の心理相談に応じる。また，大学の学生相談室や学習支援室などで学生の様々な悩みや発達障害のある学生への支援を行っている。
　代表的な職場：大学（学生相談室を含む），短期大学，専門学校，研究所・研究機関，大学付属臨床心理センターなど

(5) 司　　法
　法務・警察：家庭裁判所では少年事件や家事事件（離婚訴訟等）に調査官として関わる。少年鑑別所では少年の特性を踏まえた処遇を検討し，刑務所でも，臨床心理士が，受刑者にカウンセリングをしたり，集団療法を実施している場合もある。
　警察では，少年非行に関する相談を受けているほか，犯罪被害者への支援も行っている。
　代表的な職場：司法関係機関（家庭裁判所など），法務省関係機関（少年鑑別所・少年院・刑務所・保護観察所など），警察関係機関（相談室・科学捜査研究所など）

(6) 産業・労働
　厚生労働省は，職場におけるメンタルヘルス対策を推進しようとする企業に対し，支援専門家が取り組み方法などを助言・指導する「メンタルヘルス対策支援事業」を実施している。臨床心理士は，そのメンタルヘルス支援専門家の一員として，この事業に協力している。また，臨床心理士会は，日本経団連，東京経営者協会と業務提携を結び，メンタルヘルス対策を進めている。
　代表的な職場：企業内健康管理センター・相談室，外部EAP（従業員支援プログラム）機関，公共職業安定所，障害者センターなど

(7) 開　　業
　臨床心理士や臨床発達心理士が，個人または組織で運営している心理発達相談機関である。発達障害を対象としていることが多く，質の高い療育や成人期の人への心理相談や小集団療法などを行っている。

5. 臨床心理士や臨床発達心理士として働く先輩の声

　臨床心理士としてスクールカウンセラーの仕事をするAさんと，総合病院の精神科心理室に勤務するBさんを紹介したい。
　Aさん「公立の中学校に勤務しています。他にも仕事をしているため，スクールカウンセラーは週1回です。同じ地区のスクールカウンセラーは2校受け持っている人もいます。基本的にスクールカウンセラーは非常勤の仕事であり時給は良いと思いますが，毎年更新であり身分的には不安定です。仕事の

内容は，私の勤める学校では不登校の対応が一番多く，学校に来れない生徒さんの家庭を訪問することもあります。また，保健室登校をしている生徒さんの相談，また，教師からの紹介の生徒さんの相談を受けています。自発的に相談を申し込んでくる生徒さんは少数です。生徒さんだけでなく，親御さんともよく相談を実施しています。中学生の場合，本人だけでのアプローチではうまくいかず，家庭全体への働きかけが必要なことが多いように感じています。相談の内容によっては，医療機関等の他機関との連携をすることもあります。中学生の時期は，精神疾患が始まる時期でもあり，不登校や対人不安と思っていると，その背景に精神疾患があることもあるので，それを見落とさないようにしなければならないと思っています。そのためには，精神科領域の知識が不可欠であり，私自身，精神科に勤務していたことを，現在，とてもよかったと感じています。また，発達障害と思われる生徒さんもいるので，発達障害についても勉強をしているところであり，研究会などに参加して関わり方を学んでいます。」

Bさん「私は，企業の持つ総合病院の精神科の心理室に勤務しています。精神科医2名，心理士1名の体制で，こじんまりとした科で，勤務は月曜から金曜日までの週5日で常勤です。企業本社の雇用という形なので福利厚生も充実しています。病院は，もともと企業に勤務している人とその家族のために作られたものです。現在は地域にオープンにしており，一般の患者の方も多いです。私はこの仕事を始めて2年目ですが，午前中は外来に来る初診の患者さんの予診と診察と同時に心理カウンセリングを受ける方がいるので，それを行っています。午後は，予約の心理検査や心理療法であり，検査としてはロールシャッハやバウム検査を取ることが多いです。また，心理療法は来談者中心のカウンセリングを行っています。対象の方は，摂食障害や不安神経症といった方が多いので，今後認知行動療法も実施したいと考えています。精神科は，院内に病棟はもっていないため入院患者はみておらず，症状の重い方は入院のできる病院に紹介しています。ただ，小児科に入院している子どもたちで，精神的なフォローが必要な子どもたちもおり，週1回くらい話を聞いたり遊戯療法を行っています。心理士は一人ですが，ベテランの精神科医と毎日カンファレンスをすることで，精神科でのスキルを磨いているところです。勉強会に出席したり，また，地域の他の精神科勤務の心理士と連絡をとりあって，情報交換や見学会を行っています。この仕事は，学ぶことが多く，日々勉強と思っています。」

次に，臨床発達心理士として発達障害者支援センターで働いているCさんと，放課後支援施設で働いているDさんを紹介する。

Cさん「発達障害者支援センターには，発達障害（疑い含む）のお子さんを持つ方から成人の発達障害の方まで幅広い年代の方がいらっしゃいます。そういった方のご相談を受けるだけでなく，医療機関の紹介や様々な情報提供，また，関係機関のコンサルテーション等も行っています。アセスメントでは，親御さんがいらっしゃる場合にはPARS（親面接式自閉スペクトラム症評定尺度）を，成人の方がいらっしゃる場合にはAQ-J（自閉症スペクトラム指数日本語版）を通して，主にASDの特性の把握から始めています。相談では，障害のあるお子さんを持つ親御さんや当事者さんは常に将来への希望と不安を抱えていらっしゃるため，関わり方のアドバイスや情報提供を求められても常に親御さんや当事者の方の気持ちを理解していくことが基本的な姿勢だと考えています。そして，お話を聞いていく中で，どういった特性があるのかを共有し，関わり方を一緒に考えています。一方的に伝えるだけでなく，どういった言葉なら受け取ってもらいやすいのか，どういったことなら実践しやすいのか常に考えながらアドバイスを行っています。相談に来られる多くの方は，知的障害のない発達障害（疑い含む）のあるお子さんを持つ保護者です。そうした相談の中で難しいことは，一般的な心理面接やカウンセリングといった話を聞いてもらいにくるという目的とは違い，アドバイスを求めにいらっしゃる方が多いことです。先述しましたが，親御さんたちは常に将来への希望と不安を抱え，診断を受けたばかりの方ですとその

混乱はとても大きなものです。つまり，アドバイスを求めに来られても，常に心理カウンセリングの基本姿勢を持ち，親御さんの気持ちを考え，感じながら，安易なアドバイスやすぐに関係機関を紹介することは避けています。コンサルテーションでは，関係機関の困っていることを，お話を聞いていく中で整理し，相談と同様，コンサルティーと協働的に困っていることの解決策を探っています。時に，療育の中で使う教材や自立課題を一緒に作ることもあります。」

　Dさん「放課後等デイサービスで心理職として働いています。通っているのは6歳から18歳までの知的障害や発達障害のあるお子さんです。お子さんの預かりだけでなく，保護者との面談をもとに立てた支援計画に基づいてサービスを提供しています。そのためサービス内容は子どもにより異なり，具体的には，学習（自立課題，アセスメント，手先の巧緻性を高める，達成感や自信，就労にむけてなど），運動（体幹トレーニング，正中線を超えた動き，ルール順番などの社会性，リトミックなど），余暇（制作，テーブルゲーム，DVD，クッキングなど），生活スキル（着替えの練習，服をたたむ，掃除機をかけるなど），プレイルーム（粘土，おえかきとか），やコミュニケーションの促進などを行っています。心理の仕事としては，発達検査をとるなど，テスターの役割と発達心理学の視点から支援方法を提示する役割が期待されています。必要なことは，子どもたちが将来社会に出て行くことをイメージすることと，信頼関係を育むこと，子どもの表面的な言葉や行動にとらわれず，その背景にある状況や要因を観察し，その子の気持ちに焦点を当てることなどです。」

　現在，臨床心理士と臨床発達心理士の境界線は曖昧になっている。例えば，虐待の問題を考えた場合，これには多様な原因があると考えられるが，ひとつには家族や社会のあり方が急速に変化し，大家族や多くの拡大家族，つまり，親戚等の支援や地域社会の支援が得られた以前と違い，現在は，多くの親が子育てに不安や戸惑いを感じていることもあるだろう。また，虐待の被害を受けやすいのは，育てにくい子どもと言われているが，これも近年増加が言われている発達障害などの子どもたちが多くの被害を受けている可能性が指摘されている。こうした発達障害は，遺伝といった生物学的な要因も大きく，育てにくい子どもを抱える親もまた，社会性の問題を軽微ながら抱えていたりもする。こうした場合には，子どもへのより発達的なアプローチ（療育）と親への臨床心理学的なアプローチが共にあることで効果があがるであろう。このように，虐待の対応においては，子どもや親の精神的なフォローと子どもへの発達的なフォローは切っても切れないものであり，同時に行ってこそ効果があると考えられる。また，近年衆目を集めている大人の発達障害について考えてみると，以下のような現実がある。うつなどの精神疾患のために，一般精神科を受診する青年・成人の中には，発達障害の1つである自閉症スペクトラムでありながらも，その症状が周囲に気づかれず，あるいは理解されず，幼児期や学童期に未診断のまま成長した人が少なくない。こうした精神症状の背景にあるASD特性を同定することは，適切な治療や社会福祉的支援に直結する。しかし，現在ある精神症状の治療も必要である。臨床心理士が現在の精神症状を，また，発達障害へのアプローチを臨床発達心理士が担当するといった共働が必要となるだろう。ひきこもりや高齢者問題も同様である。実際に，職域はかなりボーダレスとなっており，2011年の東日本大震災の支援においては，心理士の資格者たちは共働して被災者支援にあたったし，また，現在もあたっている。今後も，お互いの専門性を尊重しつつ，こうした共働が続くことが望まれる。

　また，臨床心理士や臨床発達心理士をはじめ多くの心理の資格をめぐる課題として，国家資格化があった（コラム17参照）。この国家資格化において，多くの心理の資格団体が協力体制をとってきた。そして，2015年に公認心理師法が成立した。国家資格は単に心理職の安定だけを目的としたものではなく，むしろそれによって高い専門性を確立し，様々な困難を抱える人々に対する心理的支援を行っていくことを目指している。ただ，課題も多く，法案が通っても，どういう機構により資格を付与するのか，質

の担保はどうするのかといったことを決めていく必要がある。近い将来，公認心理師が日本のいろいろな場面で活躍することが期待される。そのためには，心理士が自己研鑽に励み，国民の期待に応えられるスキルを持つことが不可欠である。

コラム 15　心理系公務員の仕事と受験

　心理学を学び，その学びを仕事に活かすことができる職場の一つとして公的機関がある。公的機関で働く常勤の職員になるためには，通常公務員試験を受験し，それに合格する必要がある。中でも，心理学を直接活かす仕事に就くためには，心理系の公務員試験を受験することになる。公務員には，国家公務員と地方公務員とがあり，また，それに準ずるものとして独立行政法人の職員がある。以下，順にその概要について記す。

　心理系の国家公務員は，主に法務省・厚生労働省・裁判所・警察庁において働いている。法務省では，少年鑑別所・少年院・刑務所（刑事施設）といった施設で心理検査や心理面接を主に行う法務技官や非行少年に対し専門的な教育や行動観察を主に行う法務教官，保護観察所において保護観察を行う保護観察官がいる。厚生労働省では，職業安定局等で主に労働関係の仕事についている心理職がいる。裁判所では，家庭裁判所調査官が少年事件や家事事件の調査を行っているが，その中には大学や大学院で心理学を学んできた者も多い。警察庁には科学警察研究所が設置されているが，そこでは犯罪心理等を専門とする技官が働いている。次に，地方公務員としては，各都道府県や政令指定都市に設置された児童相談所や障害児・者施設等において心理判定員や児童心理司等として働いている心理系公務員がいる。この他に，公立病院の心理カウンセラー，都道府県警察における科学捜査研究所の技官や心理相談員，少年警察補導員等もいる。更に，独立行政法人としては，高齢・障害・求職者雇用支援機構において働く障害者職業カウンセラーや国立病院機構において働く児童指導員や心理カウンセラー等がいる。このように，心理系公務員といってもさまざまな機関で多様な仕事を行っている。

　こうした仕事に就くには，一般に冒頭に記した公務員試験を受験し，それに合格し採用されることが必要となる。採用試験は主に一般教養試験（基礎能力試験）・専門試験（多肢選択式や記述式）・人物試験（面接やディスカッション等）からなる。受験資格としては，大学学部卒業程度もしくは大学院修士課程修了程度の場合が多い。例えば，法務省専門職員採用試験や家庭裁判所調査官補採用試験では，大学院修了者試験と学部卒業者試験を分けて試験を実施している。また，都道府県警察や公立病院においては，大学院修了程度や臨床心理士受験資格を条件とした応募もみられる。試験は毎年6月頃に行われるものが多いが，各省庁や裁判所，自治体のホームページ等を調べると詳細が分かる。

　もし安定した職場で心理学を活かした仕事を続けたいと思う人には，心理系公務員は魅力とやりがいがある。ただそうした仕事に就くためには，まず公務員試験に合格することが必要である。一般教養試験については，さまざまな参考書や問題集が出版されており，また，公務員受験対策講座や模擬試験もいろいろ開かれているので，それらを活用して対策を立てるのがよいだろう。大学入試の際にAO入試や推薦入試等でペーパーによる選抜試験を経験してこなかった人は特に早めに受験のための準備を始めるほうがよいかもしれない。また，専門試験対策としては，心理学検定の参考書や問題集を活用したり，心理系公務員受験用の問題集を解いてみたりするのが役立つだろう。専門試験のための勉強は，心理学という学問全体を見渡すことができるというメリットがある。学部生で大学院に進学し，その後，心理系公務員を目指すことを考えている人は，学部生のうちにこうした勉強をしておくことはとても有意義なことだと思われる。人物試験では，大学時代や大学院時代の経験をはじめ，さまざまな角度から質問がなされ，心理職としての適性が試される。大学時代や大学院時代の生活を充実させ，そうした体験を適切に言語化することが要求される。

コラム 16　大学院における実習

　大学院では，将来，臨床で働きたい学生のために，実習をカリキュラムに入れているところが多い。これは，社会のさまざまな心理臨床の分野で活躍できる，心理援助専門職の養成を目的としている。臨床とは，大きく分けて，医療系，発達系，教育系，司法系ということになるだろう。具体的には医療系には精神科や小児科などの病院，発達系には療育機関，児童相談所，乳児院，児童養護施設，保健所，教育系には学校（スクール・カウンセラー）や教育相談所，司法系には家庭裁判所や少年院などが挙げられる。

　実習には，校内の授業内で行われるものと，校内及び校外の臨床施設で行われるものがある。授業内の実習では，カウンセリングや心理検査の理論と基礎的な実習をロールプレイなどによって行う。校内外での臨床施設で実習をするうえでの練習ともいえる。現在の大学では，校内に心理臨床センターを置いているところも多い。多くは，臨床心理系の相談を受けており，地域貢献と学生のトレーニングを兼ねている。また，発達系の相談や発達障害のある子どもに対して療育を行う施設を持っている大学もある。こうした学内の施設で，大学教員やその施設の専属の心理専門家から実践的なトレーニングを受けることになる。校外実習では，より様々な体験を積むことができる。先に紹介した臨床分野のうち，学生が希望するところで実習をできるようにしている大学が多い。また，期間も2週間程度の短期のものから1年くらいの長期のものまでいろいろである。

　将来働きたい現場で実習をする学生も多いが，筆者自身は，将来行かないけれど連携を取る可能性の高い職場に実習にいくことをすすめている。私たち心理職は，一度職に就くと，その職をずっと続けることも多い。そうすると視野が狭くなり，他の職場への理解が乏しく，意思疎通も難しくなることがある。こうした外部の実習先にも，ベテランの心理専門家がおり，学生に実践的なトレーニングをしてくれる。独自の学生実習のカリキュラムをたててくれている施設もある。

　実際の実習先の様子を紹介したい。
　精神科病院：多くの学生が行くところである。患者の幅は広く，年齢も子どもから老人までであり，また，疾病も不登校や引きこもりといった不適応行動から，うつ，統合失調症といった精神疾患，老人性の痴呆なども対象となる。病院には，外来でのカウンセリング，心理検査，グループセラピー，ディケアなどがあるが，それ以外に入院病棟での活動もある。まずは，こうしたディケアの活動に参加することから始め，徐々にカウンセリングや心理検査に陪席するということが多い。また，医師とコメディカルの連携なども学ぶことができる。
　児童養護施設：実習に行くことは少ないかもしれない，乳児院を紹介したい。乳児院は，家庭で育てることが困難な乳幼児を預かり養育することを目的とした福祉施設である。年齢は0歳から2歳までと法律で決められており，虐待などによる入所が多い。低年齢児なので，家庭的な雰囲気を大切にし，子どもに特定の担当保育士をつけているところも多い。心理士をおいて，きめ細かく子どもたちの発達を見守り，心のケアにも力を入れているところもある。乳幼児への発達支援や心のケアの他に，虐待への対応や児童相談所との連携などを学べる。
　学校臨床：心理学科に入学してくる多くの学生が，将来の希望としてスクール・カウンセラーをあげる。それだけ身近な存在ということだろう。小中学校のカウンセリングルームでカウンセリングに陪席したり，家庭訪問に同行して，不登校やクラスになじめない生徒へのカウンセリングを学ぶことができる。また，教師へのコンサルテーションや保護者へのカウンセリングといった生徒の周囲の人たちとの連携の方法について学ぶこともできる。

コラム 17　公認心理師法と公認心理師資格

　心理職の国家資格創設は，半世紀以上前から提唱され，幾多の努力がなされてきたが，2015 年 9 月に国会において「公認心理師法」が可決成立し，2017 年 9 月から全面施行された。国家試験は 2018 年から年 1 回，2022 年までにすでに 5 回実施されている。

　公認心理師法の概略は以下の通りである。①目的：この法律の目的は，公認心理師の資格を定め，その業務の適正を図り，もって国民の心の健康の保持増進に寄与することにある。②定義：この法律における公認心理師とは，公認心理師の名称を用いて，保健医療，福祉，教育その他の分野において，心理学に関する専門的知識及び技術をもって，次に掲げる行為を行うことを業とする者のことを言う。ア．心理に関する支援を要する者の心理状態を観察し，その結果を分析すること。イ．心理に関する支援を要する者に対し，その心理に関する相談に応じ，助言，指導その他の援助を行うこと。ウ．心理に関する支援を要する者の関係者に対し，その相談に応じ，助言，指導その他の援助を行うこと。エ．心の健康に関する知識の普及を図るための教育及び情報の提供を行うこと。③試験：公認心理師試験は，次のいずれかに該当する者でなければ，受けることができない。ア．大学において心理学その他の公認心理師となるために必要な科目として文部科学省令・厚生労働省令で定めるものを修めて卒業し，且つ，同法に基づく大学院において心理学その他の公認心理師となるために必要な科目として文部科学省令・厚生労働省令で定めるものを修めてその課程を修了した者その他その者に準ずるものとして文部科学省令・厚生労働省令で定める者。イ．大学において心理学その他の公認心理師となるために必要な科目として文部科学省令・厚生労働省令で定めるものを修めて卒業した者その他，その者に準ずるものとして文部科学省令・厚生労働省令で定める者であって，文部科学省令・厚生労働省令で定める施設において文部科学省令・厚生労働省令が定める期間以上，上述の定義におけるアからウまでに掲げる行為の業務に従事したもの。ウ．文部科学大臣及び厚生労働大臣がア及びイに掲げる者と同等以上の知識及び技能を有すると認定した者。④義務等：公認心理師は，正当な理由がなく，その業務に関して知り得た人の秘密を漏らしてはならないものとするとともに，公認心理師でなくなった後においても，同様であるものとすること（守秘義務）。その業務を行うに当たっては，その担当する者に対し，保健医療，福祉，教育等が密接な連携の下で総合的かつ適切に提供されるよう，これらを提供する者その他の関係者等との連携を保つとともに（関係機関・者との連携），心理に関する支援を要する者に当該支援に係る主治の医師があるときは，その指示を受けなければならないものとすること（医師の指示）。公認心理師は，業務の内容の変化に適応するため，知識及び技能の向上に努めなければならないものとすること。公認心理師でない者は，公認心理師という名称を使用してはならないものとするとともに，その名称中に心理師という文字を用いてはならないものとすること（名称独占）。

　公認心理師資格と類似した資格に臨床心理士資格がある。前者が国家資格であるのに対し，後者は民間資格であるという違いがある。2 つの資格の選択については，現時点（2023 年 3 月）では，両資格の取得が望ましいと思われる。なぜなら，前者は国家資格ということもあり，今後の公的機関での需要が高まることが予想されるが，その一方で，後者の資格の方が現状では知名度が高く，権威があるからである。なお，将来的には，保健医療分野において公認心理師の位置づけが明確となること，教育分野におけるスクールカウンセラーの位置づけが明確となること，及び，福祉分野，司法・犯罪分野，産業・労働分野において国家資格をもった心の専門家として活動できることが考えられる。

16章 ライフワークとしての心理専門職
―自分問題と私たちが生きる時代を見つめること―

　以下は19歳で分からなかったら24歳で読んで欲しい。それで分からなかったら35歳あるいは45歳で読んで欲しい。そういう願いを込めて書いた。
　勘違いしてはいけない。臨床心理士や臨床発達心理士や公認心理師という資格は，ゴールでなく，スタートである。単なる運転免許証である。自分の努力を確認する1つの里程標（キャリアパス）が，臨床心理士資格や臨床発達心理士資格である。資格の意義は，資格自体ではなく，仕事の質にある。大学院水準の訓練を積むプロセスが保証する質は知識の内容ではない。社会人として，方法論を探し求めたリカレント入学者でない限り，君たちが大学院で得る知識の底の浅さでは，現場では知識とみなされない。本物となるか否かは就労後の体験の積み方次第だ。OJT（on the job training）と言い換えても良い。この章では，大学院より先までを語ろう。

1. 無知や不足を意識し続ける師と出会うこと

　君たちが真摯に自分を成長させようと願い，自分と指導教員を欺かなかった限りであるが，大学院水準で保証される質は，院生が資格を得るまでに自分が払った自分を客観視する力の質である。
　キャリアパスという言い方があるが，専門性を深め，自分をスペシャリストにする判断は，自分が下し続けねばならない。それを確認するための目印が資格である。その意味で，臨床心理士や臨床発達心理士という資格は，スタートラインであって，臨床家というゴールではない。しかし，自分問題に根を持つ無意識の救済者願望だけだと，資格がゴールと思い込んでしまう。そのための最短コースばかりを考え，自分とこの仕事の関係を確かめ続けながら，自分という人生の幅を拡げる可能性を学ぶ機会に目をつぶってしまうことになりかねない。
　資格を取って，稼ぎだしても，経験の浅い時期には，クライエントとセラピストの差はどこにあるのかすら分からないこともある。この悩みを一気に飛び越す存在が，身近なメンター（先達）である。訊いて学ぶことと見て学ぶことがOJTの本質であり，臨床教育の基本である。この意味で人に訊く態度を学生期間に自分の内に育てる必要がある。
　更に，スペシャリストの階段を上がるには，メンターを超えたあこがれの対象としての師を得る必要がある。思考や生き方は書でも学べるが，対面で得る情報は質も量も別世界である。師はあこがれと同時に，厳しい存在でもある。土居健郎先生の公開スーパービジョンで「患者が健康だから，勝手に良くなっているね」と，治療者の無自覚を指摘する場面に遭遇した。しかし，それは事例提供者を突き放す冷たい宣告ではなく，問題を指摘しながら，指導を受ける者が先が見通せるように高みに引き上げる作業であった。気がつかないことの指摘を乞えることが若さの特権である。モデリングを超えた優れた先達や師の存在に出会い，自分の不足に気づいたり，歩むべき先達を見ながら，「あの人ならどうするだろ

う」と考えることが，この時期の落とし穴を避ける最良の方法であろう．真似ぶことは学ぶことである．同時に遊ぶことの基本でもある．

　たとえ今は，自分の問題が解決できなくても，他者の問題へ，誠実な支援者として関わり，問題の同定や分析経験を積み，対処を学ぶ中で，自分自身の問題を解決していくことが本物のセラピストに化ける道である．このことを，仕事を通じての成長と呼ぶ．天職という考え方があるが，生きることとしての仕事とは，働くことで自分が成長することを知る体験の連続である．自分問題は可能性である．ただし，この「可能性」は，不可能性に終わることが多い．変わることが困難な人が変わり，成長する人生の好機（チャンス）は，雪庇の上を歩くように，どちらに転ぶか分からない危機である．危機は，生きることの真実の1つであり，選ぶのは君である．セラピストを目指すことは，生涯をかけて高い山に挑むことと同じで，危険もあるが充実した歓びも深い．

2. 生きるとは，自分の物語をつくること

　作家の小川洋子さんは『生きるとは，自分の物語をつくること』というエッセー集の中で，「なぜ小説を書くのですか」と質問され，書くことの意味を明確にイメージできない未熟さがさらけ出されるようで怖かったと述べている．相手の質問を受け取り，その言葉を自分の中に響かせ，そこから聞こえてくるものに二人で一緒に耳を澄ませる力不足の頃は，苦痛だったと言う．これは，自分を対象化する能力の獲得という視点で，示唆深い．

　小川さんは自分の転機を，ユング派の河合隼雄さんの著作による気づきに求めている．人間は表層の悩みによって，深層世界に落ち込んでいる悩みを感じないようにして生きている，という問題意識は，自分問題の持つ，自分を対象化して見つめられない生き方の説明そのものである．表面的な部分を理性によって強化する生き方とは，彼女の場合，精神分析が知性化と呼んだ無意識に不安を感じないで済ます防衛機制が，どのように働いていたのかを教えてくれる．同じ防衛が，心理職を目指して大学院を受験する知性化である．その際，無自覚な研究計画では，「内面の深いところにある混沌」は説明も解明もできない．小川さんは，深い混沌を表面近くにまで表出させ，表層の意識とつなげて心を一つの全体とする方法が物語であると，自らの方法を語る．彼女は，人間は，自分の物語を持つことによって初めて，身体と精神，外界と内界，意識と無意識を結びつけ，自分を一つに統合でき，その作業を経て，初めて他者とつながってゆく，と自らの仕事を通じての生き方を説明する．

　自分を対象化する能力を獲得することが大人の条件である．小川さんに習えば，大人とは，他者に説明し通じるという体験をとおして他者と繋がることで，自らが解決できずに持ち続けている混沌（すなわち自分問題）を明確にしていけるようになることである．自分探しのゴールは「生きるとは，自分にふさわしい，自分の物語を作り上げてゆくことに他ならない」，と気づくことである．それは，他者に通じる体験こそが，自分問題を解決する自分探しのゴールであり，同時に自分として生きるスタートを見い出すことに他ならない．自分と相手が出会うことは，臨床の基本姿勢である．

　自分問題の研究計画に「なぜ」と問うことは，精神分析で言う直面化であり，「なぜ生きるのか」と正面から問うことである．しかし，その問いこそが表層の鎧の奥に沈む混沌への契機であるから，自分に誠実に生きる専門職になるためには，一度は客観視しなくてはならない筋道である．小川さんは，そこで，思い切り想像の翼を飛翔させることで，作家としての自分を確立できたという．自分問題に答える作業において，自分に誠実であったからこそ，どんなに遠く現実から離陸したつもりでも，物語は宙にふわふわと漂う単なる妄想ではなく，根は必ず，現実を生きる人間としての自分の内面と結びついてい

ると感じ，他者に説明できないからこそ，自分は小説を書いているという自負は，自らの心の中の歩みに誠実であることを意識した言葉である。ベテランの自己対象化の状態を説明する言葉として，就職5年以後に，想い出して欲しい。

　資格取得後10年を経て，臨床家として中堅になる頃には，自分の好きな領域がはっきりする。エキスパート（専門職）の中でも，他者に説明しにくく狭いが，深く奥が広い領域が見えだし，スペシャリスト（自分の専門性）を歩み出す人がいる。片側で，仕事に対して，まあこんなものというスキーム（枠組み）のあてはめ方が出て来て，惰性で仕事をこなし，学ぶことを忘れる人もいる。小川さんの言葉は，学ぶことを見失った中途半端なベテラン状態を突き抜け，更に，他者と通じることを目指すという強い意志の現れである。だからこそ，現実とフィクションがこれほどまでに強く関わり合っているという事実に驚いたという語りから，生きるとは自分を物語ることだと結論できるのである。

3. 共に学び，共に生きるということ

　想像に仮託して自分の心の翼を広げる小説家でなく，臨床を目指す研究をする学部生・大学院生や，経験の浅い臨床家として歩み出した人たちは，自分をどう定位して行くのであろうか。正面から自分問題に取り組むことは，険しすぎる岩壁からの登頂の試みでもある。カウンセラーという職業選択は，人生航路における回り道と理解できることを指摘したい。臨床家として，相手の問題に誠心誠意，現実的に取り組むことを重ねる中で，良い終結まで辿り着けることがゴールである。そのための労力に給与という報酬が支払われる。成功報酬ではなく，努力への報酬であるからこそ，そこには自分の内なる規範（モラル）としての誠実さが必要である。

　この努力へは，お金に換えられない報酬がある。自分問題への気づきが育っていく体験を共にし，努力を見ることで自分を育てる機会を得ることである。見て学ぶという社会的学習理論でいうモデリングを超えた，体験という水準において，他者の「いたみ」に寄り添うことを通じて，心の奥底の子ども時代の自分の抱える「かなしみ」に出会う。それは沈黙の中で自覚することもあるし，スーパーバイザーの指摘で涙しながら洞察することもある。不安やかなしみを抱えた子ども時代の自分が，今の自分と対話することで，気づきが生まれ，成長する。大人になった自分が，子どもの自分を抱きしめ，悲しみを愛おしいものとして育むことで，長く引きずってきた自分の課題が達成されていく。大人は家庭を持ち，子どもを育てる中で，子ども時代の自分に出会い，反省し，希望を持ち，自分を励ます体験をする。同じ作業を，働くことを通じて意識する生き方が，臨床の仕事を生きることである。

　ある時期に，表層へと流れることで誤魔化す自分を自覚できれば，リカレント教育（生涯学習）として，体験をし直すことで再成長できる。リカレントの入り口は，児童養護施設やスクールカウンセラーなど，子どもの治療者体験への挑戦が良い。治療者とは，相手の無力を代弁するような告発者ではないし，親が満たしてくれなかった自己愛をむやみに満たす存在でもない。厳しく行動制限をかける親代わりでもない。成果によってのみ，自己効力感を評価出来るような目的的な関わりでもない。体験の意味を，自分自身が身に沁みて分かることを洞察と呼ぶ。洞察が元に戻ることを繰り返しながら，決定的に理解をすることをワークスルーと呼ぶ。

4. 一生学び続ける姿勢

> 小さなモモにできたことは，相手の話を聞くことでした。モモに話を聞いてもらっていると，まともな考えがうかんできます。モモがそういう考えを引き出すようなことを言ったり質問したりした，というわけではないのです。彼女はただじっとすわって，注意ぶかく聞いているだけです。その大きな黒い目は，相手をじっと見つめています。すると相手には，自分のどこにそんなものがひそんでいたかと驚くような考えが，すうっと浮かび上がってくるのです。
>
> M・エンデ『モモ』

筆者にとって，理想のカウンセラーを思うと浮かぶ原点は，『モモ』にみる無邪気で好奇心に満ちた聞く姿勢である。人生の入り口と出口には，他者の話を聞くことが愉しい聴き手のモデルがある。しかし，それは自然でありながら，人生を通じて保つことは容易ではない。仕事体験を通じ，物語の良い聴き手として自分を育てることが困難だからである。ベテラン化したマンネリの時期に『モモ』を読めば，自分の臨床姿勢に恥ずかしさを覚えるであろう。体力気力とも引退を考える歳になって『モモ』を読むと，改めて，人の声を聞くのが好きだった自分を想いだし，シンプルな洗練を考えだすであろう。

大学生が『モモ』の引用を読めば，自分は人からよく相談を受ける，自分は人の話を聞くのが好きである，相手から聞いて貰って良かったと感謝される。だから自分はカウンセラーに向いている，と励ましを覚えるであろう。それは，勘違いである。確かに，カウンセラーの理想は，自然な聞き手である。しかし，それだけでは足りない。現実は，様々な文脈や新知識を含むため，治療者としての聞き手であり続けるためには，クライエントが生きる基盤を支える多様な配慮としての学問や技術以上に治療者としての自分を対象化する視点が必要である。

心理療法の教科書『物語としての心理療法』の中で，マクレオッド（McLeod, 1997）は「多くの人びとにとって，面接室は，親身になって話を聞いてもらえる唯一の場所です。そこでは，自らのストーリィを語り，受け入れられることができます。これによって，心理療法は，現代の生活における強力な要素となり，また魅力的な商品となりました。」と現代におけるカウンセリングの役割や意義を挙げる。そこでは，モモのような熱心な聞き方がされるであろう。しかし，先の引用は続けて，「むしろ，心理療法の場でストーリィを語ることは，集団から孤立した自己を際立たせる働きをするのです。」と批判する。しばしば，治療者が請け負う役割を満たすカウンセリング技術が増した結果，意図と裏腹に，クライエントが周囲との適応を不要と見なし，孤立し，結果として自分を生きづらくさせてしまうと指摘する。カウンセリング技術を磨くだけで，社会的文脈としての人生をみる能力を深めない際の危険性の指摘である。

本来，その人にとって，都合の良いことも悪いことも含め，語ることを聞く作業は，その集団の構成員間の理解を深め，摺り合わせを通じて結束を保つことである。にもかかわらず，苦難のストーリィを受け止めるカウンセラーが，クライエントが自分の困難を見つめ，統合するのを妨げ，自己の殻に閉じこもるのを支える間違いを犯す。仕事上の落とし穴を自覚し，治療関係における自分の立ち位置を絶えず意識し，クライエントの人生という文脈に定位し直す配慮を払うのが心理職の専門性と義務である。治療者であり続けるには，マクレオッドのような指摘に，論理的に答えられる基本的な知識と，そのような現象が生じた場面で，自己修正出来る技術を持つことの2つが必要である。

これらの失敗は，治療者が，クライエントの孤独な不安を満たして欲しい願いにのみ答える結果でも

ある。これは治療者の問題とも見なせる。自分の不安や，満たして欲しい想いなどの弱さを内省できていないためである。自分の無意識の願いとクライエントの願望を同一視し，現実からかけ離れる願望を満たすことを，相手を受容することと勘違いする。教育分析は，この混同を「幻想の万能感」として戒め続けてきた。あるいは，ロジャースの唱えたクライエント中心療法の「ありのまま」を，支持的かつ受容的に聞くということと，相手の望むような肯定を与えることとを混同するためである。自分の弱さが年齢相応であろうかという自問自答は，治療者の問題として，終生ついて回る。

通常，私たちは，自分が誰かと語る内容は，事実だからいつ何処でも，誰にでも通じると思っている。精神分析では，これを三者関係の語りと呼ぶ。他方，特定の関係の中でだけ通じる語りがあり，これを二者関係と呼ぶ。私たちは無自覚に二者と三者の水準を使い分ける。恋人同士は，デートで親密な二者の語りをしていても，二人でサークル場面で話す時は三者の語りをする。自分とクライエントの間だけで通じる話は二者関係の語りと言える。二者の語りは「今この場」でのリアリティのやり取りであり，他の場所や時間に移せず，振り返りにくい共同関係の上で展開される。だからこそ，治療者の意図と異なる特殊な方向へと展開しやすい。だからこそ，二者関係を振り返り，治療者として管理できる能力を繰り返し進展させることが，臨床体験では必要になる。たとえば，逐語録を起こす練習は，その基礎トレーニングである。何より，自分の見落としの可能性を指摘して貰い修正するための三者関係としてのスーパービジョン体験が，終生必要になる。師を持つことの必要性が再び出て来る。そしてこの師は終生共にある。心の中で，先生ならばどうするであろうかと，絶えず自問し続けるからである。

5. 私たちはどのような時代を生きるか

治療者であり続けるためには，臨床心理学以外の社会現象に，広く関心を保つ必要がある。自分を相対化するだけでなく，私たちがどのような社会的文脈の上に生き，どのような困難を抱えていくのかを相対化して知る姿勢が欠かせない。ライフワークという言い方があるが，間違いや勘違いを起こさないで働き続けるだけでなく，新しい悩みに寄り添うためには，変わりゆく社会的現象に目配りをし，新しい知識を理解して使いこなすバランス感覚が必要である。

社会学者リチャード・セネット（Sennett, 1998）は，アメリカ社会において20世紀末までの親世代と現世代においては，労働の形も意味も変わったと指摘する。その結果，生きる意味を説明する言葉が失われつつあることを，物語の喪失として説明する。「物語は癒しの働きを持つ。まず，物語自体の意味において。そして，何より，整理と体験化において。葛藤から混乱し，自分の状況を見失い，語れない人であればあるほど，物語ることは，失われた連続性を話し合いの中で取り戻していく機能を果たす」。それに従えば，カウンセリングとは，「失敗は人をとまどわせる経験であり，物語として経験の中へ整理されない限り，混乱とタブーが，その中味を見えないのみならず，忘却へと送る」作業を押しとどめ，その人らしさを取り戻す道である。「物語化することは，不明瞭で自然な忘却へと回収されがちな出来事を，整理し，自らの体験として理解することを可能にする。」と統合することの治癒効果を説明する。その意味で，自分という物語は，「物語は経験の深さとして，私たちの人生に形や繋がりを与え，瓦解しがちな無意味から掬い上げてくれる自律性の感覚を与えてくれる。」基本なのである。

失われた20年におけるリストラの進展は，PCの導入とあいまって，当初，仕事の負荷時への予備部分であった一般職の廃止から始まり，「過剰人員」とされる社員の整理を経て，新卒採用抑制や能力給による定時昇格廃止へと移り，就労スタイルやワークライフの意味を一変させた。この状況は，ジグムント・バウマン（Bauman, 2004）の「近代化は過剰や余剰とされる『人間廃棄物 Wasted humans』を

不可避的に生産する」という指摘に直結する。この時期に増加した自殺者の中身は，中高年から若年・未就業者へのシフトである（澤田ほか 2010）。企業が遵法的な配慮と社会貢献を強調し，企業と従業員と社会とが利害関係者（steakholder）であると強調しても，グローバリズムの推進は，リストラをする「排除主体」（岩田, 2008）という怪物を育ててしまう。その結果，生きることと働くことが整合することは，若い世代ほど，直感的に困難となる。

　企業活動の多くが格差を拡大し，結果として中間層を薄くし，自国民の首を絞め市場を狭めるのが現代の先進国の社会的文脈である。それに喘ぐ不幸やストレスの治療者として働く際，個人の不安に手をあてるだけでは，意味のある生や家族は回復されない。「親のように生きたい」という子どもたちが養育過程の中で自然に持つ，「家族という物語」指向が不可能だからである。常識的で統合的な語り合いは，社会的文脈では消えつつある。その先触れが義務教育の荒廃である。自明なライフコースの喪失の不安定さの上に生きる時代だからこそ，一時しのぎでない，自分という物語を持たねばならない。どこかの誰かと置き換え可能な，名無し顔なしの物語でなく，自分の言葉を持たなければ，居場所としての家庭を持てないのである。そういう自分の不安や影を感じた上で，健康さを保ちながらクライエントとなる人の傍らに座り，語り合うことが，これから心理職として働く際必要とされる。

6. 最後に

　知識とは単なる知識ではない。知識は経験であり，経験は生きることを通じて得る答える力である。その意味でカウンセラーというエキスパートになることは，自らの体験を増やし，多様性を深める体験を積み，自分を成長させ続けるというライフワークを選ぶということである。生きるための武器となる思考法を得ることが大学入学時の目的であったとすると，カウンセラーになることは，単に○○療法のエキスパートになることだけではない。置き換え出来ないという意味で，自分の人生という体験のスペシャリストを目指すことである。君たちは，家庭や地域において多様な体験を積むことを，自らの糧として味わうことを意識したことがあるであろうか。もし君がカウンセラーを目指すならば，歳を取ってから益々若々しく働く，自分の老いた姿が浮かぶだろうか。

文献

Bauman, Z. (2004). *Wasted lives*. UK: Polity Press.（バウマン, Z.　中島 道男（訳）(2007). 廃棄された生―モダニティとその追放者　昭和堂）
Ende, M. (1973). *Momo*. Thienemann Verlag.（エンデ, M.　大島 かおり（訳）(1986). モモ　岩波書店）
岩田 正美 (2008). 社会的排除　参加の欠如・不確かな帰属　有斐閣
McLeod, J. (1997). *Narrative and psychotherapy*. UK: Sage.（マクレオッド, J.　下山 晴彦（監訳）(2007). 物語としての心理療法　誠信書房）
小川 洋子 (2008). 生きるとは，自分の物語をつくること　新潮社
澤田 康幸・崔 充禎・菅野 早紀 (2010). 不況・失業と自殺の関係についての考察　日本労働研究雑誌, *598*, 58-66.
Sennett, R. (1998). *The corrosion of character: The personal consequences of work in the new capitalism*. W. W. Norton.（セネット, R.　斎藤 秀正（訳）(1999). それでも新資本主義についていくか　ダイヤモンド社）

コラム 18　女性のライフサイクル

　人間のライフサイクルをエリクソン（Erikson, E. H.）は 8 つの発達段階で示した。各段階に解決しなければならない心理・社会的課題があり，その課題に直面することで各個人の自我の強さが試される危機があるとしたが，男女の相違については述べられていない。発達段階としての I 乳児期，II 幼児前期，III 幼児後期，IV 学童期までの過程では，基本的にエリクソンが指摘する課題に男女で大きな相違は無いと考えられる。しかし，V 青年期以降は，女性であることでの特有の課題があり，VI 前成人期，VII 成人期での人生における選択肢は男性より複雑で，女性のライフサイクルでの自己実現の在り方は多様な様相を示す。

　学業を終えた後，就職，結婚，出産，子育てを見据えた人生設計の選択があり，その組み合わせは，①就職・非婚，②就職・結婚，③就職・結婚・出産，④就職・結婚・出産・離職，⑤就職・結婚・離職・出産，⑥就職・結婚・出産・離職・再就職，⑦就職・結婚・離職・出産・再就職，⑧就職・離職・結婚・出産，という 8 つのタイプに分けることができる。どのタイプを選ぶかは，女性が展望する人生設計によるのであるが，その選択には，教育歴，社会体制や制度，時代背景や経済状況，科学技術の進歩などが関与する。

　女性の雇用形態別内訳には教育歴による傾向があり（内閣府, 2014），義務教育・高校卒の女性は，⑥⑦のタイプを選択して非正規雇用で再就職する傾向があるのに対して，短大以上，大学・大学院卒の女性は④⑤⑧のタイプを選択して再就職する割合は相対的に少ない。一方，平成 22 年の生涯未婚率は女性が約 1 割，男性が 2 割を超えて，正規あるいは非正規雇用での①のタイプは，男女共に近年急速に増加している（内閣府, 2014）。

　第 14 回出生動向基本調査（2011）によると，女性は結婚する利点として「自分の子どもや家族をもてること」（47.7％）が調査の回を追う毎に増加し，「精神的安らぎの場を得られること」（29.7％）より多く，子どもを産みたいと考えている女性は増えている。柏木・永久（1999）の研究によると，年長世代，無職，多子の親ほど子どもは絶対的な価値をもつ存在として社会的な価値を強く認める傾向が強い。一方，若い世代，有職，少子になるほど，子どもは，自分の生活にマイナス要因とならない条件を検討した上での自己の成長や経験にとっての価値とする相対性が増す。子を産むことは，女性でなければできないことを体験したいという，女性独自の経験を価値あるものとする選択の結果でもある。

　職業生活と私生活での自己実現の両立を望む③のタイプにとって，現在の社会的状況では，晩婚，晩産，少子とならざるを得ない。そこでは卵子の老化問題と向きあうことにもなる。不妊治療など生殖医療技術の恩恵によっても，結果的に②のタイプとなることもある。また，価値のある子どもをもちたいという願望は，出生前検査の導入，デザイナーベイビーへのビジネスサイドからの誘惑など，女性に生命倫理に関わる困難な決断と重い責任という，これまでに無かった新たな心理的葛藤をもたらす状況を生み出している。

　女性のライフサイクルは，さまざまな制約の中でも，女性自身の選択による納得できる生き方によって，自己の可能性を具現化した独自な自己実現を果たすことで，8 つの内のどのタイプの人生選択においても，VIII 老年期に「統合」の心理に至ることを可能とする。

文献
柏木 惠子・永久 ひさ子（1999）．女性における子どもの価値―今，なぜ子を産むか―　教育心理学研究, 47, 170-179.
国立社会保障・人口問題研究所（2011）．第 14 回出生動向基本調査
内閣府（2014）．平成 25 年版男女共同参画白書

人名索引

A
Afifi, W. A.　*21*
安藤明人　*74*
安藤清志　*21*
荒川 歩　*69*
Atkinson, R. C.　*28, 156*
Ausubel, O. P.　*44*

B
Baddeley, A. D.　*46*
Bauman, Z.　*210*
Berry, P, C.　*55*
Block, C. H.　*55*
Blumer, H.　*99*
Bower, G. H.　*33*
Bransford, J. D.　*43*
Brown, P.　*22*
Brown, V.　*57*
Bugelski, B. R.　*33*
Buzan, T.　*35*

C
Carter-Sobell, L.　*35*
Clark, H. H.　*17*
Clark, M. C.　*33*
Connolly, T.　*57*
Corbin, J.　*159*
Coskun, H.　*57*
Cowen, G. N.　*28*

D
大坊郁夫　*21*
Dallenbach, K. M.　*32*
Darwin, C. J.　*28*
Dennis, A. R.　*57*
Diehl, M.　*56-57, 63*
Doody, S. G.　*63*

E
Ebbinghaus, H.　*31, 32*
Erikson, E. H.　*212*

F
Findlay, B.　*171*
Flick, U.　*97, 160, 161*
藤井美和　*148*
深田博己　*21*
船曳健夫　*165*

G
Gergen, K, J.　*100*

Gilovich, T.　*18*
Giorge, A.　*98*
Glucksberg, S.　*28*
Glaser, B. G.　*159*
Goffman, E.　*22*
後藤 隆　*159*
Graf, P.　*34*
Guerrero, L. K.　*21*

H
南風原朝和　*141-142*
萩原 滋　*30*
箱田裕司　*30*
花岡明日香　*168*
Harackiewicz, J. M.　*62*
Harkins, S.　*59, 61*
波多野誼余夫　*43*
Heidegger, M.　*98*
Heritage, J.　*156*
平木典子　*23*
Holland, J. L.　*183, 184*
本田厚子　*22*
保坂 亨　*151*
細江達郎　*171*
細越久美子　*171*
細馬宏通　*158*
Huddleston, S.　*63*
Husserl, E.　*97*

I
市川 伸一　*43, 70*
五十嵐靖博　*161*
飯島有美子　*35*
池谷祐二　*34*
井村恒郎　*150*
稲垣佳世子　*43*
井上 毅　*28*
石川邦芳　*22*
岩壁 茂　*152-154, 159, 160, 162*
岩宮恵子　*11*
岩田正美　*211*

J
Jenkins, J. G.　*32*
Johnson, M. K.　*43*

K
海保博之　*42, 169*
鎌原雅彦　*74*
亀田達也　*55, 59*
柏木恵子　*212*

片岡久明　*36*
川畑秀明　*30*
木田 元　*98*
木戸幸聖　*150*
木下是雄　*166*
Knapp, M. L.　*20*
小林正幸　*164*
小林康夫　*165*
小平英志　*154*
小杉考司　*148*
河野哲也　*161*
釘原直樹　*55, 63*

L
Latané, B.　*59, 61*
Lentz, R.　*48*
Levie, W. H.　*48*
Levinson, S.　*22*
李 政元　*148*
Light, L. L.　*35*
Loftus, G. R.　*33*
Loftus. E. F.　*33*

M
Manderlink, G.　*62*
松井孝雄　*28*
松井 豊　*21*
松尾太加志　*40*
松嶋秀明　*158*
松浦 均　*151*
McLeod, J.　*162, 209*
Medvec, V. H.　*18*
Merleau-Ponty, M.　*98*
Miller, G. A.　*28*
南 博文　*150*
操 華子　*159*
見田宗介　*9*
三浦麻子　*55*
水野節夫　*159*
Moede, W.　*59*
森正義彦　*77*
森岡正芳　*99*
森岡 崇　*159*
森 敏昭　*28, 33*
村井潤一郎　*93, 148*
村上宜寛　*138*
村上 龍　*183*
武藤久枝　*151*

N
永久ひさ子　*212*

永田泰彦　　　100
中釜洋子　　　24
中山晶子　　　22, 24
中澤　潤　　　52
西田裕紀子　　151
西口利文　　　139
西村ユミ　　　97
能智正博　　　95, 97, 99, 101-102, 148,
　　　　　　　156, 158, 160, 161
沼崎　誠　　　18
Nunamaker, J. F.　57

O
大芦　治　　　74
小田博志　　　160, 161
大橋靖史　　　99, 102
大出春江　　　159
岡　隆　　　　69, 78
岡堂哲夫　　　106
岡本真一郎　　17-19, 22
苧阪真理子　　47
Osborn, A. F.　55
小塩真司　　　73, 139

P
Paivio, A.　48
Parsons, F.　183
Paulus, P. B.　57
Piaget, J.　41
Popper, K. R.　69

R
Ringelmann, M.　59
Ruder, M. K.　63
Rundus, D.　29

S
戈木クレイグヒル滋子　131, 159, 160
坂井明子　　　74
佐野洋子　　　5, 9
Sansone, C.　62
Savitsky, K.　18
澤田英三　　　150
澤田康幸　　　211
沢崎達夫　　　23
Schiffrin, D.　17
Schiffrin, R. M.　28
Sennett, R.　210
Sherwood, J. J　57
嶋田洋徳　　　74
島井哲志　　　74
下山晴彦　　　130, 162
Slamecka, N. J.　34
曽我祥子　　　74
Sperling, G.　28
Steiner, I. D.　59
Strauss, A.　159
Stroebe, W.　56-57, 63
杉澤武俊　　　93
杉谷乃百合　　36
鈴木淳子　　　152, 154
鈴木聡志　　　99, 102, 156, 158

T
田頭穂積　　　33
高野陽太郎　　73
武田美亜　　　18
田中みどり　　15
谷口明子　　　149-151, 154, 159
Taylor, D. W.　55
Tindall, C.　161

徳田治子　　　151
津川律子　　　113, 114
都築誉史　　　30
Tulving, E.　33

U
宇佐美まゆみ　22
宇津木成介　　74

V
Valacich, J. S.　57
Vangelisti, A. L.　20

W
渡辺恒夫　　　99
渡部　洋　　　107-109
Wertsch, J. V.　100
Williams, K.　59, 61

Y
山田一成　　　73, 76, 141
山田剛史　　　93
やまだようこ　99
山岸俊男　　　77-78
山本利一　　　36
山崎勝之　　　74
矢守克也　　　103
吉田章宏　　　98
吉野　巖　　　36

Z
Zimbardo, P. G.　77

事項索引

あ
アイコニック・メモリ　48
アイデンティティ（identity）　4
アウトライン　167
アクション・リサーチ　99
アグレッション　120
アサーション　23, 189
意味記憶　30
意味的ネットワーク　43
因果関係　130
インタビューガイド　153
SNS　121
エスノメソドロジー　99
エピソード記憶　30
応用行動　197
応用心理学　185
OJT（on the job training）　206
オープン・クエスチョン　154
音韻ループ　46

か
外国人名　169
外在的分析　102
外的妥当性　78
会話分析　98
科学　122
　──的方法　135
　──論　187
学術的意義　136
学術論文　165
仮説　131
感覚記憶　28
関係性発展の段階モデル　20
感受性　149
感情心理学　128
記述統計　81
帰無仮説　89
記銘方略　32
虐待　198
キャリア・カウンセリング　182
キャリーオーバー効果　154
教育心理学　185
教示　140
共通基盤　16
近接の要因　48
クライエント中心療法　210
グラウンデッド・セオリー　160
　──・アプローチ　159
グラフ　172
クローズド・クエスチョン　154
傾聴　189

結果　171
研究仮説　89
研究協力者　96
研究計画書　138
研究史　170
研究者　96
研究目的　170
研究倫理審査　138
検索　27
現象学　97
　──的心理学　98
建築心理学　186
考察　173
構成概念　73
構造化面接　151
　半──　151
　非──　151
公認心理師法　202
国家資格化　201
コミュニケーション　15
　ミス・──　17

さ
作業記憶　46
三者関係　210
サンプリング　151
視・空間スケッチパッド　46
刺激と反応　130
自己開示　21
事後質問紙　140
自己理解　182
実験　77
　──者効果　140
　──者マニュアル　140
実習　194
　外部──　194
　内部──　194
実証研究　70
質的　129
　──研究　70, 94, 148
　──データ　148
　──分析　148
質問紙調査　76
自分という物語　211
自分問題　207
司法　199
社会構成主義　100
社会的意義　136
社会的インパクト理論（social impact theory）　61
社会的手抜き（social loafing）　58, 61

社会文化的理論　100
集合的調査法　141
修士課程　194
就職活動　184
修士論文　122
従属変数　77, 130
主題文　166
承諾書　152
消費者心理学　187
剰余変数　77
序論　169
神経心理学　123
信頼性　75
心理系公務員　203
心理検査　182
心理尺度　74
心理測定　74
推意　17
推測統計　81, 86
スクールカウンセラー（SC）　122, 198
図表　172
成果主義　63
精神科医　196
精神分析　122
生成効果　34
青年期　4, 7
摂食障害　11
先行オーガナイザー　44
全数調査　86
相関関係　130
相互調整のロス（coordination loss）　59
相互作用の効果　54
操作　77
　──的定義　73
相談的面接法　150
測定　71
卒業論文　119

た
大学院　122, 193
体制化　32, 48
妥当性　75, 76
ダブルブラインド法　140
短期記憶　28
逐語化　156
知的好奇心　43
チャネル　16
中枢制御部　46
長期記憶　29

調査的面接法　151
調節　42
貯蔵　27
TEACCH　197
DV 被害　198
ディスコース心理学　99
データクリーニング　144
データ入力　143
データの加工　144
適性検査　184
手続き　171
転移　122
典型例サンプリング　152
同化　41
統計数値　172
統計分析　144
統制　77
透明性の錯覚　18
独立変数　77, 130
トップダウン　44
トライアンギュレーション　161
トランスクリプト（逐語録）　156

な

内在的分析　102
内的妥当性　78
ナラティブ・アプローチ　99
二者関係　210
二重符号仮説　48
人数の効果　54
認知心理学　27, 123, 128
脳科学　123

は

箱庭療法　120
発達課題　4
発達段階　9

発話のブロッキング効果　57
パラグラフ　166
犯罪心理学　186
批判的心理学　103
批判的ディスコース分析　103
表　172
評価可能性の欠如　61
評価懸念　54
標準偏差　85
剽窃　177
標本　86
　——誤差　87
　——調査　86
フェイス　22
福祉心理学　185
複数回答　143
符号化　27
不登校　120
ブレーン・ストーミング　54, 55
プレグナンツの法則　48
プロセス・ロス（process losses）　59
文献引用　174
分散　84
分布　82
文脈効果　35
平均値　83
閉合の要因　48
便宜サンプリング　152
変数　71, 130
忘却　31
　エビングハウスの——曲線　31
方法　170
母集団　86
ボトムアップ　44
ポライトネス　22

ま

マインドマップ　35
孫引き　174
無作為標本　86, 141
名義集団（nominal group）　56
メタ認知　36
メッセージ　16
メモリーツリー　36
面接法　150
メンター　206
メンバーチェック　161

や

有意水準（α値）　90
要因　130

ら

ラポール（信頼関係）　154
利害関係者（steakholder）　211
リサーチ・クエスチョン　135, 149
リハーサル　29
リフレクシビティ　101, 161
量的　129
　——研究　70, 94
　——データ　148
理論化サンプリング　160
理論的飽和　160
リンゲルマン効果　59
臨床心理学　120, 128
臨床心理士　122, 196
臨床発達心理士　197
類同の要因　48
レビュー論文　56
論文題目　173

わ

ワーキングメモリ　123

【執筆者一覧】（五十音順，*は編者）

岩井阿礼（いわい・あれい）
淑徳大学総合福祉学部実践心理学科教授
担当：14章，コラム13

植村友里（うえむら・ゆり）
元淑徳大学大学院総合福祉研究科博士後期課程
担当：5章，コラム5

大橋靖史（おおはし・やすし）*
淑徳大学総合福祉学部実践心理学科教授
担当：8章，9章（共著），コラム15，コラム17

小川　恵（おがわ・さとし）
こころの育ちクリニック院長
担当：16章，コラム14

川口真理子（かわぐち・まりこ）
元淑徳大学発達臨床研究センター所員
担当：コラム11

川瀬良美（かわせ・かずみ）
淑徳大学総合福祉学部実践心理学科教授
担当：コラム18

久保田美法（くぼた・みほ）
淑徳大学総合福祉学部実践心理学科教授
担当：1章，コラム1，コラム2

黒田美保（くろだ・みほ）
田園調布学園大学人間科学部心理学科教授
担当：15章，コラム16

神　信人（じん・のぶひと）*
淑徳大学総合福祉学部実践心理学科教授
担当：4章，11章

田中寿夫（たなか・としお）
淑徳大学総合福祉学部実践心理学科特任助教
担当：12章，コラム7

田中元基（たなか・もとき）
淑徳大学人文学部人間科学科助教
担当：2章

丹野志保（たんの・しほ）
国際医療福祉大学看護学科講師
担当：9章（共著）

千葉浩彦（ちば・ひろひこ）
淑徳大学総合福祉学部実践心理学科教授
担当：13章，コラム10，コラム12

中坪太久郎（なかつぼ・たくろう）
淑徳大学総合福祉学部実践心理学科教授
担当：10章，コラム4，コラム8，コラム9

松本良恵（まつもと・よしえ）
淑徳大学人文学部人間科学科助教
担当：6章，7章，コラム6

渡辺由希（わたなべ・ゆき）
淑徳大学大学院総合福祉研究科調査・研究助手
担当：3章，コラム3

実践的な心理学の学びかた
学びを通して成長する

2016 年 3 月 31 日　初版第 1 刷発行
2023 年 4 月 20 日　初版第 2 刷発行

定価はカヴァーに表示してあります

編　者　大橋靖史
　　　　神　信人
発行者　中西　良
発行所　株式会社ナカニシヤ出版
〒606-8161　京都市左京区一乗寺木ノ本町 15 番地
Telephone　075-723-0111
Facsimile　075-723-0095
Website　http://www.nakanishiya.co.jp/
E-mail　iihon-ippai@nakanishiya.co.jp
郵便振替　01030-0-13128

装幀＝白沢　正／印刷・製本＝ファインワークス
Printed in Japan.
Copyright © 2016 by Y. Ohashi & N. Jin
ISBN978-4-7795-1041-0

◎ Word, Excel, PowerPoint, Facebook, Twitter, Google, Endnote, Mendeley, Dropbox, Evernote など、本文中に記載されている社名，商品名は，各社が商標または登録商標として使用している場合があります。なお，本文中では，基本的に TM および R マークは省略しました。
◎本書のコピー，スキャン，デジタル化等の無断複製は著作権法上での例外を除き禁じられています。本書を代行業者等の第三者に依頼してスキャンやデジタル化することはたとえ個人や家庭内の利用であっても著作権法上認められておりません。